编著

邱燮友　台湾师范大学教授

张学波　台湾师范大学教授

田博元　嘉南药理科技大学荣誉讲座教授

李建崑　台湾东海大学教授

试题增补

简松兴　辅仁大学文学博士

国学课

邱燮友　张学波

田博元　李建崑　编著

简松兴　试题增补

三联书店

著作财产权人：© 三民书局股份有限公司

本书中文简体字版由东大图书股份有限公司授权生活·读书·新知三联书店有限公司在中国大陆地区（台湾、香港、澳门地区除外）独家出版。本书中文简体字版禁止以商业用途于台湾、香港、澳门地区散布、销售。版权所有，未经著作财产权人书面授权，禁止对本著作中文简体字版之任何部分以电子、机械、影印、录音或其它方式复制或转载。

图书在版编目（CIP）数据

国学课／邱燮友等编著；简松兴增补. —北京：生活·读书·新知三联书店，2017.10
ISBN 978 – 7 – 108 – 05972 – 7

Ⅰ．①国… Ⅱ．①邱… ②简… Ⅲ．①国学－青年读物
Ⅳ．① Z126-49

中国版本图书馆 CIP 数据核字（2017）第 115541 号

责任编辑　吴　莘
装帧设计　薛　宇
责任印制　张雅丽
出版发行　**生活·讀書·新知** 三联书店
　　　　　（北京市东城区美术馆东街 22 号　100010）
网　　址　www.sdxjpc.com
图　　字　01-2009-5414
经　　销　新华书店
印　　刷　河北鹏润印刷有限公司
版　　次　2017 年 10 月北京第 1 版
　　　　　2017 年 10 月北京第 1 次印刷
开　　本　787 毫米 × 1092 毫米　1/32　印张 11
字　　数　201 千字
印　　数　0,001 – 8,000 册
定　　价　42.00 元
（印装查询：01064002715；邮购查询：01084010542）

前言

一

　　中国学术,简称"国学"。国学的范围极广,从时间而言,纵贯五千年的历史与文物;从空间而言,涵盖三江五岳的人文和生活经验,这些都记录在历代的典籍中,表现了华夏民族高度的智慧,以及东方文化丰厚的异彩。

　　前人对中国历史,有"一部二十五史,从何说起"的浩叹。其实中国学术的范围,要比中国历史的范围更广,今要简介中国学术,其难度更高过于中国历史。为了使初学者接触中国学术,能明快地了解中国学术的内涵和精华,我们合力编撰了这一部最新的《国学课》。使年青的一代学子,以新观念、新方法来体会中国学术的博大与深奥,进而喜爱它,并发扬光大。

二

《国学课》，是从《国学常识》（台北：东大图书公司
1989 年）一书删略而成。《国学常识》共六百余页，是自修
的良友，也是自我学习国学的必备书籍。由于其中范围广阔，
内容繁富，是一部包罗完备的国学常识。而《国学课》，摄取《国
学常识》的精华，使读者易于记诵，便于携带，作为枕中珍
秘的书籍。

三

《国学课》不是一部教科书，而是一部很实用的参考书，
可以作为国文科的补充教材；它也是供应一般国学常识的泉
源，既可丰富学问，又能开阔视野。就以一般适用性而言，
对于提升国文程度、奠定国学基础，当有所裨益。爱好中国
文学者，更可以它作为研读国学的入门书籍，进而登堂入室，
窥探中国学术的堂奥。

本书编纂的宗旨，主要是提供高中、高职、大学生，以
及一般喜爱中国学术的社会人士，作为自我研读进修之用。
尤其对一般升大专或就业考试的考生而言，有关"国文""国

学常识""中国文学"等科目，往往因为范围漫无边际，不知从何准备、从何找寻适当的参考书。本书便是针对这个需要，从基本常识着手，并配合新时代的观念来一一加以介绍。内容包括：国学的名称和范围、国学典籍的分类、经学常识、史学常识、子学常识、文学常识等项。此外，尚开列"国学基本书目"，读者可依此简明书目，再配合坊间古籍今注今译的本子，或后人校注的普及本，仔细研读，达到自我进修的功效。同时，书末提供"国学常识题库"，设计数百道的测验题和问答题，旨在帮助读者反复学习，并自行评量学习的效果。

四

我们都做过这类的数学题目：一项工程，由甲单独去做，五天可以完成；乙单独去做，四天可以完成；丙单独去做，三天可以完成，今甲、乙、丙三人同时去做，请问几天可以完成？这项题目给我们的启示，说明了人类合作的可贵和团队精神的时效。我们本着这种精神，邀集了志同道合的学者，就各人的专长，分工合作，在短期内完成这部著作。其中国学的名称和范围、国学典籍的分类、文学常识，由本人执笔；经学常识，由台湾师范大学张学波教授执笔；史学常识，由台湾师范大学田博元教授执笔；子学常识，由中兴大学李建崑讲师执笔；国学基本书目及国学常识题库，由本书编者与东大图书公司编辑部同仁合力编纂而成。兹明表所司，以示征信。

五

东汉王充《论衡·谢短篇》云："夫知古不知今，谓之陆沉；……夫知今不知古，谓之盲瞽。"然而，今天横亘在我们面前的，不是王充时代古今贯通的问题；而是我们面临古今中外学术文化交汇的新时代，如何确定中国学术的精华和价值？我们该如何自处？又如何迎接未来的挑战？也许这本书能给予我们一些启示吧！

中国学术，浩如烟海；中国典籍，珍如珠玑，细数中国学术的精华，犹恐有遗珠之憾。全书篇幅不少，必有疏漏，尚祈博雅君子，有所指正、指教。

一九九〇年六月
邱燮友写于台湾师范大学

目次

国学的名称和范围

国学典籍的分类

经学常识

史学常识

子学常识

文学常识

国学基本书目

国学题库

国学题库解答 ... 339

国学的名称和范围

一、国学的名称

"国学"一词，始于清代。国学，是指中国学术而言，也就是中国一切学问的总称。国学与西学是相互对待的。西学，便是泛指西洋的学术。自从清道光二十年（1840），中英鸦片战争以后，五口通商，由于中西文化的交流，西洋学术也输入中国，从此就有国学、西学的名称相对而存在。晚清时，张之洞崇尚洋务，主张："中学为体，西学为用。"这里所说的"中学"，就是"国学"。

中国学术，涵盖古今，包罗广阔，举凡中国的一切学问，皆包括其间；无论经学、子学、史学、文学、语言学、文字学等著述，均列在中国学术的范围中，可谓体大而思精，湛深而博大，凝聚了先民生活的经验和民族特有的智慧，散发出东方文化特有的异彩。

国学，又有国故、国粹等名称。今人或称之为汉学。近人章太炎（1869—1936）曾撰《国故论衡》《国学略说》等书，以阐扬中华固有文化，弘扬中国学术精粹的所在。他在书中，提到"国故""国粹""国学"等名词。今人采用"国学"一词，而"国粹""国故"等词汇，便少有人使用。大抵名称的确定，也是随时代而变化，由众人的使用而约定俗成的。

近年来，西方学者对中国学术的研究至为普遍，他们称中国学术为"汉学"（Sinology）或"华学"。至于日本人则称中国学术为"支那学"，韩国人称之为"中国学"，有些国家则称之为"中国研究"（Chinese Studies）或"东方研究"（Oriental Studies）、"远东研究"（Far Eastern Studies）。

总之，国人称本国的学术为"国学"；外国人称中国的学术为"汉学"，已被世人肯定而接纳。

二、国学的范围

国学的范围很广，清乾隆年间，姚鼐（1732—1815）将中国学问分为义理之学、考据之学、词章之学。同治年间，曾国藩（1811—1872）更主张增添经世之学（又名经济之学）。在曾国藩的《日记》上云：

有义理之学，有词章之学，有经济之学，有考据之学。义理之学，即宋元所谓道学也，在孔门为德行之科。词章之学，

在孔门为言语之科。经济之学,在孔门为政事之科。考据之学,
即今世所谓汉学也,在孔门为文学之科。此四者,阙一不可。

曾国藩文中所说的"汉学",与前段所说的汉学内涵不同,曾
氏所云,是指考据之学,与宋学相对峙,而宋学是义理之学。

中国人把学术分为四大类,其实每一大类之中,又涵盖
了一些类别,其范围仍然广阔,今列举大要如下:

义理之学:包括经学、子学、玄学、佛学、理学、现代
哲学等。

考据之学:包括语言学、文字学、声韵学、训诂学、目录学、
校勘学、考古学、金石学、敦煌学等。

经世之学:包括天文学、地理学、历算学、博物学、医学、
兵学、政学,以及今日的自然科学。

词章之学:包括文章学、文法学、修辞学、诗学、词学、
散曲学、戏剧学、小说学、俗文学、文学批评,
甚至可扩展为文学和艺术。

这些对国学范围的划定,往往也因时代的不同、社会的需要
而不断地向外扩大;同时学术的领域也日益拓展,学术的分
类日益精细,有系统的新科目也不断地增多;我们研究学术
的视野,无形中日益增广。

近年来,交通方便,海外研究中国学术的汉学家日益增
多,但外国学者对中国的学术毕竟只能见其一而不能窥其全

貌，以为汉学的范围只是研究中国历史、语言，或研究禅学、道家与道教之学，或研究红学（《红楼梦》学）、敦煌学、吐鲁番学等，便视为汉学的全体了。同样的，国内学者，以为研究国学，只是研究十三经、四史、先秦诸子、《昭明文选》《文心雕龙》《说文》《广韵》《尔雅》等一些古籍。其实中国的学术博大精深，涵盖的范围极广，只要能穷究其理，或成专家，或成通儒，都有益于中国学术的扩大与文化的弘扬。

国学典籍的分类

中国典籍,数量浩瀚,虽然大部分经过前人的整理分类,但对于一般读者仍然有着阅读上的困难,且不知从何着手,本书便是试图给中国学术的范围和源流勾勒出一个大致的轮廓,使喜爱中国学术的年青一代,也能继武前贤,薪火相传。

中国学术的精华,大半记录在历代典籍之中,在此说明历代典籍的分类,有助于了解国学的分类,以便于寻找所需的图书。今将历代国学典籍的分类,略述于下:

一、西汉刘歆七略的七分法

依《汉书·艺文志》的记载,汉成帝时,图书散佚,陈农奏请皇上派人寻求天下遗书,因此成帝诏令刘向校订经传、诸子、诗赋等书,会向卒,哀帝再令刘歆继承父业,完成《七略》一书。《七略》便成为我国最早的一部图书目录的书籍。今《汉书·艺文志》图书的分类，便是依照《七略》七分法的分类：

　　辑　略：相当于图书总目。

　　六艺略：包括《易》《书》《诗》《礼》《乐》《春秋》《论语》
　　　　　　《孝经》、小学等类的书。

　　诸子略：包括儒、道、阴阳、法、名、墨、纵横、杂、农、
　　　　　　小说等十家的著作。

　　诗赋略：包括屈原等赋、陆贾等赋、孙卿等赋、杂赋、
　　　　　　歌诗等。

　　兵书略：包括兵权谋、兵形势、兵阴阳、兵技巧等类
　　　　　　的书。

　　术数略：包括历谱、五行、蓍龟、杂占、形法等类的书。

　　方技略：包括医经、经方、房中、神仙等类的书。

二、西晋荀勖中经新簿的四分法

　　三国魏郑默编《中经》，到西晋荀勖加以整理，是为《中
经新簿》，其中将图书分四类：

　　甲部：包括六艺及小学的书。

　　乙部：包括古代诸子、近代诸子、兵家、术数家的书。

　　丙部：包括史记、旧事、皇览簿、杂事等书。

　　丁部：包括诗赋、图赞、汲冢书。

三、南朝宋王俭七志的七分法

王俭的《七志》，沿刘歆的《七略》而有所增减，合六艺、小学、史记、杂传为经典志，并增图谱佛道的书为图谱志。《七志》的分类为：

经典志：包括六艺、小学、史记、杂传的书。

诸子志：包括古今诸子的书。

文翰志：包括诗赋的书。

军书志：包括兵书。

阴阳志：包括阴阳图纬的书。

术艺志：包括方技的书。

图谱志：包括地域、图谱、佛书和道书。

四、隋书经籍志的四分法

《隋书·经籍志》是依荀勖《中经新簿》的图书分类而来，但其分类，不用甲、乙、丙、丁部，改为经、史、子、集。其后四部的分法，大致以此为准。其四分法为：

经籍一·经：包括《易》《书》《诗》《礼》《乐》《春秋》《孝经》《论语》、图纬、小学等书。

经籍二·史：包括正史、杂史、霸史、起居注、旧事、职官、仪注、刑法、杂传、地志、谱系、簿录等类的书。

经籍三·子：包括儒、道、法、名、墨、纵横、杂、农、小说、兵、天文、历数、五行、医方的书。

经籍四·集：包括《楚辞》、别集、总集、道经、佛经的书。

五、清代四库全书的四分法

清代乾隆三十七年（1772），设馆编修《四库全书》，历十年完成，分经、史、子、集四部，故名四库。收录图书三千五百零三种，共七万九千三百三十卷。全书分抄七部，分别收藏于清宫的文渊阁、奉天行宫的文溯阁、圆明园的文源阁、热河承德行宫的文津阁、扬州的文汇阁、镇江的文宗阁，以及杭州的文澜阁。咸丰时，英法联军入北京，火烧圆明园，文源阁被焚毁；洪杨事起，文宗阁、文汇阁相继被毁，今存文渊、文溯、文澜、文津四部。文渊阁为正文，现存台北故宫博物院，今有台湾商务印书馆的影印本，其余存放大陆。《四库》的分法为：

经部：包括《易》《书》《诗》《礼》《春秋》《孝经》、五经总义、四书、乐类、小学等书。

史部：包括正史、编年、纪事本末、别史、杂史、诏令、
奏议、传记、史钞、载记、时令、地理、职官、
政书、目录、史评的书。

子部：包括儒家、兵家、法家、农家、医家、天文算法、
术数、艺术、谱录、杂家、类书、小说、释家、
道家的书。

集部：包括《楚辞》、别集、总集、诗文评、词曲等书。

六、清代曾国藩的新四分法

清代姚鼐将中国学问分义理之学、考据之学、词章之学。
曾国藩更增列经世之学，合前三者，于是有新四分法分类的
成立。其后朱次琦沿用曾氏的说法，在礼山草堂讲学加以推
广。朱氏后隐居南海九江乡，学者称九江先生。新四分法的
内容大要，在前节国学的范围中有所说明，在此从略。

以上六种，大致对中国图书的分类作概要的叙述，也可
以了解图书分类的演变。其中分七分法和四分法两大类，七
分法有《七略》和《七志》的分类，四分法有《中经新簿》《隋
书·经籍志》《四库全书》的分类，甚至清代尚有义理、考据、
词章、经世的新四分法。至今《四库》的分类，或曾国藩、

朱次琦的新分类，尤为世人所习用。

其次近代图书馆中，对图书的分类，掺杂了西洋书籍，于是图书馆图书分类，采用了杜威十进法。美国人杜威将世界图书共分十类，每类之中又分十项。其分类大纲如下：

000 总类	010 总目录	020 图书馆学
030 百科全书	040 总论集	050 杂志
060 会报	070 新闻学	080 特别藏书
090 珍籍	100 哲学	110 玄学
120 玄学问题	130 身心	140 哲学派别
150 心理学	160 论理学	170 伦理学
180 古代哲学家	190 近代哲学家	200 宗教
210 自然神学	220 圣经	230 教理神学
240 信仰实践	250 传道法	260 教学寺院
270 宗教史	280 基督教教会	290 非基督教
300 社会学	310 统计学	320 政治学
330 经济学	340 法律	350 行政学
360 团体社会	370 教育	380 商业及交通
390 风俗习惯	400 语言学	410 比较语言学
420 英语	430 德语	440 法语
450 意大利语	460 西班牙语	470 拉丁语
480 希腊语	490 其他各种语言	500 自然科学

510 数学	520 天文学	530 物理学
540 化学	550 地质学	560 古生物学
570 生物、人类学	580 植物学	590 动物学
600 应用技术	610 医学	620 工程学
630 农学	640 家政	650 交通及商业
660 化学工业	670 制造	680 机械营业
690 营造	700 美术	710 庭园
720 建筑	730 雕刻	740 图案
750 绘画	760 雕板	770 照相
780 音乐	790 娱乐	800 文学
810 美国文学	820 英国文学	830 德国文学
840 法国文学	850 意大利文学	860 西班牙文学
870 拉丁文学	880 希腊文学	890 其他各种文学
900 历史	910 地理及游记	920 传记
930 古代史	940 欧洲史	950 亚洲史
960 非洲史	970 北美洲史	980 南美洲史
990 大洋洲及两极史		

现今一般图书馆图书的分类，采杜威的分法，但多加以修正，以合国内实际情形。今日由于电脑的运用极为普遍，图书的检索都可储存电脑资料中，从作者姓名检索，或从书名首字检索，都很容易寻找到所需要的书目，然后再从编号

中，取得所要找的图书；甚至有些图书馆已将图书的提要和章节输入电脑，以备读者取用；资料的取得，已较往日简便快捷很多，这是读书人之福。

经学常识

一、概说

　　中国文化以儒家思想为主流，而儒家思想的基本典籍就是经书。我国有文字以后，流传最早的儒家典籍，就是《易》《书》《诗》《礼》《春秋》这五部书。当时这五部书并不称为经，大概到了战国以后，这些书始被称为经。至于六经这个名称，最早见于古书的，是《庄子》的《天运》篇：

　　　　丘治《诗》《书》《礼》《乐》《易》《春秋》六经，自以为久矣。

　　但自唐以后，经的数字并不限于五经、六经，而有七经、十经、十三经诸多不同的名称。刘勰在《文心雕龙·宗经》篇上说：

　　　　经也者，恒久之至道，不刊之鸿教也。

这种说法，固然是尊孔之风大盛，一般儒者对于经书的观念，认为经书是中国文化的精华、修己安人的典籍，那是不容否认的。因此，要认识中国文化，涵养崇高品德，必须从读经书开始。兹就经字的涵义、经书的范围、要义、价值与流传，加以摘要论述：

（一）经字的涵义

经字的涵义，古人的说法殊多不同，如：

> 班固《白虎通》："经，常也。有五常之道，故曰五经，言不变之常经也。"
>
> 刘熙《释名典艺》篇："经，径也，常典也。如径路无所不通，可常用也。"

其实经字的本义，是"织布的纵丝"，所以许慎《说文解字》说："经，织从丝也。"段玉裁《注》："织从丝谓之经，必先有经，而后有纬。是故三纲五常六艺，谓之天地常经。"由是可见，《说文》以织纵丝为经，是经字的本义，而班固、刘熙以经字当作"常"字、"径"字讲，那已经是引申、假借的意义。至于儒家最早的《易》《书》《诗》《礼》《春秋》之书，因为一些儒者认为这些书是记载天道人事常理的书，所以就称之为经书。

（二）经书的范围

经书的范围，各家的说法亦多不同。首先提出六经之说的，是《庄子》的《天下》篇：

《诗》以道志，《书》以道事，《礼》以道行，《乐》以道和，《易》以道阴阳，《春秋》以道名分。

其次，司马迁的《史记·滑稽列传》说：

六艺之于治，一也。《礼》以节人，《乐》以发和，《书》以道事，《诗》以达意，《易》以神化，《春秋》以道义。

六艺就是六经，《庄子》与《史记》所论六经之用，原是一致的。不过，六经排列的次序，又有不同的说法，大致言之，有两种排列的方式：

1.《诗》《书》《礼》《乐》《易》《春秋》。

2.《易》《书》《诗》《礼》《乐》《春秋》。

上面两种排列的方式，属于第一种排列次序的，有《庄子·天下》篇《史记·儒林列传》等，属于第二种排列次序的，有《汉书·艺文志》《儒林传》。至于何以有这两种不同的排列，近人蒋伯潜在《经与经学》上说：

　　六经的次序，有两种不同的排列法：一、《易》《书》《诗》《礼》《乐》《春秋》。二、《诗》《书》《礼》《乐》《易》《春秋》。主张第一种排列法的学者，认为六经是周公的旧典，所以依其制作的时代先后为次序：《易》由于八卦，八卦是伏羲画的，故列第一；《书》的第一篇为《帝典》，是记尧舜的事的，故列第二；《诗》的《豳风七月》是周末去豳迁岐时的作品，《商颂》是商代郊祀的乐章，故列第三；《礼》《乐》是周公所制，故列第四、第五；《春秋》是孔子就鲁史记修成，故列第六。主张第二种排列法的学者，以为六经是孔子所作，用以教人的，所以依其本身程度的浅深为次序：《诗》《书》是文字的教育，程度比较浅，所以排在前面；《礼》是约束人的行为的，《乐》是陶冶人的品性的，已是进一步了，所以列在其次；《易》明阴阳之变、天人之际，如其拿现代的话来比喻，是从"宇宙论"以推论"人生哲学"；《春秋》则是孔子的政治主张，借褒贬往事以示其微言大义的，所以并他们下列的"文学"一科的子游、子夏，对于他的笔则笔，削则削，都不能赞一辞，这两种书，程度最为高深，所以列在最后。

蒋氏所说，是今文家和古文家所持的不同意见，其实，六经本来只是六种书籍，其排列的先后，可以说全无关系。不过，由于古书中记载的次序不同，今文家和古文家的见解不同，因此又使六经排列次序成为经学的问题，这也是研读经书的人所必须知道的事。

其次，六经虽有其名，而《乐经》却始终未能见其专书，此又是什么缘故？一般言之，又有两种说法：

1. 《乐经》原有其书，而亡于秦始皇的焚书。
2. 《乐经》本无其书，所谓"《乐》"只是附于"《诗》"的乐谱。

上面两种不同的说法，主张第一种说法的是古文家，他们认为六经是周公的旧典，《乐经》当然有这部书，后世所以不见此书，那是因为秦火燔书的缘故。此种说法固然言之成理，但秦火之后，其他的经书都能复出，何以《乐经》竟全无痕迹，而且先秦流传至汉的书籍，也无一句引过《乐经》的话，因此主张《乐经》原有其书而亡于秦火之说，不免令人怀疑。其次，主张第二种说法的是今文家，他们的持论，从前面论述观之，《乐经》本无其书的说法，似乎可信。至于《乐》是《诗》的乐谱之说，固然在《论语》的《子罕》篇上说：

吾自卫反鲁，然后乐正，雅颂各得其所。

由孔子之说观之，古代"乐"和《雅》《颂》具有密切关联之处，是不容置疑；不过，六经中的"《乐》"是否就是"《诗》"的乐谱，却未有确实的证据。但就古书的《仪礼》《礼记》二书观之，用乐的情形，却记载非常详细，如《仪礼·燕礼》：

小臣纳工,工四人,二瑟。小臣左何瑟,面鼓,执越,内弦,右手相。入,升自西阶,北面东上坐。小臣坐授瑟,乃降。工歌《鹿鸣》《四牡》《皇皇者华》。

又《礼记·乡饮酒义》:

工入,升歌三终,主人献之。笙入三终,主人戏之。间歌三终,合乐三终。工告乐备。遂出。一人扬觯,乃立司正焉。知其能和乐而不流也。

由上观之,《诗》的乐谱不见得就是《乐》。至于何以未有《乐经》传世,依据今人王静芝先生的推测,他在《经学通论》上说:

乐是合于《诗》而用于《礼》的。《诗》的唱谱便是乐调;乐的用场便在礼中。礼中用乐重在形式,奏乐出自《诗》的乐谱,二者都不是专靠文字记载的,所以没有专书。

王氏所说,固是推测之言,但在其他证据未曾发现之际,只好姑妄信之。

《乐经》既然没有这部书,那么六经只有其名,而实际上只有五经。五经中的《易》《书》《诗》《春秋》四经,师传虽有不同，但都是"经"，至于《礼》，在西汉立博士时，是以《仪礼》为"经"。到了唐代，孔颖达作《五经正义》，《礼》却取了《小戴礼记》。其次，汉代立《春秋》博士，只有《公羊》《穀梁》二传，但到唐代孔颖达作《五经正义》，《春秋》却取《左氏传》，而五经中便没有公羊、穀梁二家。至于今日吾人所说的五经，那即是指孔颖达所说的五经。

自唐而后，经书的范围又多不同，有七经、九经、十经、十二经、十三经之说：

1. 七经之说

（1）《诗》《书》《礼》《乐》《易》《春秋》《论语》。（见《后汉书张纯传》李贤注）

（2）《尚书》《毛诗》《周礼》《仪礼》《礼记》《春秋公羊传》《论语》。（见王应麟《小学绀珠》）

（3）《易》《书》《诗》《春秋》《周礼》《仪礼》《礼记》。（见清康熙御纂七经）

2. 九经之说

（1）《易》《书》《诗》《春秋左氏传》《礼记》《周礼》《孝经》《论语》《孟子》。（见宋刻巾箱本白文九经、清秦镤刻九经）

（2）《易》《诗》《书》《春秋》《周礼》《仪礼》《大学》《中庸》《论语》《孟子》。（见明张照奉敕刻篆字九经）

（3）《易》《书》《诗》《春秋》《礼记》《周礼》《仪礼》《论

语》《孟子》。（见明郝敬《九经解》）

（4）《易》《书》《诗》《周礼》《仪礼》《礼记》《公羊传》《穀
梁传》《论语》。（见清惠栋《九经古义》）

以上四种都是宋以后的人采辑的，其内容各自不同。其
实，南朝宋时，设国子助教十人，分掌十经：《周易》《尚书》
《毛诗》《礼记》《周礼》《仪礼》《春秋左氏传》《公羊传》《穀
梁传》各为一经，《论语》《孝经》合为一经，名义上是十经，
实际上已有十一经。唐文宗开成年间石刻十二经，置于太学，
则于十一经又多了一种《尔雅》。后来十二经再加一部《孟
子》，便是所谓十三经。南宋光宗绍熙间已有《十三经注疏》
的合刊本，成为经部的一部丛书，其内容是：

《周易正义》：魏王弼、晋韩康伯注，唐孔颖达正义。

《尚书正义》：汉孔安国传，唐孔颖达正义。

《毛诗正义》：汉毛亨传、郑玄笺，唐孔颖达正义。

《周礼注疏》：汉郑玄注，唐贾公彦疏。

《仪礼注疏》：汉郑玄注，唐贾公彦疏。

《礼记正义》：汉郑玄注，唐孔颖达正义。

《春秋左传正义》：晋杜预注，唐孔颖达正义。

《春秋公羊传注疏》：汉何休注，唐徐彦疏。

《春秋穀梁传注疏》：晋范宁注，唐杨士勋疏。

《论语注疏》：魏何晏等注，宋邢昺疏。

《孝经注疏》：唐玄宗注，宋邢昺疏。

《尔雅注疏》：晋郭璞注，宋邢昺疏。

《孟子注疏》：汉赵岐注，宋孙奭疏。

上面十三部经书，其实，并不能说都是正式的"经"。《易》《书》《诗》《仪礼》《周礼》《春秋》，固然是"经"；而《左氏》《公羊》《穀梁》，都是"传"；《礼记》《论语》《孝经》《尔雅》，都是"记"；《孟子》一书，宋以前是一部子书。到了南宋光宗绍熙年间将此十三部书合刊成书，始有《十三经注疏》的合刊本。

二、经书概述

经书是古代最早的书籍，它是古人所遗留下来智慧的累积，也是一些最珍贵的史料。在这些书籍中，蕴藏着古人的伦理、政治、哲理思想，因此，吾人想要了解我国古代的文化，就必须读这些经书，想要懂得立身处世的道理，也就必须读这些经书。现在就依据十三经排列的次第，来论述这些经书的要义：

（一）易经

《易经》是我国一部最古的经书，相传伏羲画卦，文王重卦，孔子作十翼。其书中的六十四卦三百八十四爻，本来只是用来卜筮的，后来到了孔子之际，他又把读《易》所得作成十翼，附之《易》中，于是由卜筮之书，而成为哲理之书。至于这部书何以叫做"《易》"？郑玄在《六艺论》上说：

> 《易》，一名而含三义：易简，一也；变易，二也；不易，三也。

郑氏所说甚是，《易经》就是一本从卦爻的变化，以探讨宇宙一切事物不变的理则，所以古人就把这本书叫做"《易》"。

其次，谈到《易》的内容，现在分成三部分来叙述：

1. 卦爻

卦爻本是一些具有象征性的符号，它分为两种：一种是阳爻，其符号作"—"；一种是阴爻，其符号作"– –"。八卦就是由这些卦爻组合而成的，如：

☰乾卦	☷坤卦
☳震卦	☶艮卦
☲离卦	☵坎卦
☱兑卦	☴巽卦

八卦虽然只是由三画的卦爻组合而成，可是它却代表八种不

同的物象：乾卦代表天，坤卦代表地，震卦代表雷，艮卦代表山，离卦代表火，坎卦代表水，兑卦代表泽，巽卦代表风。这八种的物象，只是八卦原始的涵义，至于由此引申，每卦所代表的意义就很复杂了。

其次，由八卦错综相重就成为六十四卦。这六十四卦，每卦都有六爻，都是用来象征宇宙的万物万事，从这里面可以占卜吉凶，所以六十四卦之作，其原意也只是占卜之用。至于卦爻的名称，阳爻叫做"九"，阴爻叫做"六"，每卦最下的一爻，阳爻叫做"初九"，阴爻叫做"初六"。从第二爻到第五爻，阳爻叫做"九二、九三、九四、九五"，阴爻就叫做"六二、六三、六四、六五"，每卦最上的一爻，阳爻叫做"上九"，阴爻就叫做"上六"。现在就以乾、坤二卦的图形为例，说明如下：

乾卦	坤卦
—— 上九	—— 上六
—— 九五	—— 六五
—— 九四	—— 六四
—— 九三	—— 六三
—— 九二	—— 六二
—— 初九	—— 初六

2.卦爻辞

卦爻下面所写的字，用来说明卦爻象征意义的，叫做卦爻辞。卦爻辞分为两种：

（1）卦辞　在每卦下面所缀联的辞，叫做卦辞。如《乾卦》：

《乾》：元亨利贞。

《乾》，是卦名；"元亨利贞"，即是卦辞。

（2）爻辞　在每爻下面所缀联的辞，叫做爻辞。如《乾卦》：

初九：潜龙勿用。

九二：见龙在田，利见大人。

九三：君子终日乾乾，夕惕若厉，无咎。

九四：或跃在渊，无咎。

九五：飞龙在天，利见大人。

上九：亢龙有悔。

"初九、九二、九三、九四、九五、上九"，是爻名；"潜龙勿用……亢龙有悔"，便是爻辞。

从《易经》的组合观之，卦辞是阐述一卦卦象的含义，爻辞是诠释每爻爻象的含义，所以卦辞、爻辞，是《易》的经文。

3. 十翼

十翼是《易》的传，用来解释经文的含义，相传是孔子所作。张守节在《史记正义》上说：

夫子作十翼，谓《上彖》《下彖》《上象》《下象》《上系》《下系》《文言》《序卦》《说卦》《杂卦》也。

十翼是否出于孔子之作，姑且不论，在此只把十翼略作说明：

(1)《彖传》：又名《彖辞》。《彖传》是解释卦辞的，其文辞精醇，蕴藏着天人之道。每卦中"彖曰……"云云，即是《彖传》。

(2)《象传》：又名《象辞》，分为二种：解释一卦卦象的，叫做《大象》，如《乾卦》"象曰：天行健，君子以自强不息"，即是《大象》；解释一爻爻象的，叫做《小象》，如《乾卦》"象曰：潜龙勿用，阳在下也"，即是《小象》。

(3)《系辞》：又名《系辞传》，汉人或名之曰《易大传》。泛论阴阳、象数变化的道理，分上下二篇，其对经义、《易》道的诠释，至为精辟。

(4)《文言》：又称《文言传》。乾坤二卦为《易》的门户，故作《文言》以诠释卦爻辞的意蕴，今本《周易》分隶乾坤二卦中。

（5）《说卦》《序卦》《杂卦》：《说卦》，是论说八卦的德业、变化及法象；《序卦》，是诠释六十四卦先后次序的含义；《杂卦》，是杂糅众卦，如"乾刚坤柔""比乐师忧"，多用两卦相对的道理来说明。其言近而旨远，颇能发人深省。

总之，《易经》是由卦爻、卦爻辞、十翼组合而成的，它是一本讲求天人之道的典籍。在这部书中，不但说明自然界的一切现象和法则，而且更从自然的现象和法则，透现出人类生存的道理，所以《易经》是一部讲求待人处世、安身立命的哲学，其在中国的古书中，确是一本重要的典籍。

（二）书经

《书经》，是一部历史的书籍，古代只称"《书》"。"书"的本义，是记述、著录的意思。古代政府的公文档案，由史官记录之后，保存在官府，为了表示这些是由史官所记录的，所以就称之为书。到了东周之世，王官失守，档案流散民间，孔子便将这些史料加以编集，作为教材，这便成为百篇《尚书》。到了汉代初年，又称之为《尚书》。自是而后，《书经》历代都称《尚书》。至于何以称之为《尚书》，孔安国《尚书序》上说：

以其上古之书，谓之《尚书》。

尚，即是上古之意，因为这部书中所记录保存的，都是上古的史料，所以就称之为《尚书》。其次，谈到《尚书》的内容。

一般言之，《尚书》由孔子编集整理之后，共有百篇，每篇各有篇名，最早的是《尧典》，最晚的是《秦誓》，所以《汉书·艺文志》上说：

《书》之所起远矣，至孔子纂焉，上断于尧，下讫于秦，凡百篇，而为之序，言其作意。

孔子所编的《尚书》百篇，经过秦始皇焚书之后，到了汉代，已经亡佚四十二篇。今日所传的《尚书》五十八篇，有二十五篇是东晋人所伪作，此即所谓"伪古文《尚书》"。至于其余三十三篇，《舜典》是从《尧典》的后半篇分出来的，不是原来的《舜典》；《益稷》是从《皋陶谟》的后半篇分出来的，不是原来的《益稷》；《盘庚》三篇原本合为一篇；如此去除四篇，得二十九篇，此二十九篇，即所谓"今文《尚书》"，是由汉初伏生传下来的，所以《史记·儒林列传》上说：

汉定，伏生求其书，亡数十篇，独得二十九篇，即以教于齐鲁之间。

由是观之，今日所传的《尚书》，只有二十九篇的今文《尚书》，最为可信。至于这二十九篇的内容，现在依据孔安国《书经》的体式，略述于下：

1. 典体：如《尧典》，是记载尧舜命官任职，对赞扬王庭之事。

2. 谟体：如《皋陶谟》，是记禹、皋陶、伯益与帝舜谋议国事之言。

3. 训体：如《高宗肜日》，是记述祖庚肜祭武丁时，祖乙告诫殷王之事；《无逸》，是记周公诰成王戒逸乐之辞。

4. 诰体：如《盘庚》，是记盘庚自奄迁殷，告诫百姓之辞；《大诰》，是记周公伐殷时告诫属下的文辞；《洛诰》，是洛邑建成后，周公诰成王之辞；《多士》，是成王迁殷之遗民于洛，周公代成王告殷民之辞。

5. 誓体：如《甘誓》，是记夏启伐有扈氏的誓师辞；《汤誓》，是记商汤伐夏桀的誓师辞；《牧誓》，是记武王与商纣战于牧野的誓师辞；《费誓》，是鲁僖公伐淮夷的誓师辞；《秦誓》，是秦穆公伐晋的誓师辞。

6. 命体：如《文侯之命》，是记周平王锡命晋文侯之辞；《顾命》，是记成王临终时的遗言。

总之，《尚书》是一本记录上古政事的史书，有的史料是今日考古重要的史料，有的学说是吾人立身治国的龟鉴，所以《尚书》这部书，其价值永垂不朽，值得探索研究。

（三）诗经

《诗经》是我国一部最古的诗歌总集,古代但称为"《诗》"。这一部书,共收集了三百零五篇,另外还有有目无辞者六篇。孔子时用作教材,教授弟子。至战国晚期,学者尊之为经,始称之为《诗经》。

1. 诗经有关的问题

一般言之,要想探讨《诗经》的内容,先要认识《诗经》有关的一些问题:

（1）采《诗》与删《诗》

首先来谈谈《诗经》这部书是如何编集而成的:大致言之,《诗经》包含风、雅、颂三部分:颂是朝廷祭祀的乐章,雅是朝廷宴飨的诗歌,这些诗篇,都是出自朝中士大夫之手,当然不必去采集,只有风是民间的歌谣,根据古人的说法,周代的时候,政府里设有专人,分别到各地去采集民间歌谣,所以《汉书·艺文志》上说:

古有采诗之官,王者所以观风俗,知得失,自考正也。

由是观之,王者所以采集民歌,只是为了自己莅政施政的参考。其次,古代所采集的诗篇,是否经过孔子的删定呢?这个问题,始见于《史记·孔子世家》:

> 古者诗三千余篇。及至孔子，去其重，取可施于礼义……
> 三百五篇，孔子皆弦歌之，以求合韶武雅颂之音。

司马迁所说孔子删《诗》之说，似不可信。近人屈万里先生
在《诗经释义叙论》上说：

> 鲁襄公二十九年《左传》，记季札在鲁观乐，所见的《诗》，
> 已和今本略同，所不同处，只是国风的次第，以及对于《颂》
> 没说到周、鲁、商之分。那时孔子才八岁，自然不会有删《诗》
> 之事；可见删《诗》之说，不足凭信。

屈先生之说，不为无见，孔子删《诗》之说，当不可信。

（2）《毛诗》与三家《诗》

其次，谈谈《诗经》的版本：自从秦始皇焚书之后，到
了汉代，经学产生了今、古文的派别。今文的《诗经》，有齐、
鲁、韩三家。《齐诗》传自齐人辕固生，《鲁诗》传自鲁人申
培公，《韩诗》传自燕人韩婴。此三家的《诗》，后人合称为"三
家诗"。到了魏时，《齐诗》便首先亡失；至西晋之时，《鲁诗》
也随之失传；只有韩婴所作的《韩诗外传》，现在还流传于世。
至于古文的《诗经》，只有《毛诗》一家。毛公是赵人，名亨，
其学自谓是子夏所传，他作有《毛诗故训传》三十卷，而毛
苌传之。当时的人称亨为大毛公，苌为小毛公。《毛诗》虽

然只在平帝时一度立为博士，但其学流行于民间。到了汉末的郑玄，更根据他的《故训传》而为之作《笺》，于是《毛诗》到现在还流传于世。

（3）四始与正变

此外，《诗经》又有"四始"之说，《毛诗》《鲁诗》《齐诗》之说又各不同。《毛诗》以为四始之意，是以《风》《小雅》《大雅》与《颂》为王道所由兴废的四端，所以《毛诗序》说：

> 是以一国之事，系一人之本，谓之《风》。言天下之事，形四方之风，谓之《雅》。《雅》者，正也，言王政之所由废兴也。政有小大，故有《小雅》焉，有《大雅》焉。《颂》者，美盛德之形容，以其成功告于神明者也。是谓四始，《诗》之至也。

其次，司马迁也说到"四始"，他在《史记·孔子世家》上说：

> 《关雎》之乱（按：依下文例，"之乱"二字为衍文，当删）以为《风》始，《鹿鸣》为《小雅》始，《文王》为《大雅》始，《清庙》为《颂》始。

司马迁所说的四始，只是指《诗经》中的风、小雅、大雅和颂的第一篇诗篇。司马迁学的是《鲁诗》，他的四始之说，应该是《鲁诗》的说法。此外，《齐诗》的四始之说，见于《诗纬泛历枢》：

> 《大明》在亥，水始也；《四牡》在寅，木始也；《嘉鱼》
> 在巳，火始也；《鸿雁》在申，金始也。

《齐诗》四始之说，是用五行家的理论，其所指的是春夏秋冬四时奏乐开始的诗篇，原来是根据乐律来说明的，比之《齐诗》《鲁诗》的说法，当较可信。

其次，《诗经》中的风和雅又有正变之说，此说始见于《毛诗序》：

> 至于王道衰，礼义废，政教失，国异政，家殊俗，而变
> 《风》、变《雅》作矣。

由是以观，《毛诗序》以盛世之诗，安乐和平，为正声；衰世之诗，困苦怨怒，为变声。不过三百篇中何者为盛世之诗，何者为衰世之诗，固难确定，但汉代的郑玄却提出他的看法，他在《诗谱》上说：

> 文武之德，光熙前绪，以集大命于厥身，遂为天下父母，
> 使民有政有居。其时《诗》风有《周南》《召南》，雅有《鹿鸣》
> 《文王》之属。及成王、周公致太平，制礼作乐，而有颂声兴焉，

盛之至也。本之由此风雅而来,故皆录之,谓之《诗》之正经。后王稍更陵迟,懿王始受谮亨齐哀公;夷身失礼之后,邶不尊贤。自是而下,厉也,幽也,政教尤衰。……故孔子录懿王、夷王时诗,讫于陈夷公淫乱之事,谓之变风变雅。

郑氏之说,以西周初叶的《诗》为正,懿王以后之《诗》为变,此虽是臆测之辞,但文献不足的今天,也只好留待考证。

2.诗经内容的探讨

至于《诗经》的内容,《毛诗序》说:

《诗》有六义焉:一曰风,二曰赋,三曰比,四曰兴,五曰雅,六曰颂。

由是观之,"风、雅、颂"是诗的三种体裁,"赋、比、兴"是诗的三种作法。现在就来谈谈《风》《雅》《颂》的内容:

《诗经》中的"风",一共收录了十五国一百六十首的诗,这些诗篇,都是各国所采集的民歌。至于这些诗篇何以叫做"风"?《毛诗序》说:

风,风也,教也。风以动之,教以化之。……上以风化下,下以风刺上,主文而谲谏,言之者无罪,闻之者足以戒,故曰风。

由是观之,《毛诗序》把"风"解为讽,恐怕不是"国风之风"的本义。宋人郑樵在《六经奥论》上说:

风土之音曰风。

又说:

风者,出于风土,大概小夫贱隶妇人女子之言。其意虽远,其言则浅近重复,故谓之风。

郑氏所说甚是,《国风》的风,应该解作"风土之风",这一百六十首的诗篇,都是民间的歌谣,有的描述各地的风土民情,有的抒写青年男女的情怀。

其次,《诗经》中的雅诗,分为《小雅》与《大雅》,一共收录一百零五首。雅字的意义,本来是乐器之名。《周礼·春官·笙师郑司农》注云:

雅状如漆筒而弇口,大二围、长五尺六寸,以羊韦鞔之,有两组,疏画。

由是可见,周代歌唱雅诗时,就是以雅这种乐器为主,因此即以乐器之名作为乐歌之名。至于"雅"又何以谓之正乐,那是因为古代雅字又与夏字相通,夏字的本义,是"中国之人"
的意思,所以流行中原一带而为王朝所崇尚的正声,就谓之
雅。同时,雅又有大小雅的区分,大概是从它的音节、内容
来分别的,所以朱熹《诗集传》上说:

> 正《小雅》,宴飨之乐也;正《大雅》,会朝之乐,受厘
> 陈戒之辞也。……词气不同,音节亦异。

朱子所说甚是。《小雅》七十四篇,大多是士大夫宴飨的乐诗;
《大雅》三十一篇,大多是士大夫会朝的乐诗。

至于《诗经》中的颂诗,分为《周颂》《鲁颂》与《商
颂》,一共收录四十首。颂字的意义,清人阮元在《释颂》上,
以为颂就是容,是歌而兼舞之意。在这些颂诗中,《周颂》
三十一篇为最早,大致都是西周初年的诗篇;《鲁颂》四篇,
全都作于鲁僖公之时;《商颂》五篇,大约是宋襄公时的作品。
这些颂诗,大多都是用来祭告神明的乐诗。

总之,《诗经》三百零五篇,不但在文学上具有极高的
价值,而且它也是一本培养美德的典籍:如《周南·桃夭》:

> 之子于归,宜其室家。

这两句诗,就是在抒写夫妇必须和顺相待;其次,如《大

雅·抑》：

　　温温恭人，维德之基。

这两句诗，就是在说明温恭是做人的基本涵养。由是观之，《诗经》的诗篇，也是修身进德所必读的一部典籍。

（四）三礼

1.周礼

《周礼》，原来称作《周官》。荀悦《汉纪》上说：

　　刘歆以《周官》经十六篇为《周礼》。王莽时歆奏以为《礼经》，置博士。

由是观之，《周官》到了西汉末年的刘歆，始称为《周礼》。而"周礼"这个名称，自从郑玄为《三礼》作注以后，就成为世人习惯的定称。至于《周礼》的作者及内容，略述于下：

　　（1）《周礼》的作者

　　秦始皇焚书以后，汉初并未见到《周官》一书，到了武帝时，河间献王从季氏得到这部书的古文本，但亡失了《冬官》一篇，于是用《考工记》来补缀。至于《周礼》一书的作者，议论纷纭，最重要者有下列四说：

①郑玄《周礼注》："周公居摄而作六典之职，谓之《周礼》。"

②张载《横渠语录》："《周礼》是的当之书，然其间必有末世增入者。"

③洪迈《容斋随笔》："昔贤以为战国阴谋之书，考其实，盖出于刘歆之手。"

④梁启超《古书真伪及其年代》："《周礼》是战国以后的书。"

《周礼》一书的作者，固难确定，但武帝时河间献王已得到《周官》，由是观之，此书绝非刘歆的伪作。至于此书著成的时代，大体言之，《周礼》或许是成于西周时代，到了战国末期又有人从事增补整理。今人周何先生在《周礼述要》一书中说：

　　《周礼》著成时代……就文章体制的发展来推测其时间，应该要到战国的末期；如就思想形态的发展来说，可能与荀子的时代、荀子的思想都非常接近。

周先生所说甚是，《周礼》一书，其作者固难确定，但其著成的时代，当是战国的末期。梁氏之说，甚是。

（2）《周礼》的内容

《周礼》这部书，是叙述周代的行政官制和职掌，本来就收了《天官》《地官》《春官》《夏官》《秋官》《冬官》等六篇，所以过去也有人称此书为"六官"。不过，汉代初年，《冬官》部分就已经亡佚，后来就用《考工记》补缀在后面，因此今本的《周礼》虽然还是六篇，但已经不是《周礼》的原文。至于《周礼》全书的内容，最重要的包括下面四个部分：

①总序：《周礼》每篇文章的前面，都有这么几句话："惟王建国，辨方正位，体国经野，设官分职，以为民极。"这几句话，是《周礼》六官的总序。

②总职：每篇总序以下，接着就说出其总职，如：

天官冢宰，掌邦治。
地官司徒，掌邦教。

不过，《冬官》亡佚，没有"冬官"总职的说明。后人就根据《天官·小宰》及《尚书·周官》篇来增补，认为"冬官"的总职是："冬官司空，掌邦事。"

③序官：每篇总职以下，都列有序官，说明各官的僚属，以及官秩的高低和编制的人员。

④职掌：每篇序官以下，又列出各属官的专司职掌，这是《周礼》的正文。

总之，《周礼》这一部书，固然不是刘歆的伪造，但就其内容观之，其不但是我国最早一部职官治事的政典，同时也是一部儒家政治思想的渊鉴，所以《周礼》这一部书，是研究我国古代政治制度重要的典籍。

2. 仪礼

《仪礼》，原来只称作"礼"。班固《汉书·艺文志》但云"礼古经"及"经"，并无"仪礼"的名称。大概到了梁陈以后，始有"仪礼"的名称。自此以后，"仪礼"便成了常用的书名。至于《仪礼》的作者及内容，略述于下：

（1）《仪礼》的作者

《仪礼》的作者，最重要的有下列三说：

①孔颖达《礼记正义序》："成王幼弱，周公摄政六年，制《礼》作《乐》。但所制之礼，则《周官》《仪礼》也。"

②邵懿辰《礼经通论》："以《周礼》为周公作固非，以《仪礼》为周公作亦未是也。《礼》十七篇盖孔子所定。"

③崔述《丰镐考信录》："此必春秋以降，诸侯吞并之余，地广国富，而大夫士邑亦多，禄亦厚，是以如此其备，非先王之制也。"

《仪礼》的作者，固难确定，不过，依据《论语》《礼记》的记载，孔子时已有乡饮酒礼、乡射礼，那么《仪礼》并非全由孔子所作，或可相信。其实，礼仪是由生活渐渐约定俗成，不可能由一人强制规定，所以《仪礼》当没有作者，而是辑纂成书的。今人王静芝先生在《经学通论》上说：

> 礼仪是生活中渐渐形成的，初时无书，渐有文字记载。文字记载可能很多，秦火后散失。高堂生得十七篇，以今文传之，于是有了一部《仪礼》。

王氏所说，固是臆测之言，惟就全书的内容观之，当可深信。

（2）《仪礼》的内容

《仪礼》有今古文的分别，而且篇数也不同。班固《汉书·艺文志》上说：

> 《礼》，《古经》五十六卷，《经》七十篇。（刘歆校云：此七十与后七十皆当作十七，计其篇数则然。）

《汉志》所录的"古经"，就是"古文仪礼"；"经"，就是"今文仪礼"。后来古文流传不广，渐渐亡佚，而今文十七篇，一直流传至今。

汉代的时候，《仪礼》有三种传本：戴德本、戴圣本、刘向《别录》本。东汉郑玄注《仪礼》，即是采用《别录》本。而十三经的郑玄《仪礼注》，其篇目是：

① 士冠礼　　　② 士昏礼　　　③ 士相见礼

④ 乡饮酒礼　　⑤ 乡射礼　　　⑥ 燕礼

⑦ 大射　　　　⑧ 聘礼　　　　⑨ 公食大夫礼

⑩ 觐礼　　　　⑪ 丧服子夏传　⑫ 大丧礼

⑬ 既夕礼　　　⑭ 士虞礼　　　⑮ 特牲馈食礼

⑯ 少牢馈食之礼　⑰ 有司彻

从这十七篇的篇目观之，其内容不外是记述古代冠、昏、丧、祭、乡、射、朝、聘等八种礼节的仪式。

总之，《仪礼》这一部书，是记述古代习俗礼仪的书，虽然礼仪是随着时代改变而有所因革损益，但是社会上许多相沿成习的礼俗，还是可以从这部书中找出它们的根源来，所以《仪礼》这一部书，是研究我国古代社会文化所必读的一部书。

3. 礼记

《礼记》，在汉时有时称"记"，如班固《汉书·艺文志·六艺略》上说：

《记》，百三十一篇。

不过，有时也称"礼记"，如班固《汉书·河间献王传》上说：

献王所得书皆古文先秦旧书，《周官》《尚书》《礼》《礼记》《孟子》《老子》之属，皆经传说记，七十子之徒所论。

由是观之，《礼记》在汉时有时称"记"，有时称"礼记"。至于后世的通称，都是称作《礼记》。孔颖达《礼记正义》引郑玄《六艺论》说：

戴德传《记》八十五篇，则《大戴礼》是也；戴圣传《礼》四十九篇，则此《礼记》是也。

《大戴记》今存四十篇，其中有与《小戴记》相重复者，也有杂入《小戴记》篇中者，而《小戴记》四十九篇，至今没有散失，就是现在的《礼记》。下面就来谈谈《礼记》的作者及其内容：

（1）《礼记》的作者

《礼记》四十九篇，是一部搜集编辑而成的书，作者众多，前人所提及而最重要者，有下列数说：

①《汉书·艺文志》班固自注："七十子后学所记。"颜师古《注》："刘向《别录》云：六国时人也。"

②《汉书·艺文志·六艺略·乐部叙录》："武帝时，河间献王好儒，与毛生等共采《周官》及诸子言乐事者，以作《乐记》。"

③陆德明《经典释文》:"《礼记》者,本孔子门徒共撰所闻,以此为记。后人通儒各有损益。故《中庸》是子思伋所作,《缁衣》是公孙尼子所制。郑玄云:《月令》是吕不韦所撰。'卢植云:'《王制》是汉时博士所为。'"

④何异孙《十一经问对》:"问:'《礼记》一书谁作?'对曰:'孔子说,七十二子共撰所闻,以为之记,及秦汉诸儒录所记以成编,多非孔子之言,凡子曰者多假托。'"

上面各家所说,多是臆测之言,恐不可信。其实,《礼记》一书的作者,大概是战国至秦汉间儒家学者所作。今天吾人所见十三经中的《礼记》,是经过戴圣编定的,当可确信。

（2）《礼记》的内容

十三经中的《礼记》,便是四十九篇的《小戴记》。至于它的内容,非常丰盛繁杂,现在就参考高明先生《礼学新探》的分类,借此以窥知《礼记》一书的梗概:

①通论

甲、通论"礼"意的:包括《礼运》《礼器》《郊特牲》《经解》《哀公问》《仲尼燕居》等六篇。

乙、通论与"礼"有关的学术思想的:包括《孔子闲居》《乐记》《学记》《大学》《中庸》《坊记》《表记》《缁衣》《儒行》等九篇。

②通礼

甲、关于世俗生活规范的:包括《曲礼》上下《内则》《少仪》《深衣》《玉藻》等六篇。

乙、关于国家政令制度的:包括《月令》《王制》《文王世子》《明堂位》等四篇。

③专礼

甲、丧礼:包括《奔丧》《檀弓》上下《曾子问》《丧大记》《丧服小记》《杂记》上下《服问》《大传》《间传》《问丧》《三年问》《丧服四制》等十四篇。

乙、祭礼:包括《祭法》《祭义》《祭统》等三篇。

丙、冠礼:《冠义》一篇。

丁、乡饮酒礼:《乡饮酒义》一篇。

戊、射礼:《射义》一篇。

己、燕礼:《燕义》一篇。

庚、聘礼:《聘义》一篇。

辛、婚礼:《昏义》一篇。

壬、投壶礼:《投壶》一篇。

从上所述观之,《礼记》一书,有的是说明礼文制度的原意,有的是阐论淑世拯民的道理,有的是记载祭祀养老的制度,有的是叙述生活行为的规范,所以《礼记》这部书,是认识素有"礼义之邦"美称的我国传统文化必读的典籍。

（五）三传

1. 左传

《左传》，是"春秋左氏传"的省称，原来的名称叫做"左氏春秋"，汉人又省称为"左氏传"，它与"春秋公羊传""春秋穀梁传"，合称为"春秋三传"。现在就先来讨论《左传》的作者与内容：

（1）《左传》的作者

首先提出《左传》为左丘明所作的，是太史公司马迁。他在《史记·十二诸侯年表序》上说：

> 是以孔子明王道，干七十余君，莫能用，故西观周室，论史记旧闻，兴于鲁而次《春秋》，上记隐，下至哀之获麟，约其辞文，去其烦重，以制义法，王道备，人事浃。七十子之徒受其传指，为有所刺讥褒讳挹损之文辞，不可以书见也。鲁君子左丘明惧弟子人人异端，各安其意，失其真，故因孔子史记具论其语，成《左氏春秋》。

自《史记》以后，几乎都认为《左传》是左丘明所作的，但自唐宋以后，却有不少学者认为《左传》不是左丘明所作的，如唐人陆淳《春秋集传纂例》上说：

> 予观《左氏传》，自周、晋、齐、宋、楚、郑等国之事最详……

左氏得此数国之史以授门人；义则口传，未形竹帛。后代学者乃演而通之，总而合之，编次年月以为传记。

宋人叶梦得《春秋考》上又说：

今考其书，杂见于秦孝公以后事甚多，以予观之，殆战国周秦间之人无疑也。

综观前人之说，唐宋以后的人之所以怀疑《左传》的作者，其最大的理由，是《左传》所载的史事，有后于左丘明之时代者，故疑其非左丘明所作。其实，细考先秦的典籍，鲜有未经后人附益者，《左传》所载的史事，当然也有后人的增窜。纪昀《四库全书总目提要》上说："经止获麟，而弟子续至孔子卒；传载智伯之亡，殆亦后人所续；《史记·司马相如传》中有扬雄之语，不能执是一事指司马迁为后汉人也。"纪氏所说甚是，《左传》当是左丘明所作，但也有后人的增窜，所以史公之说，当可深信。

（2）《左传》的体例

《左传》的内容，其主旨在阐释经旨，传示来世，所以左氏搜集许多史料，用来褒贬是非，讲论《春秋》的大义，但《左传》也往往溢出经文之外，叙述一些《春秋》所无的事情，因此，《左传》是一部经学的书，同时也是一部史学的书。

至于《左传》传经的体例，现在根据刘正浩先生《左传导读》一文之所述，撮要列述于下，以供研读之参考：

①《左传》记事，直书其事：《左传》述事，主要是为了阐发《春秋》的微言大义；假使事态既明，大义可得，当然也就只有直述其事。

②《左传》传经，兼述其义：经文的寓意隐微，左氏除了陈述事实，而且还要探索《春秋》经文的大义。

③《左传》述事，自申其义：《左传》记事，也常有他独到的见解，隐微的寓意，无法用述事之辞表达，恐日久湮没失真；于是他自创新例，假托"君子"之名以发议论，自申其义。

总之，《左传》是一部经书，也是一部史书，它融经学于史学，寓褒贬于记事，是我国一部不朽的著作。由是观之，研究我国古代文化的人，都应该潜心研读《左传》。

2. 公羊传

西汉之际，由于汉武帝的尊儒，而董仲舒的对策，又都依据"公羊家"之言，因此，《公羊传》乃成为西汉最受人重视的经典。在此试论《公羊传》的传授及其体例，以作研读之参考：

（1）《公羊传》的传授

《公羊传》的传授，出自孔子的门人子夏，所以戴宏《公羊传序》说：

子夏传与公羊高，高传与其子平，平传与其子地，地传与其子敢，敢传与其子寿，至汉景帝时，寿乃共弟子齐人胡母子都（胡母生，字子都）著于竹帛，与董仲舒皆见于图谶是也。

由是观之，《公羊传》的传授，最初只是口传，到了公羊寿与胡母生始著于竹帛，其实，西汉传此书者不止公羊寿和胡母生，董仲舒也是"公羊学"的著名学者。郑玄《六艺论》说：

治《公羊》者胡母生、董仲舒。董仲舒弟子赢公，赢公弟子睦孟，睦孟弟子庄彭祖及颜安乐，安乐弟子阴丰、刘向、王彦。

由此观之，汉初传《公羊传》者以胡母生与董仲舒最为著名；而二者之中，董仲舒尤为重要。

（2）《公羊传》的体例

《三传》对《春秋》的解经，《左传》重在叙述《春秋》经文所书的事实，所以谓之"记载之传"；《公羊》《榖梁》重在解释《春秋》经文的义例，以发挥《春秋》的微言大义，所以谓之"训诂之传"。至于《公羊传》解经的体例，现在根据王静芝先生《经学通论》一书之所述，撮要列述于下，以供研读之参考：

①《公羊传》的解经，每句一解：左氏主要在叙事，因此无法每句一解，而《公羊》主要在解经，所以每句一解，不过，其在行文之间，并未标识经传的分别，所以眉目不如《左传》清楚。

②《公羊传》的记事，多用问答：《公羊传》中的记事，多在字句之间，作问答式的解释，并记其事的始末。

③《公羊传》的探义，重正名分：正名分是孔子作《春秋》的要旨，所以《公羊传》对正名分，就特别注重。在《公羊》大义中，这算是一个最重要的项目。

总之，《公羊传》之书，其对《春秋》大义中的正名分、别善恶的解说，最为详尽，所以要想研究《春秋》大义，不可不读《公羊传》。

3. 穀梁传

《穀梁传》的性质，大致与《公羊传》相同，主要在解释《春秋》经的义例，但其解经的内容却又与《公羊传》殊多不同。至于《穀梁传》的传授与体例如何，在此略作说明：

（1）《穀梁传》的传授

《穀梁传》的传授，也是出自孔子的门人子夏，所以杨士勋《春秋穀梁传序疏》说：

穀梁子名淑，字元始，鲁人。一名赤。受经于子夏，为经作传，故曰《穀梁传》。传孙卿；孙卿传鲁人申公；申公传

博士江翁。其后鲁人荣广大善《穀梁》，又传蔡千秋。汉宣帝
好《穀梁》，擢千秋为郎。由是穀梁之《传》大行于世。

由此观之，《穀梁传》当是穀梁子的自作，不过，清人纪昀却
反对此种说法，他在《四库全书总目提要》上说：

> 《公羊传》定公即位一条，引沈子曰。何休《解诂》以
> 为后师。此传定公即位一条，亦称沈子曰。《公羊》《穀梁》
> 既同师子夏，不应及见后师。又初献六羽一条，称穀梁子曰。
> 《传》既穀梁自作，不应自引已说。且此条又引尸子曰。尸佼
> 为商鞅之师，鞅既诛，佼逃于蜀，其人亦在穀梁后，不应预
> 为引据，疑徐彦之言（按：徐彦《公羊传疏》：公羊高五世相授，
> 至胡母生乃著竹帛，题其亲师，故曰《公羊传》。穀梁亦是
> 著竹帛者，题其亲师，故曰《穀梁传》，则当为传其学者所作）
> 为得其实。但谁著于竹帛则不可考耳。

纪氏所说甚是，《穀梁传》并非穀梁子的亲作，至于《穀梁传》
何时著成，写录成书的人是谁？文献不足，已经难以稽考；
但必是传其学者所作，因称《穀梁传》。

（2）《穀梁传》的体例

《穀梁传》的体例，大致与《公羊传》相近，也是一句
一句用问答方式来解释《春秋》经文的含义，与《左传》采

用记事、叙述的体裁不同。至于《穀梁传》体例的特色,现在根据王熙元先生《春秋穀梁传述要》一文之所述,撮要列述于下,以供研读之参考:

①《穀梁》之义,多本于《论语》,如僖公十九年《传》提出"正名"二字,这正是《论语·子路》篇孔子告诉子路"为政必先正名"的主张,可见《穀梁传》中包含了不少纯正的孔子思想。

②《穀梁传》对《春秋》的辨别名实,都能明察秋毫、一丝不苟地将实情解说得完全符合。

③《穀梁传》的义例,凡列国诸侯会盟不书日,若为三国合盟之始,则谨慎书日,以志其要。如隐公八年书:"秋七月庚午,宋公、齐侯、卫侯盟于瓦屋。"《穀梁传》说:"外盟不日,此其日何也?诸侯之参盟于是始,故谨而日之也。"

从上所述观之,《穀梁传》是重在解释《春秋》经文的义例,而且其解经又多本于《论语》,书中寓有"明辨是非"的精神,所以《穀梁传》不仅是阐发《春秋》大义的典籍,而且也是探索孔子思想的津梁。

(六)论语

《论语》是记载孔子言行的典籍,也是儒家最有价值的名著。二千多年来,深受世人的推崇,所以赵岐《孟子题辞》

上说：

> 七十子之畴，会集夫子之言，以为《论语》。《论语》者，
> 五经之鞴辖，六艺之喉衿也。

《宋史·赵普传》也说：

> 普尝谓太宗曰："臣有《论语》一部，以半部佐太祖定天下，
> 以半部佐陛下致太平。"

赵岐和赵普所说的话，其实一点也不夸大，《论语》的确是一部安身立命、拯民救世的经典。至于《论语》的编纂、传本和内容，下面就来加以叙述：

1. 论语的编纂

《论语》这部书，究竟是何人编纂而成的？自班固以来，最重要的有下列四说：

（1）班固《汉书·艺文志》："《论语》者，孔子应答弟子时人，及弟子相与言，而接闻于夫子之语也。当时弟子各有所记，夫子既卒，门人相与辑而论纂，故谓之'论语'。"

（2）陆德明《经典释文序录》："郑玄云：《论语》乃仲弓子夏等所撰定。'（邢昺疏：'仲弓下脱子游二字。'）"

（3）程子《论语集注序》说："《论语》之书，成于有子、曾子之门人，故此书独二子以子称。"

（4）皇侃《论语义疏》："《论语》者，是孔子没后七十弟子之门人共所撰录也。"

从上所述观之，《论语》一书的编纂，固难考定，不过，就全书的内容观之，《泰伯》篇既已记载曾子临终时的话；曾子之死，孔子的弟子多已无存；且古人之称字称子，并无轻重之分。由是观之，《论语》一书，当是孔子弟子之门人所撰录。皇氏之说，较为可信。

2. 论语的传本

《论语》在汉代，有三种传本。皇侃《论语义疏》引刘向《别录》说：

鲁人所学，谓之《鲁论》；齐人所学，谓之《齐论》；合壁所得，谓之《古论》。

由此可知，《论语》在汉代有三种传本：《鲁论》《齐论》《古论》。至于这三种传本的不同，略述于下：

（1）《鲁论》：今文本，鲁人所传，共二十篇。传《鲁论》的，《经典释文序录》载有六家，即龚奋、夏侯胜、韦贤及子玄成、鲁扶卿、夏侯建和萧望之。

（2）《齐论》：今文本，齐人所传，共二十二篇。多《问
王》《知道》二篇。据《经典释文序录》所说，《齐
论》多此二篇外，其余二十篇，章句亦多于《鲁论》。
传《齐论》的，《汉书·艺文志》载有五家，即王吉、
贡禹、宋畸、五鹿充宗和庸生，何晏《集解序》又
增王卿一家，共六家。

（3）《古论》：古文本，据《汉书·艺文志》所说，也是
鲁恭王得之孔宅壁中，共二十一篇。分《尧曰》篇
的第二章"子张问何如斯可以从政"及第三章"不
知命"为一篇，有两个《子张》篇。篇次和《齐论》《鲁
论》也不太相同，文字和《鲁论》不同的有四百多字。
孔安国、马融曾作过注解，今已失传。

至于今本二十篇的《论语》，就是《张侯论》。《汉书·张
禹传》上说：

鲁扶卿及夏侯胜、王阳、萧望之、韦玄成皆说《论语》，
篇第或异。禹先事王阳，后从庸生，采获所安，最后出而尊
贵。诸儒为之语曰："欲为《论》，念张文。"由是学者多从之，
余家浸微。

陆德明《经典释文序录》上又说：

安昌侯张禹，受《鲁论》于夏侯建，又从庸生、王吉受《齐论》，择善而从，号曰《张侯论》，最后而行于汉世。禹以《论》授成帝。后汉包咸、周氏并为章句。

由是观之，张禹本受《鲁论》，后采《齐》说，删去二者的烦惑，又除去《齐论》的《问王》《知道》二篇，以《鲁论》二十篇作为底本，这就是世人所称的《张侯论》。汉末郑玄又以《张侯论》为本，参考《齐论》《古论》而作注，魏时何晏又集孔安国、包咸、周氏、马融、郑玄之说，著成一本《集解》，这就是今天所见十三经中的《论语》。

3. 论语的内容

《论语》自《学而》至《尧曰》，全书凡分二十篇。每篇篇名并没有特殊的意义，而且篇章之间也无任何关联，所以在研读这部书时，最好分类研读，才能深入探讨孔子的思想。从《论语》一书来看，仁道思想，就是孔子的中心学说，所以清人阮元在《论语论仁论》上说：

孔子为百世师。孔子之言，著于《论语》为多。《论语》五常之事详矣，惟论仁者凡五十有八章，仁字之见于《论语》者凡百有五（按：《论语》仁字共一百零七，阮氏之说，实不正确），为尤详。

阮氏之说甚是；仁道学说，是孔子的中心思想，因此研读《论语》，首先就必须体认这个"仁"字的涵义，如此始可真正理解《论语》这部经典。

总之，《论语》是儒家一部最伟大的典籍，在这部书中记载着孔子许多不朽的思想。"孔子个人有多少价值，《论语》便也连带地有多少价值。"梁启超这句话，是很对的，所以在十三经中，《论语》的确是不可不读的一部经典。

（七）孝经

《孝经》也是十三经之一，它是讨论孝道的书。从前的人都认为《孝经》是孔子作的，所以《孝经》这本书向来都受到世人的重视。现在就来谈谈《孝经》的作者及内容：

1. 孝经的作者

《孝经》的作者，自汉以降，最重要者有下列四说：

（1）司马迁《史记·仲尼弟子列传》："曾参少孔子四十六岁，孔子以为能通孝道，故授之业，作《孝经》。"

（2）晁公武《郡斋读书志》："何休称'子曰："吾志在《春秋》，行在《孝经》"'，信斯言也，则《孝经》乃孔子自著者也。今首章云：'仲尼居，曾子侍。'则非孔子所著明实。评其文书，当是曾子弟子所书。"

（3）姚际恒《古今伪书考》："是书来历出于汉儒，不惟非孔子作，并非周秦之言也。"

（4）王正己《孝经今考》："《孝经》思想有与《孟子》思想相同者五点，大概可断定为孟子门人所作。至其成书年代，在战国末年，早不过庄子时代，晚不出《吕氏春秋》成书时代。"

综观《孝经》一书，《吕氏春秋·察微》篇已引《孝经·诸侯章》，可见战国时已有此书，因此，《孝经》一书，大约战国末年至汉代初年的儒家学者所著成。王氏之说，较为可信。

2. 孝经的内容

《孝经》一书，也有今文、古文本的分别。古文本为孔安国所注，据说也出于孔宅壁中，到梁时就已亡佚；今文本为郑玄所注，郑注虽已亡佚，而经文却流传至今。现存十三经中的《孝经》，经文就是采用今文本，注是唐玄宗的御注。全书凡分十八章，其篇目如下：

①开宗明义章　　②天子章　　③诸侯章

④卿大夫章　　　⑤士章　　　⑥庶人章

⑦三才章　　　　⑧孝治章　　⑨圣治章

⑩记孝行章　　　⑪五刑章　　⑫广要道章

⑬广至德章　　　⑭广扬名章　⑮谏诤章

⑯感应章　　　　⑰事君章　　⑱丧亲章

上述的十八章，从其结构来说，第一章是全书的纲领，其他的十七章都是用来补充诠释孝道，所以朱子就称第一章为"经"，而下面十七章都称作"传"。在这十八章中，最长的是《圣治章》，全文共二百八十八字，最短的是《五刑章》，全文仅三十七字，而且短的多，长的少。全书也只不过一千七百九十九字。在十三经中，算是一本字数最少的经书。

总之，《孝经》是一本论述孝道思想的书，虽然今天的时代变了，礼俗也不同了，但是敬亲尊亲的观念，应该是永远不变的，因此，《孝经》在今日仍有它一定的价值，况我国自古就崇尚孝道，炎黄子孙自当研读《孝经》。

（八）尔雅

《尔雅》原来只是一本解释字义的书，也可说是我国最早的一部词典。因为《汉书·艺文志》把这部书列在《孝经》类中，所以后来就将它安置在经书之列；其实，《尔雅》这部书，只是古人为解经而作的，附在群经之末，以备读经者的翻检而已，在十三经中，算是价值最低的一本经书；不过，这本书中所录的名物词类，不仅对读经书有极大的帮助，而且其对古今语言和名物命名演变的研究，也是一种有用的资料，所以《尔雅》这部书，也自有其不朽的价值。兹略述其作者及内容：

1.尔雅的作者

《尔雅》的作者，古人有许多不同的说法，最重要的有下列三说：

（1）扬雄说："（《尔雅》），孔子门徒游夏之俦所记，以解释六艺者也。"（见《西京杂记》引）

（2）张揖说："臣闻昔在周公，缵述唐虞，宗翼文武，克定四海，勤相成王。……六年制礼，以导天下，著《尔雅》一篇，以释其意义。"（见《上广雅表》）

（3）叶梦得说："《尔雅》训释最为近古，世言周公作，妄矣！其言多是诗类中语，而取毛氏说为正，予意此但汉人所作耳。"（见《石林集》）

综观上述三说，说法不同，固难考其是非，但就《尔雅》一书的内容观之，当是汉代学者采撷诸书的训诂名物编辑而成的字书。叶氏之说，似较可信。

2.尔雅的内容

《尔雅》今传本共计十九篇，而《汉书·艺文志》著录的有二十篇。清人王鸣盛《蛾术编》以为《汉志》所著录多一篇，是合《序》篇而言；但孙志祖《读书脞录续编》却以为《释诂》所收录的文字过多，分成上下两篇，所以《汉志》著录称二十篇。上面两种说法，从《尔雅》的内容看来，孙氏之说，较为合理。《尔雅》现存十九篇，其篇目列举如下：

①释诂　　②释言　　③释训　　④释亲　　⑤释宫

⑥释器　　⑦释乐　　⑧释天　　⑨释地　　⑩释丘

⑪释山　　⑫释水　　⑬释草　　⑭释木　　⑮释虫

⑯释鱼　　⑰释鸟　　⑱释兽　　⑲释畜

由上所述观之,《尔雅》所包含的范围,十分广泛。至于这十九篇的内容,《释诂》《释言》《释训》前三篇,大抵是诠释古代的词语,第四篇《释亲》是解释古代亲属的称谓,至于《释宫》以下,都是训释实物的名称,这是《尔雅》一书内容的梗概。

总之,《尔雅》这部书,是古代训诂名物的总汇,所搜罗的语言辞类十分丰富,不啻为研读经籍的工具书,因此,时常翻查,将有助于经书的阅读。

(九)孟子

《孟子》本来是一部子书,在《汉书·艺文志》中列于子部的儒家,没有今古文之分。唐代以后渐被尊崇,宋代时始列入经部,与《论语》并称,是一部发扬孔子学说最重要的经典。至于《孟子》的篇数、编纂及内容,下面撮要略述于下:

1.孟子的篇数

《孟子》这本书,依据史书的记载,当以西汉河间献王本为最古。班固在《汉书·梁十三王传》中说:

河间献王修学好古,所得书,皆古文先秦旧书:《周官》《尚书》《礼》《礼记》《孟子》《老子》之属。

由是观之,《孟子》最古的版本,当是古文本。其实,《孟子》在西汉时,已经有了两种版本:一种是七篇本,一种是十一篇本。到东汉末年的赵岐,他却认为七篇是孟轲的原著,后加的四篇是伪作,所以他在《孟子题辞》上说:

> 孟子……于是退而论集所与高第弟子公孙丑、万章之徒疑难答问,又自撰其法度之言,著书七篇,二百六十一章,三万四千六百八十五字。包罗天地,揆叙万类,仁义道德,性命祸福,粲然靡所不载。……又有外书四篇:《性善》《辩文》《说孝经》《为正》。其文不能弘深,不与内篇相似,似非《孟子》本真,后世依放而托之者也。

赵氏所说甚是,今世所传的《梁惠王》《公孙丑》《滕文公》《离娄》《万章》《告子》《尽心》等七篇为中篇或内篇当是《孟子》的原著,至于《性善》《辩文》《说孝经》《为正》等四篇为《外篇》或《外书》,当是刘歆的伪作。可是,汉人的《孟子外书》,到了隋唐之际便已亡佚,而今日所见的《孟子外书》,却又是出于明人姚士粦的伪托。

2. 孟子的作者

《孟子》一书的作者,自汉以降,众说纷纭,最重要者有下列四说：

（1）司马迁《史记·孟子荀卿列传》："孟轲乃述唐虞三代之德，是以所如者不合。退而与万章之徒，序《诗》《书》，述仲尼之意，作《孟子》七篇。"

（2）韩愈《答张籍书》："孟轲之书，非轲自著，轲既没，其徒万章、公孙丑相与记轲所言焉耳。"

（3）林之奇《孟子讲义序》："《孟子》之书，乃公孙丑、万章诸人之所录，其称万子曰者，则又万章门人之所录，盖集众人之闻见而成也。"

（4）阎若璩《孟子生卒年月考》："孟子道不行，归而作书七篇，卒当赧王之世。卒后书为门人所叙定，故诸侯王皆加谥焉。"

从上所述观之，《孟子》一书之作者，固难考定，不过，战国时绝无称自己为"子"者，今观《孟子》全书都自称"孟子曰"，由是观之，《孟子》一书必非孟轲所自著。司马氏之说，恐不可信。至若阎氏以《孟子》一书为孟轲所自作，但谥法当是门人所窜加，此说只是揣测之辞，并无实据；而林氏以《孟子》之书为孟轲弟子所作，且杂有再传弟子的记录，今就《孟子》书中内容及其文体观之，此说较为可信。

3. 孟子的内容

《孟子》这部书的体裁，记问答的居大多数，大体和《论语》的体例相似，但却和长篇大论的子书不同。至于《孟子》一书的内容，其对我国文化影响最大者，当是他的性善学说。孟子从心说性，他认为人的本心都是善的，所以他在《公孙丑》上篇说：

> 恻隐之心，仁之端也；羞恶之心，义之端也；辞让之心，礼之端也；是非之心，智之端也。人之有四善端也，犹其有四体也。

人心既然都具有此四种善端，那么人性自然都是善的。孟子的这种性善学说，不但可以启迪人类向上的自信，同时也可以鞭促人类向上的努力，其影响中国人的思想，真是极为深远。其次，孟子的心学理论，对我国文化的影响，也极重大。孟子在《尽心》上篇说：

> 君子所性，仁义礼智根于心。

这句话，不但指点道德修养的方向，而且也肯定人生价值的根源。中国文化之所以成为心性的文化，中国学问之所以成为注重道德的学问，都是受了孟子心学的影响。此外，孟子的道统思想，对中国人的影响，尤为深远。中国的道统思想，孔子只是偏重仁道，到了孟子才特别注重仁义。孟子在《公孙丑》下篇说：

> 辅世长民，莫如德。

《万章》上篇又说：

> 非其义也，非其道也，一介不以与人，一介不以取诸人。

孟子的道统思想，不但为人类揭示立身处世的法则，而且更为世人指点从政治国的法则。孟子的这三种思想，对中国文化的影响及贡献，的确厥功匪浅。

总之，《孟子》一书，不但在儒家的哲学上具有卓越的贡献，而且其在文学、史料上亦具有不朽的价值。吴挚甫《林下偶谈》上说："《孟子》七篇，不特推言义理广大而精微，其文法极可观，如齐人乞墦一段尤妙。唐人杂说，盖出于此也。"吴氏所说甚是。所以《孟子》和《论语》一样，已经成为中国知识分子不可不读的经典。

三、经学流传

经书是古代最早的书籍，自孔子用以教门弟子以后，始渐渐引起世人的重视。不过，秦以前经学的流传，由于时代较早，已经不易探寻其源流。但就一般的史料观之，孔门传经之儒，当首推卜子夏。近人蒋伯潜在《经与经学》上说：

孔门传经之儒，现可考见者，当首推卜子夏。《经典释文序录》于《周易》类首列子夏《易传》三卷，自注云："卜商字子夏，卫人，孔子弟子。"《毛诗》之学，一云子夏授高行子，四传而至小毛公；一云子夏传曾申，五传而至大毛公（亦见《释文序录》）。《春秋》，则公羊高受之于子夏（见《释文序录》自注）。穀梁赤亦为子夏门人（见《释文序录》自注引《风俗通》）。《仪礼丧服》亦有子夏传（今存《仪礼》中）。而《论语》，郑玄亦谓为仲弓、子夏等所撰定。

由是观之，子夏传经之功，实不可没。后汉徐防上疏，有"《诗》《书》《礼》《乐》，定自孔子；发明章句，始于子夏"的话，似可相信。到了战国之际，继承子夏的传经之儒，可以说就是荀子。近人蒋伯潜在《经与经学》上又说：

战国时，儒家巨子，首推孟轲、荀况。孟子，可以说他是"传道之儒"，继承曾子一派的；荀子，可以说他是"传经之儒"，继承子夏一派的。《释文序录》谓《毛诗》，一云孙卿子（即荀子），传鲁人大毛公，则《毛诗》出自荀子；《汉书·楚元王传》谓元王刘交少时尝与鲁穆生、白生、申公受《诗》于浮丘伯，而伯为孙卿之门人，《鲁诗》为申公所传，则亦出于荀子；《韩诗》今存《外传》，其中引《荀子》以说《诗》者，凡四十四则，是《韩诗》亦与《荀子》合。《释文序录》又谓左丘明作传授曾申，申传吴起，起传其子期，期传铎椒，椒传虞卿，虞卿传荀卿，则《左传》亦传于荀子；《汉书儒林传》谓瑕丘江公受《穀梁春秋》于申公，而申公为荀子再传弟子，则《穀梁传》亦荀子所传。《大戴礼记·曾子立事》篇载《荀子》中《修身》《大略》二篇文，《小戴礼记》《乐记》《三年问》《乡饮酒义》诸篇，载《荀子》中《礼论》《乐论》二篇文；荀子论学论政，本是注重"礼教""礼治"的，其深于礼，不言可知。刘向又称荀子善为《易》，其义略见《非相》《大略》二篇中。

由是观之，战国传经之儒，以荀子之功最大。

（一）两汉的经学及今古文的争论

到了秦始皇统一天下以后，由于采纳李斯的建议，因此于始皇三十四年下焚禁《诗》《书》之令。经籍罹此灾厄，散佚殆尽。汉惠帝四年，乃明令废除挟书之禁，于是传经之儒又纷纷继出，经学遂兴盛于西汉。至若西汉传经的儒者，依据司马迁《史记·儒林列传》上说：

> 言《诗》，于鲁则申培公，于齐则辕固生，于燕则韩婴；言《尚书》，自济南伏生；言《礼》，自鲁高堂生；言《易》，自菑川田生；言《春秋》，于齐鲁自胡母生，于赵自董仲舒。

由此观之，西汉传经之儒，以申培、伏生、董仲舒诸人最为著名。至于他们所传的经书，都是"今文"。同时，他们先后也都立于学官：在文帝时，申培、韩婴以《诗》为博士；景帝时，辕固生也以《诗》为博士，董仲舒、胡母生则以治《公羊春秋》为博士。后来到了武帝建元五年时，五经博士就普遍设立；元成二帝时，十四博士也立于学官，经学于是入于全盛的时代。

逮至西汉哀平之世，刘歆在秘府中发现"古文"书写的经，于是经书有"今文""古文"的派别：凡是用西汉时通行的文字隶书写的，叫做"今文"；凡是用秦汉以前通行的文字古篆写的，叫做"古文"。经书书写时所用的字体既然不同，文字、篇数多少自然也有差别，因此，经学家各持所据的经本，各守门户之见，形成争执对抗的两派。

今古文两派的纷争，肇始于刘歆。近人蒋伯潜在《经与经学》中说：

> 歆领校群书时，在中秘书中发现了许多古文经传，及官侍中、太中大夫，得亲近，乃欲立《左氏春秋》《毛诗》《逸礼》、古文《尚书》于学官。哀帝令歆与五经博士讲论其义，诸博士或不肯置对。歆乃数见丞相孔光,为言《左氏》以求助，光卒不肯，歆因移书太常博士责让之，歆之意，以为今文经传是秦火烬余，残缺讹脱，且有口耳相传，至后世始笔录成书的，不如当时就写录成书的之信而有征。

由上所述观之，首先起来攻讦今文经缺失的是刘歆，当时他虽然遭遇到大司空师丹的毁谤，使其自求外放而出为河内太守，终使古文经不得立于学官，但从此以后，今古文就形成对峙的局面，今文家斥古文家为"颠倒五经，变乱师法"，古文家斥今文家为"专己守残,党同妒真"，各守门户，两不相下。今从《后汉书》观之，东汉古文经学家甚多，有郑众、杜林、桓谭、贾逵、马融等人，而今文经学家却寥寥无几，只有李育、何休数人而已，可见东汉是古文经学的全盛时代。

综观两汉的经学，东汉的经学异于西汉者，不仅今古文盛衰的一端，而且西汉的经师文尚简朴，其研究群经注重大义；东汉的经师，文多泛滥，其研究群经注重训诂，此乃两汉经学最大的不同。至若今古文的派别，到了东汉末年，郑玄的群经注解，却兼采今古文之说。蒋伯潜在《经与经学》中说：

> 玄既学无常师，博通今古，见当时今古文两派攻难不休，乃欲参合其学，自成一家之言。于是遍注群经，据本传所载：《周易》《尚书》《毛诗》《仪礼》《礼记》《论语》《孝经》等，都有注解；而其内容，则都兼采今古文之说。如笺《诗》，虽以《毛传》为主，而又时违毛义，兼采三家；注《尚书》，虽用古文，而又和马融不同，或从今文说；注《仪礼》，从今文说，则注内叠出古文；从古文，则注内叠出今文，于是郑注行而齐鲁韩三家《诗》，欧阳、大小夏侯《尚书》，大小戴《礼》都废了。《易》与《论语》等，也是如此。

由是以观，今古文的派别，到了郑玄就已经开始混合。

（二）魏晋南北朝的经学

魏晋的经学以王朗、王肃、何晏、王弼诸人最为著名。王朗是王肃的父亲，他师事杨赐，杨氏世世传今文欧阳《尚书》，王肃受其父学影响，兼通今古文字，他为《尚书》《诗》《论语》《三礼》《左氏春秋法》作的注解和他父亲王朗作的《易传》，都因为他的女儿嫁给司马昭，借着帝王的势力，而立于学官。从此以后，经学今古文的争论，也就销声匿迹了。

经学的流传到了晋代，西晋虽然崇尚王学，但王郑仍然成为纷争的局面，有申王驳郑的，也有主郑驳王的，晋代经学的纷争，只有郑王两派之争，不复有今古文之争了。至于魏晋人的注经书籍，最著名者有下列五部：

1.《周易注》王弼

2.《论语集解》何晏

3.《左传集解》杜预

4.《穀梁传集解》范宁

5.《尔雅注》郭璞

经学流传到南北朝，大概又成为分立的局面。这一时期的经学，有南学北学之分。北学的《易》《书》《诗》《礼》《左传》，都宗郑氏；而南学宗郑玄者，仅《礼》一经。当时注经的学者，北方有刘献之的《三礼大义》、徐遵明的《春秋义章》等，南方有崔灵恩的《三礼义宗》、沈文阿的《论语义疏》等，但这些著作今已亡失，只有皇侃的《论语义疏》，皇侃、熊安生的《礼记义疏》流传于世。今观南北朝的经学，确是汉人注经、唐人疏注二者之间的桥梁，其承先启后之功，当不可没。

（三）唐宋明清的经学

唐代是文学鼎盛的时代，文学的贡献除韩、柳古文之外，骈文、诗、传奇小说亦颇有成就。至于经学，最著名的著作是陆德明的《经典释文》、颜师古的《五经定本》，其次是孔颖达等人所撰的《五经正义》。此书杂出众手,见解纷歧,譬如其对谶纬之说,《毛诗正义》《礼记正义》则以为是,《尚书正义》则以为非,同属《五经正义》,而其说法却自相矛盾,所以《五经正义》并不是一部最有价值的著作。朱子认为《五经疏》中《周礼》最好,《诗》《礼记》次之,《书》《易》为下,他的批评颇为得当。

宋代的学术,文学以词最为兴盛,诗与文,只不过承继唐人的余风而已。至于宋人的治经,因为疑经的缘故,往往任意删改经传,如欧阳修的《毛诗本义》,不守《毛传》;王安石的《新经义》,改变旧说;苏辙的《诗集传》,不信《诗序》;朱熹的《诗集传》,不用《毛诗序》而另立新义。此外经学开辟新径的著作有苏轼的《易传》《书传》,刘敞的《春秋权衡》,叶梦得的《春秋传》,蔡沈的《书集传》等书。不过,宋代的学风,其重心在理学而不在经学,因此自南宋至明,经学就日趋衰落。

到了明代之际,除王守仁派的理学外,治经者多株守元人之书,其于宋儒之书亦少研究。在明代的学者中,经学的著作只有梅鹭的《尚书考异》,这是一本考辨古文《尚书》的佳作。至于胡广等所编修的《五经大全》,虽是一部官修经义的巨著,但其内容多抄袭旧说。此外丰坊的《申培诗说》《子贡诗传》,姚士粦的《孟子外书》,又都是一些作伪欺人的伪书。经学流传到明朝,真是走到了一个最衰微的时期。

但是到了清代，经学又日趋兴盛。顾炎武、阎若璩、胡渭三人是清代学术代表的人物，他们所抱持"汉宋兼采"的主张，对清代经学的影响至巨。在清代的经学著作中，阎若璩的《古文尚书疏证》一书，考辨真伪，详列证据，唤起学者疑古求真的精神，其于经学之贡献极大。其次，清代经学的著作，最为著名者有：

1.《周易述》惠栋

2.《尚书今古文疏证》孙星衍

3.《毛诗传疏》陈奂

4.《毛诗传笺通释》马瑞辰

5.《周礼正义》孙诒让

6.《论语正义》刘宝楠

7.《尔雅义疏》郝懿行

8.《孟子正义》焦循

9.《礼书通故》黄以周

10.《五礼通考》秦蕙田

上列经学的书籍，都是最为精博的著作。此外，阮元及王先谦所编辑的《皇清经解》与《续皇清经解》二书，所收清儒解经之书，前者有一百八十八种，后者有二百零九种。清人经学之鼎盛，不但非唐宋元明所可及，亦且超轶两汉。

史学常识

一、概说

（一）史的意义

汉许慎《说文解字》说："史，记事者也。从又（古手字）持中。中，正也。"《玉篇》说："史，掌书之官也。"《周礼·天官·宰夫》："史，掌官书以赞治。"由上三说可知，史的本义为掌书记事的官，职位非常的重要。而史官的工作，最重要的是记言与记事二项。所以，《汉书·艺文志》说："左史记言，右史记事。"

史的定义，梁启超先生的诠释最为精当，他在《中国历史研究法》中说："史者何？记述人类社会赓续活动之体相，校其总成绩，求得其因果关系，以为现代一般人活动之资鉴者也。"历史是人类过去一切活动的总记录，举凡朝代的盛衰、风俗的文野、政教的得失、文物的盈虚，都可从历史上获致经验与教训。所以，治史的人不但能"究天人之际，通古今之变"，更能"为天地立心，为生民立命，为往圣继绝学，为万世开太平"。

（二）史的分类

研究历史的学问，叫做"史学"；记载历史的书，称为"史书"。现代尚存最早的史书，当推《尚书》。但在司马迁以前，史学并未完全独立。在《汉书·艺文志》的著录中，《战国策》《史记》等史书，尚只附于《六艺略》的《春秋》家之内，著录的史书仅四百二十五篇。直至晋荀勖依据魏郑默的《中经》，更著《新簿》，分群书为四部，而以史为丙部，与甲经、乙子、丁集并列，史学始脱离经学而独立。东晋元帝时，李充另造《四部书目》，略易荀氏的旧例，定为甲经、乙史、丙子、丁集的次序。这项分类，自隋唐迄清，率多依循，少有更易。

史部的著录随时代而俱增。史书的分类亦愈精细。我国史书的分类，最早见于《隋书·经籍志》，共分为十三类：一正史（纪传表志），二古史（编年系事），三杂史（纪异体），四霸史（纪伪朝），五起居注（人君动止），六旧事（朝廷政令），七职官（序班品秩），八仪注（吉凶行事），九刑法（律令格式），十杂传（先贤人物），十一地理（郡国山川），十二谱系（世族继序），十三簿录（史条策目）。至清《四库全书总目提要》分类更细，共分十五类：一正史，二编年，三纪事本末，四别史，五杂史，六诏令奏议，七传记，八史钞，九载记，十时令，十一地理，十二职官，十三政书，十四目录，十五史评。

唐刘知几深通史法，他著有《史通》一书，将古来史籍的体例分叙为六家：一曰《尚书》家（即纪言家），二曰《春秋》家（即纪事家），三曰《左传》家（即编年家），四曰《国语》家（即国别家），五曰《史记》家（即通古纪传家），六曰《汉书》家（即断代纪传家）。又将六家统括为两体，曰编年体，曰纪传体。

上述两种分法，一从性质分，一按体例分。或失之繁琐，或失之笼统。梁启超著《中国历史研究法》则分为纪传、编年、纪事本末、政书四体，最为合理切要。

（三）史家的四长

历史是人类生活的龟鉴，而史书是记录历史事实的书。因此，研读史书，即在能鉴往以知来，进而修己安人，达到内圣外王的境界。史书既然如此重要，那么，作为修史的史家应具备哪些条件呢？刘知几的《史通》认为必须具备三个条件：史才、史学、史识。章学诚《文史通义》加上一个史德。梁启超先生则认为史德最为重要，次史学，又次史识，而史才居末。

所谓"才"即指表现于文字组织的技巧；所谓"学"即指参考的资料是否广博；所谓"识"即指是非的褒贬是否精当；所谓"德"即指作史者心术是否端正。

历史本有它的"特殊性、变异性与传统性"，而一部史书的修撰，最重要的就在能忠实地记载历史的真相。史料的参考愈丰富，史实必愈正确。但史料愈多，编排愈难，如何把丰富的史料有条不紊地组织起来，非有史才不为功。但有丰富的史料，完美的组织，尚须精当的判断，才"能见其全，能见其大，能见其远，能见其深，能见人所不见处"（钱穆《中国历史研究法》）。有了史学、史才及史识，又须有史德，如此才能"不抱偏见，不作武断，不凭主观，不求速达"（同前）。譬如《魏书》，被讥为秽史即是。

总之，一个史学家肩负着历史文化的传承重任，因此，他必须才学识德兼备，才能善尽本分，修好一部史书。

二、纪传

（一）纪传的由来

纪传体是我国史书的主要体裁，通称正史。正史的名称，始见于《隋书·经籍志·正史序》说：

> 世有著述，皆拟班马，以为正史。

纪传体的史书，系以人物为中心，详一人的事迹。其来甚早，开始于汉司马迁的《史记》。后来，班固的《汉书》、范晔的

《后汉书》、陈寿的《三国志》也都以纪传为体，称曰"四史"。自唐以后，史目递增，遂有十史、十三史、十七史、十八史、二十一史、二十二史等名目。到清朝时，已积有二十四部，通称为二十四史，即《史记》《汉书》《后汉书》《三国志》《晋书》《宋书》《南齐书》《梁书》《陈书》《魏书》《北齐书》《周书》《隋书》《南史》《北史》《旧唐书》《新唐书》《旧五代史》《五代史记》（即《新五代史》)、《宋史》《辽史》《金史》《元史》《明史》。民国七年（1918）以后，徐世昌下令将《新元史》列入正史，遂成为二十五史，或加《清史稿》，而为二十六史。

各史或称"书"，或称"志"，或称"史"，或称"史记"，实为一体。

（二）纪传的体例

纪传体的史书，以人为纲。它的体例，创自司马迁的《史记》。《史记》的体例，共分五类:（一）本纪;（二）表;（三）书;（四）世家;（五）列传。这五类体例，史迁都有所本，并非自创。史迁凭着丰富的学养，高远的见识，将前代各种史书的体例熔为一炉，开创了完美的纪传体例，为我国史书开启崭新的一页。而历代的正史，率多依循，少有变易。现将各体分述于下：

1.本纪

本纪以帝王为中心，记载国的大事。司马贞《五帝本纪索隐》说：

> 纪者，记也。本其事而记之，故曰本纪。

张守节《五帝本纪正义》引裴松之《史目》说：

> 天子称本纪，本者系其本系，故曰本纪；纪者，理也；
> 统理众事，系之年月，名之曰纪。

刘知几《史通》解说最为清楚，它说：

> 盖纪之为体，犹《春秋》之经，系日月以成岁时，书君
> 上以显国统。

可见本纪的特色是以编年为体，大事乃书。有年代可考的，
按年记事；无年代可考的，分代叙事。

2. 世家

世家以纪侯国。年封世系，盛衰兴亡的事迹，分国按年
记述。司马贞《史记吴太伯世家索隐》说：

> 世家者，记诸侯本系也。言其下及子孙，常有国故。

刘知几《史通》说：

> 司马迁之记诸国也，其编次之体与本纪不殊；盖欲抑彼诸侯，异天子，故假以他称，名为《世家》。

《史记》世家一体，班固《汉书》改为列传，其后诸史因之。《晋书》于僭伪诸国，数代相继的，不曰《世家》，而别称曰载记。欧阳修的《新五代史》，则于吴、南唐、前蜀、后蜀、南汉、楚、吴越、闽、南平、北汉等十国，仍称世家，《宋史》因之作《十国世家》，《辽史》于高丽、西夏等诸国另称外纪。

3. 表

表系以时间为中心，编排同类性质的大事。历史人物，不可数计，人各一传，不胜其传。表有提要汇总的作用，可以补本纪、世家、列传的不足。所以万斯同说：

> 表所以通纪传之穷，其有人已入纪传而表之者，有未入而牵连表之者，表立然后纪传之文可省，读史不读表，非深于史者也。

或年经国纬，以见天下的大势；或年经事纬，以见君臣的职分；或国经年纬，以睹一时的得失。不过，二十五史中，仅十史有表，即《史记》《汉书》《新唐书》《新五代史》《宋史》《辽史》

《金史》《元史》《新元史》《明史》等，余均阙如。万斯同作《历代史表》六十卷，可补诸史的不足。

4. 书

书系以事类为纲，记载国家的大政大法。司马贞《史记礼书索隐》说：

> 书记，五经六籍之总名也。此之八书，记国家大体。

颜师古说：

> 志，记也，积记其事也。

如纪礼仪、礼俗的《礼书》，纪音乐的《乐书》，纪地理水利的《河渠书》，纪财政经济的《平准书》等。朝章国典，因而得以备录。书的名称，诸史或有不同，《史记》称书，班固改称志，诸史因之。欧阳修的《新五代史》称考。《三国志》《梁书》《陈书》《北齐书》《周书》《南史》《北史》则无书志一门。

5. 列传

列传系以志人物。举凡社会各阶层的特殊人物事迹，甚至边疆各国的概况，都可入传。赵翼《廿二史札记》说：

> 古书凡记事立论，及解经者，皆谓之传，非专记一人之

事迹也。其专记一人为一传者，则自迁始。又于传之中分公卿将相为列传。……又别立名目，以类相从。自后作史者，各就一朝所有人物传之，固不必尽拘迁史旧名也。

若按撰写性质的不同分，又有单叙一人的单传（或称专传）；合叙两人或两人以上的合传；以类相从，依照人物先后叙在篇里的类传；以及带叙其他人物的附传等。可说是史书极为重要的部分，历代诸史都有。

此外，《史记》论断，称"太史公曰"。班书改称"赞"，陈寿《三国志》称"评"，范晔《后汉书》改称"论"，而又系以"赞"，论为散文，赞为四言。梁沈约《宋书》改称"史臣曰"，唐时所修诸史均同。《新五代史》直起无标题，加以"呜呼"二字。仅《元史》无论赞。《新元史》论赞俱称"史臣曰"。

《史记》体例的编次，是先"本纪"、次"表"、次"书"、次"世家"、次"列传"。班固《汉书》缺世家，余皆相同。迄后，历代的正史多依循这个规格。不过世家的体例，诸史不能悉有，仅《新五代史》用之，而《晋书》改称载记，名虽异而实同。且《晋书》载记、《新五代史》世家乃附于书末。《宋》《辽》《金》《元》诸史同。《新唐书》表后于志，《魏书》志后于传，《旧五代史》同。这些史籍中，体例安排的次序虽有不同，但都不出《史记》的范围，所以，《史记》被推尊为纪传通史之祖。

（三）纪传的史书

1.史记

《史记》是我国第一部通史纪传体的史书，也是我国古代第一部传记文学的总集。汉司马迁撰。

司马迁字子长，夏阳（今陕西韩城县南）人。父司马谈是个学问渊博的学者，在建元、元封之间，做了太史公。他有满腔的抱负，想撰写一部表彰"明主贤君，忠臣死义"的史书。这个宏愿，后来由司马迁发愤完成。司马迁少时，曾接受完整的儒学教育，从大儒孔安国学古文《尚书》，从董仲舒治《公羊春秋》。因此，司马迁在思想上虽留有他父亲的黄老之学的遗泽，但是儒学却是他的思想主流。因此，在整部《史记》中，司马迁征引孔子说话的地方非常多，且径以孔子的论断作自己的论断，并隐然以《史记》上比《春秋》。

《史记》是一部史书，但是，司马迁撰写《史记》的目标不徒在记载历史的事实，更要能"究天人之际，通古今之变，成一家之言"。人类的历史活动，虽不一定能重演，但在不停息的变动流转中，自有轨迹可寻。司马迁作史的目的，即想从上下两千余年的种种人事演变的迹象中，原始察终，通穷达变，去找出"成败兴坏"的定理，以为后世的殷鉴。更想从"网罗天下旧闻""历纪古今成败"中，建立起历史的哲学体系，显现宇宙人生的根本道理。

《史记》一书，上起黄帝，下迄汉武。纵贯上下数千年，横及各国各阶层。据《太史公自序》说：

> 著十二本纪，作十表、八书、三十世家、七十列传，凡百三十篇，五十二万六千五百字。

可见《史记》百三十篇内容繁富，各体赅备，诚然是一部史学的巨著。

事实上，《史记》不仅是亘古未有的历史巨著，而且是我国最早的一部传记文学的总集，也是一部融汇古代学术思想的要籍。《史记》的成就是多方面的，在史学方面，司马迁为后世的史学家提示了作史的标的。而《史记》的体例——本纪以序帝王，世家以纪侯国，表以系时事，书以详制度，列传以志人物，也为后世正史的体裁奠立下永恒的规模。文学方面，《史记》雄深雅健的散文风格，以及简朴而动人的叙写方法，都是唐宋八大家和明清的散文作家学习的模范。至于明清的戏曲、小说也多采用《史记》的人物故事为题材。在学术方面，举凡礼仪礼俗、音乐历法、军事气象、财政经济，甚至宗庙鬼神、天文地理等，无不包括在八书之内。所以钱玄同先生说："司马迁实集上古思想学术之大成，而有自具特识的人。"

《史记》的注释很多，以宋裴骃的《集解》、唐司马贞的《索隐》、张守节的《正义》为最著，宋刻并三家为一本，尤见通行。

2. 汉书

《汉书》，又称《前汉书》，是我国第一部断代纪传体的史书。东汉班固撰。

班固字孟坚，扶风安陵（今陕西咸阳东北）人。父彪断《史记》太初以后，采前史遗事，傍贯异闻，作《后传》数十篇。而固以彪所续前史，未尽详密，于是潜精研思，接续著作，前后经历二十余年。和帝永元四年，窦宪失势自杀，固受株连，死在狱中。八表及《天文志》未及完成。和帝诏其妹班昭在东观藏书阁补写，后又诏令马融兄马续续成，全书历经四人之手，始成完本。

《汉书》凡一百篇，分一百二十卷。有本纪十二、表八、志十、列传七十。上起于汉高祖，下终于王莽之诛。班固在《汉书·叙传》中说：司马迁的《史记》"太初以后，阙而不录。故采撰前记，缀辑所闻，以述《汉书》"。可见《汉书》是继续《史记》而作。而《汉书》的纪、表、书、传，也都因袭《史记》的体制。刘知几有言：

昔虞、夏之典，商、周之诰，孔氏所撰，皆谓之书。夫以书为名，亦稽古之伟称，寻其创造，皆准子长，但不为世家，改书曰志而已。

《汉书》是继《史记》以后一部伟大的史书，班固不仅是汉代著名的史学家，也是辞赋大家。自《汉书》著成后，以纪、传、表、志为主要形式的断代史史书的体例，始告发展完成。而其为文裁密思靡，喜用骈偶，亦为六朝骈文家所宗，在中国骈文发展史上具有重要的地位。

《汉书》的注释，唐颜师古《注》及清王先谦《补注》，最通行于世。

3. 后汉书

继班固《前汉书》而作的，则为《后汉书》。南北朝时，宋宣城太守范晔撰。

范晔字蔚宗，顺阳（今河南淅川）人，少好学，博涉经史，善属文，能隶书，晓音律。初为尚书吏部郎，左迁宣城太守。不得志，于是穷览旧籍，删众家《后汉书》，以成一家之作。惜志未成，因与孔熙先谋倾宋室，事发伏诛。梁时，刘昭取晋司马彪《续汉书》志的部分，加以注解，"分为三十卷，以合范史"，遂成今之《后汉书》。

《后汉书》一百三十卷，起自光武帝，至献帝止。有本纪十共十二卷，列传八十计八十八卷，志八计三十卷。史书无表，实自蔚宗开始。

《后汉书》师法《史记》，编次卷帙，各以类相从；取法班氏，多附载政论材料以及词采壮丽的文章。叙述详简得宜，立论亦称允当。刘知几推称此书"简而且周，疏而不漏"。纵有传文矛盾、叙事无根的缺点，仍不失为良史。

《后汉书》的注家，以唐章怀太子李贤注最为通行。清惠栋《后汉书补注》、王先谦《后汉书集解》，颇便学者研读。

4. 三国志

《三国志》为晋陈寿撰。寿字承祚，巴西安汉（今四川南充县）人。少好学，师事谯周，仕蜀为观阁令史。蜀平入晋，举孝廉，除佐著作郎，终御史治书。撰有《三国志》《古国志》《益都耆旧录》。《三国志》一书，尤为时人所推重。

《三国志》，凡六十五卷。《魏志》三十卷，《蜀志》十五卷，《吴志》二十卷。其中《魏》四纪，二十六列传；《蜀》十五列传；《吴》二十列传。书虽名志，实无一志，亦缺表。洪亮吉《三国疆域志》、钱大昭《三国艺文志》以及万斯同《历代史表》，可以参看。

二十五史中，《三国志》最为简洁。《晋书》本传说："时人称其善叙事，有良史之才。"宋文帝则嫌《三国志》为文简略，命裴松之作注。于是，松之鸠集传记，增广异闻，以补寿《志》的缺失。所引的书，多至五十余种。松注此志，较原书多出三倍，可谓集注史的大成。

5. 晋书

《晋书》为唐房玄龄等奉敕所撰，参预其事者共二十一人，开史书众修的先河。在唐以前，《晋书》的编撰，家数甚多。至唐初，仍有何法盛等十八家流行。唐太宗以为都不完善，敕房玄龄、褚遂良、许敬宗重撰，又命李淳风修《天文》《律历》《五行》三志，敬播等改正类例。太宗并自撰写宣、武二本纪和陆机、王羲之二列传的"论"。是以曰"制旨"，又总题全书为"御撰"。

《晋书》凡一百三十卷，有本纪十、志二十、列传七十及载记三十。总记西晋四帝，凡五十四年，东晋十一帝，凡一百零二年。又以胡、羯、氐、羌、鲜卑等五族，割据中原，分为二赵、五凉、四燕、三秦与夏、蜀等十六国。较之前史少年表一门，多载记一项。

全书组织尚称严密，重要史实也能留存下来。然司马懿、司马师、司马昭均未即帝位，徒以身后追尊的缘故，作宣、景、文三纪，于本纪之例，似有缺失。而预修诸人多为唐初文学词臣，受六朝文风影响，行文好为丽辞奇句，似与史书体制未合。

《晋书》的注释，以吴士鉴、刘承幹《注》最为流行。今通行本并附有唐何超《音义》三卷。《晋书》包罗宏富，未免芜杂，清周济撰《晋略》一书，文笔严谨，考订功深，颇有参考价值。

6. 宋书

《宋书》旧题梁沈约撰，实撰成于齐武帝永明年间。本书材料多取徐爰旧本增删而成，用时不过一年左右。大抵沈约续补永光（前废帝）以后，至亡国十余年的事，并删除徐爰旧著中有关晋末诸臣及桓玄等诸叛贼的部分，其余都本爱书。

《宋书》凡一百卷，有帝纪十、志三十、列传六十，而无表。本书芜词甚多，繁简失当，宋齐革易间的事，作史者既为齐讳，又欲为宋讳，不能据事直书，有乖史笔。

唐刘知几《史通》说：

其书既成，河东裴子野更删为《宋略》二十卷，沈约见而叹曰："吾所不逮也。"由是世之言宋史者，以裴《略》为上，沈《书》次之。

7. 南齐书

《南齐书》为梁萧子显撰，子显字景阳，齐高帝萧道成之孙，豫章王萧嶷之子。

《南齐书》凡六十卷，其中《序传》，后世失传，今存五十九卷。有本纪八、志十一、列传四十，无表。北宋刻本尚有《进书表》，今本已无。又今本《文学传》无叙，《州郡志》及《桂阳王传》都有阙文，实非完善。

子显撰写《南齐书》，虽于以前作者不无因袭，然而颇能断以己意。子显身为齐宗室之后，而于梁时作史，于开国史既不便宣揭祖恶，于亡国史亦不便直彰篡逆的事迹，而却能"直书无隐，尚不失是非之公"（《四库提要》）。本书不见篡弑的痕迹，而能微露己意。难怪刘知几《史通》称许说："子显虽文伤蹇踬，而义甚优长。"

8. 梁书

《梁书》，唐姚思廉奉敕撰。据《新唐书·姚思廉传》称："贞观三年（629）诏思廉同魏徵撰。"今本《梁书》题姚思廉撰而不列魏徵之名。大约魏徵本奉诏监修，而实由思廉一人执笔，所以独标姚思廉撰。

《梁书》凡五十六卷，有本纪六、列传五十，以较前史，缺书志、年表两种。

《梁书》初稿撰于梁代，如沈约、周兴嗣、鲍行卿、谢昊等相承撰录的《梁书》共一百卷，而思廉之父姚察，陈时为吏部尚书，奉敕修撰《梁史》。姚察的旧稿，实即为思廉所本。因此，本书记述史迹，详密核实。而成书时又相隔三代，既无个人恩怨，亦少当朝忌讳，所以持论颇称平允。况姚氏父子为唐代古文先驱，行文自称炉锤，洗尽六朝浮艳文风，虽叙事论人间亦矛盾冗杂，实亦颇多可取之处。

9. 陈书

《陈书》亦为唐姚思廉撰。

《陈书》凡三十六卷，有本纪六、列传三十。高祖、世祖两本纪末有"陈吏部尚书姚察曰"字样，其余纪传之末，则称"史臣曰"。

《陈书》既与《梁书》同出思廉之手，优劣之处，亦相伯仲。伦序秩然，言论精当。然而，文多避讳，有乖直笔。《陈书》

专立《姚察传》，亦颇受人非议，有变古之嫌。

10. 魏书

《魏书》，北齐魏收撰。

《魏书》凡一百三十卷，有帝纪十二、列传九十二、志十，诸史表志均在传前，而《魏书》则志居传后。宋刘恕、范祖禹等校定时，称"亡逸不完者无虑三十卷，今各疏于逐篇之末"。《四库全书》谓实缺二十九传，然所据何书以补缺，恕等并未明言。

本书内容芜秽，体例荒谬，世称秽史。《北齐书·魏收传》说：

修史诸人祖宗姻戚多补书录，饰以美言。

一人立传，不论有官无官，有否功绩，都附缀于后，有至数十人者。且"凡有怨者，多没其善，每言何小人，敢共魏收作色，举之则使上天，按之当使入地"。史笔成为酬恩报怨的工具。收因仕于北齐，而修史又在齐文宣帝时，举凡涉及齐神武帝（高欢）在魏朝时，多曲为回护，党齐毁魏，有失是非之公。惜收前诸儒所撰《魏史》，悉数被毁，因此收书终得列入正史，以存文献。

11. 北齐书

《北齐书》，唐李百药撰。

《北齐书》凡五十卷,有本纪八、列传四十二。自北宋以后,本书日渐散佚,宋晁公武《郡斋读书志》称其残缺不全。今据《四库提要》及王鸣盛、钱大昕、赵翼等考证,尚可知其体例。今本乃后人取《北史》及他书补成。

《北齐书》既为后人所补,因此糅杂抵牾,体例不一,自《北史》行后,此书遂不为人注意。且北齐立国本浅,文宣以后,纲纪废弛,人材寥落,事功不显,亦少有可纪。不过百药文笔简洁,语多装点,亦为其特色之一。

12. 周书

《周书》,唐令狐德棻奉敕撰,共事者有岑文本等十七人。

《周书》凡五十卷,有本纪八、列传四十二。北宋重校时尚有全本。今本残缺,多取《北史》以补亡。惜不标明所移掇者何卷,所改者何篇,德棻原本遂不可辨。

德棻博涉文史,早岁知名,唐初各正史的修撰实乃议自德棻。本书叙事得宜,文笔简劲,惜今书残缺不全,遗文脱简,不可枚举。且北周立国,仅二十六年,鲜有事功可显,所以德棻虽号称博学,亦难展其史才。

13. 隋书

《隋书》,唐魏徵等奉敕撰。撰纪传者有颜师古、孔颖达、许敬宗等三人。撰志者有于志宁、李淳风、韦安仁、李延寿、令狐德棻等人。

《隋书》凡八十五卷,有本纪五、列传五十、志三十。《隋书》十志，或名《五代史志》，原为梁、陈、周、齐、隋五代史而作。其后各史单行，而《隋书》居末，十志遂专称《隋志》，唐太宗驾崩后，将志编入《隋书》，则有失其实。

《隋书》成于众手，抵牾难免。执笔者都属唐初名臣，书法严谨，文笔简净，惜《高祖纪》与《炀帝纪》中，曲为回护，颇有隐讳篡逆的事迹，诚有愧史笔。

14. 南史

《南史》，唐李延寿撰。延寿之父名大师，贞观中官御史台主簿，兼值国史。《北史·序传》说：

大师少有著述之志，常以宋、齐、梁、陈、魏、齐、周、隋，南北分隔，南谓北为"索虏"，北谓南为"岛夷"。又各以其本国周悉书，别国并不能备，亦往往失实，尝欲改正，将拟《吴越春秋》编年以备南北。

惜书未成，而大师已死。延寿继承父志，穷十六年的功夫，涉猎千有余卷，总叙八代的事情，撰成《南史》《北史》二书。

《南史》凡八十卷，有本纪十、列传七十。始于刘宋永初元年，讫于陈祯明三年，历宋、齐、梁、陈四代，一百七十年。

《南史》属通史体裁，叙事简净，文少避讳，颇能纠正各史回护的缺点。本书虽以《宋》《齐》《梁》《陈》四史为根据，但是删繁补缺，意存简要，举凡诏诰词赋，一概删削，无烦冗芜秽之词，司马光称为佳史。

15. 北史

《北史》，唐李延寿撰。

《北史》凡一百卷，有本纪十二、列传八十八，总记魏、齐、周、隋四代的史事，始于魏登国元年，讫于隋义宁二年，凡三代二百四十四年。兼自东魏天平元年至齐隆化二年，共四十四年的行事。

《北史》与《南史》，同出李延寿之手，叙事简净，堪称史籍中的佳构。大抵《南史》因四史旧本而稍有删减，补缺者少。《北史》则较《南史》用力独深。如《周书·文帝纪》增补追侯景不及事，《齐慕容绍宗传》增补侯景畏绍宗事。元魏一代虽以收书为主，而用魏澹书义例，以西魏为正统，增入文帝、废帝、恭帝三纪。各帝纪后，并附见东魏，史例颇为允当。魏收曲笔，亦多加纠正。

16. 旧唐书

《旧唐书》，五代后晋刘昫等撰。

《旧唐书》，原名《唐书》，自宋欧阳修、宋祁等重撰《新唐书》，此书便废而不用，然仍流传民间，历世不绝。清乾隆时，与《新唐书》并列于二十四史中，成为正史之一。

《旧唐书》凡二百卷，有本纪二十、书志三十、列传一百五十，约一百九十万言。

有唐一代,凡十四世,二十一主,二百九十年,享国甚久,声教文物亦称极盛。而刘昫等所撰《唐书》,多以令狐德棻及吴兢的旧稿为蓝本,叙事得体,文笔简净。尤其穆宗以前,简而有体,叙述详明,颇能保存班、范的旧法。惜穆宗以后,语多枝蔓,多述官职、资望,竟似断烂朝报。而且各传并见,重出颇多,本纪、列传,亦多回护之处,为世所病。

17. 新唐书

《新唐书》,宋欧阳修、宋祁等撰。曾公亮监修。书中列传,都题祁名,而本纪、志、表则题修名,《宰相世系表》《宋史吕夏卿传》以为吕夏卿所撰,而今《新唐书》中,亦题修名。

《新唐书》凡二百二十五卷,有本纪十、志五十、表十五、列传一百五十,约一百七十万言。

曾公亮在《新唐书进表》说:"其事则增于前,其文则省于旧。"事增文省,确是《新唐书》的最大特色。本书作者欧阳修、宋祁等人都是积学之士,又是古文大家,修史时,正值文物鼎盛之际,史料的搜求比较容易,因此,《唐书》回护之笔本书多予刊正;舛漏之处亦加补救。尤其欧阳公所撰的本纪,文章明达,语多褒贬;宋祁所撰列传,则刻意学古,颇失本来面目。

18. 旧五代史

《旧五代史》,北宋薛居正等奉敕撰。同修者有卢多逊、扈蒙、张澹、李昉、刘坚、李穆、李九龄等人。自欧阳修别撰《五代史记》，金章宗下诏采用，历元、明、清，《五代史》遂见废弃。乾隆时，自《永乐大典》辑出，并考核宋人著述中征引薛书资料，摘录补缺，颇复旧观。

《旧五代史》凡一百五十卷，有本纪六十一、志十二、列传七十七，以较前史缺年表一种。

五代虽值离乱时代，各朝却都有实录。薛史取材多本诸实录，因此修史时间不过一年余，事虽详备，然实录中回护之处都未能核实纠正，有失史实。

19. 新五代史

《新五代史》，原名《五代史记》，宋欧阳修撰。

《新五代史》凡七十四卷，有本纪十二、列传四十五、考三、世家十、十国年谱一、四夷录三。

《旧五代史》仿陈寿《三国志》的体例，以国别为限，各自为书。《新五代史》则远祖《史记》，以类相从。《旧五代史》率依各朝实录，《新五代史》则旁参史料，褒贬分明。赵翼《廿二史札记》说：

> 欧史不惟文笔简净，直追《史记》，而以《春秋》书法寓褒贬于纪传之中，则虽《史记》亦不及也。

20. 宋史

《宋史》，元脱脱等奉敕修撰。

《宋史》凡四百九十六卷，有本纪四十七、表三十二、志一百六十二、列传二百五十五。

《宋史》全书，为卷五百，文百万言，而修撰时间，不及三年，成书可谓神速。有宋一代，史料的记录与保存，非常周密。有起居注，有时政记。每一帝必修有日历，日历之外，又有实录。然本书因依实录与传记而成，未加考核损益，因此枉曲回护，颇多不合史实。且立传失当，前后矛盾，芜杂特甚。

21. 辽史

《辽史》，元脱脱等奉敕修撰。

《辽史》凡一百一十六卷，有本纪三十、志三十二、表八、列传四十五，末又附《辽国语解》一卷。

《辽史》在《辽》《金》《元》三史中，最为潦草疏略。本书所据底本为辽耶律俨所修太宗以下诸帝实录七十卷，及陈大任《辽史》。见闻既隘，且首尾不及一年，即告完成。潦草成篇，实多疏略。《辽国语解》一卷，体例则颇完善，其序说：

史之所载官制、官卫、部族、地理，率以《国语》为之称号，不加注释以辨之，则世何从而知，后何从而考哉？今即本史，参互研究，撰次《辽国语解》，以附其后，庶几读者无龃龉之患。

22. 金史

《金史》，元脱脱等奉敕修撰。

《金史》凡一百三十五卷，有本纪十九、志三十九、表四、列传七十三。末另附《金国语解》一卷，清乾隆所补。

赵翼称《金史》叙事最为详赅，文笔也极老洁，迥出《宋》《元》二史之上。顾亭林评论《金史》说：

> 考其史裁大体，文笔甚简，非《宋史》之繁华；载述稍备，非《辽史》之阙略；叙次得实，非《元史》之讹谬。

顾说颇为允当。不过，三史所载人名、地名多不相符，三史所载史实也颇有出入，当相互参观，以究其真。

23. 元史

《元史》，明宋濂、王祎等奉敕撰。

《元史》凡二百一十卷，有本纪四十七、志五十三、表六、列传九十七。

本书的修撰，经历两次开局，前后仅一年有余，成书神速。大抵《元史》所据的资料，本纪依据元《十三朝实录》，书志依据元人所撰《经世大典》《大一统志》，列传则采取元历朝《后妃功臣列传》及当时诸家所撰的行状墓志等。因此，避讳回护，繁冗芜杂，在所难免。

24. 明史

《明史》，清张廷玉等奉敕撰。

《明史》凡三百三十二卷，有本纪二十四、志七十五、表一十三、列传二百二十。另附目录四卷。

《明史》一书，为近代诸史中的佳作。张廷玉《进史表》中说：

发凡起例，尚在严谨；据事直书，要归忠厚。

本书编纂得当，考订审慎，颇称精善。所以赵翼称"近代诸史，自欧阳修《五代史》外，《辽史》简略，《宋史》繁芜，《元史》草率，惟《金史》行文雅洁，称为可观，然未如《明史》之完善"。

25. 新元史

《新元史》，民国柯劭忞撰。

《新元史》凡二百五十七卷，有本纪二十六、表七、志七十、列传一百五十四。

本书的修撰，前后阅时三十年始成。柯氏承袭诸家之后，参考各家的著述，正如百川归流大海，允称集大成的杰作。本书义例严谨，考证博洽，且文章雅洁，论断明快，颇足纠补《元史》的缺失。不过，梁启超在《中国近三百年学术史》中对本书颇多微词。他说：

柯著彪然大帙，然篇首无一字之序，无半行之凡例，令人不能得其著书宗旨及所以异于前人者何处。篇中篇末又无一字之考异或案语，不知其改正旧史者为某部分，何故改正，所根据者何书？

以上为正史二十五史的简述。至于《清史》，一九二七年已成《清史稿》，由赵尔巽、柯劭忞等人所撰。全书"关内本"凡五百三十六卷，另有目录一册，计本纪十二，二十五卷，志一百四十二卷，表五十三卷，列传三百一十六卷。本书修史诸人，纯以清遗臣身份，记述清朝史事，因此书中颇多不合史实之处，义例既非，书法也多有偏颇。今人张其昀、萧一山等人取旧稿稍予斠补，刊为《清史》，全书五百五十卷。此书《叙例》中说："《清史》之沿用旧史稿，而改正其体例，犹《明史》之用鸿绪稿也。"又说："世变日亟，旧稿易散，不得已而略变体制，是正违碍，稍予斠补，以存史料。"

三、编年

（一）编年的由来

编年体的史书，起源最早，《春秋》《左传》即是。《隋志》称为"古史"，所以别于正史的纪传。

明焦竑《国史经籍志》说：

编年者，以事系年，详一国之治体，盖本左氏；纪传者，以人系事，详一人之事迹，盖本史迁。

是编年的史书以年为主，而以事系于年月。编年体的长处即在以时月为枢纽，一切事迹按年月一检即得，没有分述重出的烦恼。

以编年为体的史书，又分历代的编年，如《竹书纪年》，属通史；一代的编年，如《汉纪》，为断代史。后来诸家仿作纷起，如张璠及袁宏的《后汉纪》、孙盛的《魏代春秋》、习凿齿的《汉晋春秋》、干宝的《晋纪》、徐广的《晋纪》、裴子野的《宋略》、吴均的《齐春秋》、何之元的《梁典》等。惜除袁宏的《后汉纪》外，都不传于世。

（二）编年的史书

1. 竹书纪年

《竹书纪年》出自西晋时代，作者何人，已无从考起。根据《晋书·束皙传》的记载：

太康二年，汲郡人不准盗发魏襄王墓（或言安釐王冢），得竹书数十车，其纪年十三篇，记夏以来至周幽王为犬戎所灭，以晋事接之，三家分晋，仍述魏事，至安釐王二十年。盖魏国之史书，大略与《春秋》多相应。

本书文辞简要有如《春秋》，记事则同于《左传》。其中记载，最骇人听闻而与古代传说相异的有：夏启杀伯益、太甲杀伊尹、文丁杀季历等。至于战国时期，与《史记》不同的地方更多。因此，此书的史料价值颇堪重视。

《竹书纪年》的史料价值虽高，而与传统的儒说不合。因此，不为世所重，两宋以来，逐渐残缺失传。今本所录为二卷，题梁沈约注，疑为明人所伪撰。清朱右曾别辑有《汲冢纪年存真》二卷，近人王国维有《古本竹书纪年辑校》一卷、《今本竹书纪年疏证》二卷。

《竹书纪年》是古代的记事史书，包括有夏、商、周三代的史料。原书早已失传，今所见者为辑本。此书因系竹简为书，故名曰"竹书"；因系编年体裁，故名曰"纪年"。本书的真名，早已失传，《竹书纪年》的名称恐是西晋人所定。

2. 汉纪

《汉纪》，东汉荀悦撰。

《汉纪》，凡三十卷，计有高祖、惠帝、吕后、文帝、景帝、武帝、昭帝、宣帝、元帝、成帝、哀帝、平帝等十二纪，而以王莽之事附于《平帝纪》后，共叙事二百三十一年（公元前209—公元22）。本书取材，不出班固《汉书》，而体例则依《春秋左氏传》。《后汉书·荀淑传》附荀淑孙《荀悦传》说：

（献）帝好典籍，常以班固《汉书》文繁难省，乃令悦依《左氏传》体，以为《汉纪》三十篇，辞约事详。

本书撰自建安三年（198），至五年书成。本书撰写特色，荀悦在《汉纪》自叙：

谨约撰旧书，通而叙之，总为帝纪，列其年月，比其时事，撮要举凡，存其大体。

本书组织严密，文笔简洁，内容虽不出《汉书》范围，亦时有所删润，并非泛泛抄录而成书。所谓"撮要举凡，存其大体"，实可作为研读《汉书》的入门要籍。

3. 后汉纪

《后汉纪》，东晋袁宏撰。

《后汉纪》，凡三十卷，计有世祖、明帝、章帝、和帝、殇帝、安帝、顺帝（冲帝附）、质帝、桓帝、灵帝、献帝等纪，共叙事一百九十八年（23—220）。本书体例论断，全仿荀悦《前汉纪》（《汉纪》）。然而荀书全取班书，成书在班书之后；而袁书则在范书之前，参考史料达数百卷，历经八年，才撰写成书，用力特甚。

袁宏撰写《后汉纪》的动机，在其自序中有说："余尝读后汉书，烦秽杂乱，明而不能竟也。"因此，本书的特点即在简明扼要，一扫"烦秽杂乱"之病。《四库提要》对《后汉纪》称誉说：

> 此书则抉择去取，自出鉴裁，抑又难于悦矣。刘知几《史通·正史》篇，称世言汉中兴，作史者惟袁范二家，以配蔚宗，要非溢美也。

4. 资治通鉴

《资治通鉴》，宋司马光撰。光于英宗治平二年奉诏作书，至神宗元丰七年始成，历时十九年。助修者有刘攽、刘恕、范祖禹等人。

《资治通鉴》，凡二百九十四卷，上起周威烈王二十三年（前404），三家分晋，战国开始，下终五代之末（958），贯一千三百六十二年的史事，以朝代为纪，以编年为体，详述历代治乱兴衰的事迹。神宗初立，以其书"鉴于往事，有资治道"，赐名"资治通鉴"，并亲为作序。

本书内容以治乱兴亡，政治沿革为主。取材广博，严于去取，除正史外，旁涉杂史三百二十种，《四库提要》誉为"网罗宏富，体大思精，为前古之所未有"。然本书虽以政治为主，并非单纯的政治史，举凡社会、经济、文化、制度等莫不摘要记述，实已涵括全面的历史发展。且除叙述史实外，兼具史实的分析与评论，诚为一部有史学价值的巨著。

《资治通鉴》书成后，门人刘安世尝为撰《音义》十卷，今已亡佚。南宋以后，注者颇多。元胡三省汇合众注，订讹正漏，作《资治通鉴音注》，历三十年，稿经三易，始告成功。因此，胡《注》本成为《资治通鉴》今日最通行的版本。

5. 续资治通鉴长编

《续资治通鉴长编》，南宋李焘撰。

《续资治通鉴长编》，凡五百二十卷。仿司马光《通鉴》体例，记自宋太祖建隆（960）至钦宗靖康（1127）一百六十八年的事迹。本书卷帙浩繁，刻印不易，传写者多为节录本。明代修《永乐大典》，收录其绝大部分，而世间已无足本流传。今传《四库全书》辑《永乐大典》本，所记英宗、哲宗以前，年经月纬，详备无遗，徽宗、钦宗二朝的事仍有缺佚。

李焘修撰此书，前后历时四十年，毕生精力尽瘁于斯。全书编纂得当，叙事详密，文不芜累。诚如李焘所言："宁失之繁，无失之略"，堪称继踵《通鉴》的名作。

6. 建炎以来系年要录

《建炎以来系年要录》，宋李心传撰。

《建炎以来系年要录》，凡二百卷，仿《通鉴》编年体例，详述南宋高宗一朝自建炎元年至绍兴三十二年间（1127—

1162）的事迹。上与李焘的《长编》相衔接。

本书编纂得法，内容丰富，取材以国史、日历为主，并参考稗官、野史、家乘、志状、案牍、奏议等资料。此书着重史实，遇有异说则并采置各条下，以备后世评定。

7. 续资治通鉴

《续资治通鉴》，清毕沅撰。

《续资治通鉴》，凡二百二十卷，有《宋纪》一百八十二卷，《元纪》三十八卷。上起宋太祖建隆元年，下讫元顺帝至正二十八年，共四百一十一年。总记宋、辽、金、元四代史事。本书体例同于《通鉴》，以清初徐乾学所撰《资治通鉴后编》为基础，旁参李焘《长编》与李心传《系年要录》等书，辽、金及宋末的事增补最多。

本书史料都有所本。征引史实以正史为经，而以契丹国志及各家文集为纬。事必详明，语归体要。于旧史之文，惟有取舍剪裁，不加改写；但有叙事，不杂议论。张之洞《书目答问》誉称："有毕《鉴》，则诸家续《鉴》皆可废。"

8. 通鉴纲目

《通鉴纲目》，宋朱熹撰，门人赵师渊助编而成。

《通鉴纲目》，凡五十九卷，又凡例一卷。本书据司马光《资治通鉴》而作，书的起讫都依《通鉴》。朱熹编纂此书以道德、思想、教育为主，故仿《春秋》褒贬之例，取《通鉴》所记的事，创立纲目。纲仿《春秋》，力求严谨；目仿《左传》，详以记事。

每论一事，都以"凡"字发端，以模拟《左传》的"五十凡例"。较之单纯的编年纪事眉目清晰。

《通鉴纲目》，实非创作。本书取材范围，不出《资治通鉴》，因此可用以勘正《资治通鉴》的字句讹异。而书中所载，如尊蜀贬魏，以蜀为正统，书扬雄为莽大夫等，均不同于《通鉴》。

四、纪事本末

（一）纪事本末的由来

纪事本末体的史书，是以事迹为主，详一事的始末。章学诚《文史通义·书教》篇说：

> 按本末之为体也，因事命篇，不为常格，非深知古今大体，天下经纶，不能网罗隳括，无遗无滥，文省于纪传，事豁于编年，决断去取，体圆用神。

任何史迹的发生、经过、结果，都有连续性。且可能亘延数十年或数百年，所以，欲了解史迹的始末因果，非以事为主不可，因此，纪事本末体为史界另辟一径。

刘知几《史通》列史学六家，而归为纪传、编年二体。有唐以前，所有史书，不出此二体，至宋袁枢而有纪事本末体的创制。于是史书的体例分而为三。《宋史·袁枢传》说：

> 枢常喜诵司马光《资治通鉴》，苦其渊博，乃区别其事，
> 而贯通之，号《通鉴纪事本末》。参知政事龚茂良得其书，奏
> 于上。孝宗读而感叹，以赐东官及分赐江上诸帅，且令熟读，
> 曰："治道尽在是矣。"

由此可知，纪事本末体实创自宋袁枢的《通鉴纪事本末》。纪
事本末体的特点即在以事为中心，标立题目，而依年月为序
叙述。既不受人物的拘束，可以免去纪传体的重复；又不受
时间的限制，可以补编年的破碎。《四库提要》誉称：

> 经纬明晰，节目详具，前后始末，一目了然，遂使纪传、
> 编年贯通为一，实前古之所未见也。

然而纪事本末体以事为类，仅能就部分历史事迹作有系统的
叙述，而无法对整个历史作全面的观照，就史料保存的作用
而言，不及编年、纪传二体。

（二）纪事本末的史书

1. 通鉴纪事本末

《通鉴纪事本末》，宋袁枢撰。

《通鉴纪事本末》，凡四十二卷。袁枢原治《通鉴》，苦其以事系年，前后寻检，殊多费事，遂就《通鉴》事迹，以事为类，每事成编，自为标题，凡二百三十九事，依年月为次而成的书，始于三家分晋，终于周世宗的征淮南，包括一千三百年的事迹。

本书材料，虽不出《通鉴》，然义例精密，裁取得宜。《四库提要》评价极高："枢所缀集，虽不出《通鉴》原文，而去取剪裁，义例极为精密，非《通鉴总类》诸书割裂捃扯者可比。"清章学诚推誉本书能"化臭腐为神奇"，梁启超也称其有"提要钩玄之功"。可见本书极具史学的价值。

2.九朝纪事本末

自宋袁枢《通鉴纪事本末》书出后，后人仿照袁书体裁，相继撰述，而有清高士奇的《左传纪事本末》、明陈邦瞻的《宋史纪事本末》《元史纪事本末》、清李有棠的《辽史纪事本末》《金史纪事本末》、清张鉴的《西夏纪事本末》、清谷应泰的《明史纪事本末》、清杨陆荣的《三藩纪事本末》，与袁枢的《通鉴纪事本末》，合称《九朝纪事本末》。

（1）左传纪事本末 《左传纪事本末》，清高士奇撰，凡五十三卷。本书依据宋章冲《左传事类始末》增广而成，以国为中心，分周、鲁、齐、晋、宋、卫、郑、楚、吴、秦、列国等十一国，一国之内取大事标目成篇，每目一卷，共计五十三目，每卷之后，更以"臣士奇曰"的形式，附加一篇史论。

本书内容杂采子史之说，不专主于《左传》，较章书胜。

（2）宋史纪事本末 《宋史纪事本末》，明陈邦瞻撰，凡二十六卷。本书大抵本于明冯琦《宋史纪事本末》遗稿者十之三，邦瞻自补葺者十之七，共分一百九目。条理了然，足资参考。

（3）元史纪事本末 《元史纪事本末》，明陈邦瞻撰，凡四卷。全书共分二十七目，叙事条理分明，无《元史》的杂乱。简明目录说：

> 其《律令》一篇，则臧懋循所补。所据惟《元史》及商辂《续纲目》，故不及《宋史纪事本末》之赅博。又元明间事，皆以为宜入国史，并顺帝北行，关一代之兴亡者，亦删不录，殊多漏略。然于一代典制，则条析颇详。

（4）明史纪事本末 《明史纪事本末》，清谷应泰撰，凡八十卷，分为八十篇，始于太祖起兵，终于甲申殉难。本书成于《明史》未刊之前，对谈迁《国榷》、张岱《列传》多有采录。所记明代典章事迹，较《明史》详尽。每篇后附有论断，仿《晋书》的体例，行以骈偶。文笔华丽，叙事详略得宜，颇便初学《明史》者研读。

（5）三藩纪事本末 《三藩纪事本末》，清杨陆荣撰，凡四卷。本书记三藩之乱始末，共分二十二目。据《自序》言，书成于康熙丁酉，当时文字禁令正严，因此，本书缺漏失实的地方甚多。

（6）辽史纪事本末、金史纪事本末、西夏纪事本末 《辽史纪事本末》，清李有棠撰，凡四十卷；《金史纪事本末》，清李有棠撰，凡五十二卷。二书均采以篇为卷的方式，今收于广雅书局汇刻的《八种纪事本末》中。《西夏纪事本末》，清张鉴撰，凡三十六卷，又年表一卷，亦以篇为卷，光绪初年江苏书局刊行。以上三书，于辽、金、西夏的史事，均作了简明概括的叙述。

3. 绎史

《绎史》，清马骕撰。

《绎史》，凡一百六十卷，本书所录自太古起，至秦末止，首为世系图、年表，不入卷数；次太古十卷，次三代三十卷，次春秋七十卷，次战国五十卷，另有别录十卷。

本书仿袁枢《纪事本末》的体例，每事各立名目，详述始末。每篇之末，自作论断。所记事迹，均博引古籍，并冠原书名。遇有异同讹舛的地方，便于条下疏通辨证。《四库提要》评说：

疏漏抵牾，间亦不免，而搜罗繁富，词必有征，实非罗泌《路史》、胡宏《皇王大纪》所可及。

五、政书

（一）政书的由来

政书为史，始于唐杜佑《通典》，专记文物制度；而"政书"一目，《隋书·经籍志》始分为旧事、仪注、刑法三类，旧事或称故事，亦作典故；仪注或作礼法；刑法亦作政刑，亦称法令。清《四库全书》据钱溥《祕阁书目》，合并为政书一门。与纪传、编年、纪事本末同为我国重要的史学体裁。

纪传体中，原有书志一门，记载朝章国典，考其所记，系导源于《尚书》，《尚书》有《洪范》记天文、五行；有《禹贡》记疆域地形；有《周官》记典章制度。然纪传多断代为书，不易会通古今，观其沿革，况各史并非都有志，有志的史，书志的名目，亦互有出入。唐杜佑乃著《通典》，以适应这一要求。

自杜佑《通典》书出，宋郑樵的《通志》以及元马端临的《文献通考》，都以《通典》为蓝图，号称"三通"。清高宗时又敕群臣撰"续三通"，即《续通典》《续通志》《续文献通考》。以及"清三通"，即《清通典》《清通志》《清文献通考》，号称"九通"。而《唐会要》《明会要》《清会要》等各朝会要，限于一代的典章制度，不合杜佑《通典》主旨，仅能说是政书的流亚。

（二）政书的史书

1. 通典

《通典》，唐杜佑撰。因唐刘秩《政典》三十五卷而扩展编成。

《通典》，凡二百卷。始自黄虞，讫于唐天宝末。按事分类，分别叙述历代重要制度的沿革、史实的发展以及时人的议论，以资考镜，号曰《通典》。计食货十二卷、选举六卷、职官二十二卷、礼一百卷、乐七卷、刑二十三卷、州郡十四卷、边防十六卷，共分八门，每门之下，更分列子目。篇目的次序，据杜佑《自序》说：

既富而教，故先食货；行教化在设官，任官在审才，审才在精选，故选举，职官次焉；人才得而治以理，乃兴礼、乐，故次礼、次乐；教化隳则用刑罚，故次兵刑；设州领郡，故次州郡；而终之以边防。

杜佑著书的目的，他在《通典·总序》中说：

所纂《通典》，实采群言，征诸人事，将施有政。

本书着重典章制度和社会经济发展等重要史实，组织完善，条理分明。《四库提要》评其："详而不烦，简而有要，元元本本，皆为有用之实学，非徒资记问者可比。"实体大思精的史学要籍。

2. 通志

《通志》，宋郑樵撰。

《通志》，凡二百卷，自三皇至唐，为通史体裁，计分帝纪十八卷、皇后列传二卷、年谱四卷、略五十一卷、列传一百二十五卷。全书的精华则在二十略中，二十略为：氏族、六书、七音、天文、地理、都邑、礼、谥、器服、乐、职官、选举、刑法、食货、艺文、校雠、图谱、金石、灾祥、草木昆虫，所载多为历代的文物制度。郑樵《自序》称：

> 其（氏族等十五略）十五略，汉唐诸儒所不得而闻也。

又称：

> 凡十五略出臣胸臆，不涉汉唐诸儒议论。

而以礼、职官、选举、刑法、食货等五略，"虽本前人之典，亦非诸史之文也。"由此可见，郑氏于二十略，自负甚高。

本书"网罗繁富，才辩纵横"（《简明目录》），然"穿凿挂漏，均所未免"。《宋史》本传称"樵好为考证伦类之学，成书虽多，大抵博学而寡要"。《四库提要》则谓"其采摭既已浩博，议论亦多警辟，虽纯驳互见，而瑕不掩瑜，究非游谈无根者可及，至今资为考镜，与杜佑、马端临并称'三通'，亦有以焉"。此说最为中肯允当。

3. 文献通考

《文献通考》，元马端临撰。

《文献通考》，凡三百四十八卷，始自唐虞，下终于南宋宁宗嘉定年间，计分二十四门。本书门类，系就《通典》成规，分《通典》八门为十九，即田赋、钱币、户口、职役、征榷、市籴、土贡、国用、选举、学校、职官、郊社、宗庙、王礼、乐、兵、刑、经籍、舆地、四裔等门，另增经籍、帝系、封建、象纬、物异等五门。实为《通典》的扩大与续作。本书取材，大抵中唐以前，以《通典》为基础，中唐以后则为马氏广收博采而成，其中以宋朝制度为最详。

本书取材广博，网罗宏富，虽以卷帙繁重，难免顾此失彼，然条分缕析，贯穿古今，实政书体中的重要史籍。《四库提要》论说：

大抵门类既多，卷繁帙重，未免取彼失此。然其条分缕析，使稽古者可以案类而考。又其所载宋制最详，多《宋史》各志所未备，案语亦能贯穿古今，折衷至当，虽稍逊《通典》之简严，而详赡实为过之。

4. 续三通

"续三通"，指《续通典》《续通志》《续文献通考》而言。清乾隆年间敕撰。兹简述如下：

（1）续通典 《续通典》，清乾隆三十二年敕撰。凡一百五十卷。全书体例篇目，全依杜《典》，惟以兵、刑分列，共为九门，按年编次。以杜佑《通典》终于天宝之末，因为续唐肃宗至德元年以后，讫于明崇祯末年的事。本书取材，大抵年代较远者，以正史为主，旁参图籍，以求详赅；近代则多采自杂记诸书。对唐至明代的典制源流、政治得失，颇具参考价值。

（2）续通志 《续通志》，清乾隆三十二年敕撰，凡六百四十卷，本书体例篇目，全依郑《志》。有本纪七十卷、后妃传十卷、略百卷、列传四百六十卷。以郑樵《通志》止于唐代，因续自宋迄明的事，于唐代纪传未备的部分，亦采新、旧《唐书》增补。著录详明，考证亦颇精到。

（3）续文献通考 《续文献通考》，清乾隆十二年敕撰，三十七年成书，凡二百五十卷。本书体例篇目，一仍马氏《通考》，而于《郊社考》中分出《群祀考》一门，《宗庙考》中分出《群庙考》一门，共为二十六门。内容包括南宋后期及辽、金、元、明五朝事迹。所记事迹先征诸正史，而参以总部杂编，议论则博取文集，而佐以史评语录，颇为精要。

5. 清三通

"清三通",指《清通典》《清通志》《清文献通考》而言。清乾隆年间敕撰。兹简述如下:

（1）清通典 《清通典》,本名《皇朝通典》,清乾隆三十二年敕撰。凡一百卷,全书体例与《通典》《续通典》同,共分九门,惟各门子目略有增删。本书取材,以《清会典》《清律例》《清一统志》等书为主,分门别类,颇为详明。

（2）清通志 《清通志》,本名《皇朝通志》,清乾隆三十二年敕撰。凡一百二十六卷,共分二十略。全书体例与《通志》《续通志》同,而纪传、世家、年谱省而不作。二十略中,有原本繁而汰者,有原本疏而补者,有原本冗琐而删并者,有原本未备而增者,于清开国至当时典制,缕分条析,端委详明。

（3）清文献通考 《清文献通考》,本名《皇朝文献通考》。清乾隆十二年敕撰。凡三百卷,全书体例与《续文献通考》同,分二十六考,惟各门子目略有增删。本书原为《续文献通考》的一部分,乾隆二十六年始提出,自为一书。凡所采辑的事,都寻源竟委,乾隆以前的清代文献,赅括无遗。

"续三通"和"清三通",取材均以正史为主,内容充实,组织严密,对史料的保存颇有贡献。各书的刻本,除武英殿聚珍版外,清末浙江书局有覆刻本,均与正"三通"合刻,称为"九通"。

子学常识

一、概说

（一）诸子的涵义

所谓"诸子"，原指周秦之际，诸子百家的学术。当时出现很多卓越的思想家，创立种种精深的哲学思想，传授门徒，形成学派。这些思想具有极大的创造性，而且他们的议论确实能"持之有故，言之成理"，以致历代的学术无不受到影响。诸子的时代，成为我国学术史的黄金时代；诸子的学说，直接进入每一个中国人的心灵中，落实在思想言行上。

"子"字原指男子，以后作为男子的美称。古代士大夫的嫡子以下，皆称为夫子。从孔子起，开始有私人讲学活动，孔子的门人尊称孔子为"夫子"，简称"子"。自此相沿成风，弟子纂述老师言行思想的书便以"子"为称呼，这便是子书命名的由来。这一类的书渐多，古代的史学家、目录学家为了记录的方便，就概括称为"诸子"。例如东汉班固《汉书·艺文志》中有"诸子略",唐魏徵监修的《隋书·经籍志》有"子部"之设置。以后研究诸子的学问称为"诸子学",省称为"诸子"或"子学"。

（二）诸子产生的背景

任何一门学问，都有一个产生的背景。以诸子的学术而言，正兴起于周秦之际、天下局势最混乱的时候。当时各国诸侯，势力庞大，相互争雄，周天子无法号令天下，不论政治、社会、经济、教育各方面，都产生了剧烈的变革。

从政治方面来看，周代所行的封建制度已经因为诸侯之间称霸争雄，彼此蚕食并吞而逐渐崩溃。从社会方面来看，周代世袭的贵族阶级社会，已经因为平民崛起而根本动摇。从经济方面来看，由农牧业而发展出商业，商人地位提高，经商致富的人取代贵族成为新地主，"世居其土，世勤其畴"的农民，随着商人势力的扩张，产生大量人口流动。

最重要的是教育方面的改变：我们都知道周朝所行的是贵族政治，只有贵族子弟才有受教育的权利。到了春秋战国时期，政治社会的变动，使平民渐渐有机会受教育，出身平民的才俊之士数量大增，更富于使命感。他们面对时代的课题，著书立说，彼此论辩，学术越来越兴盛，就此开启了百家争鸣的局面，创建了我国古代最宝贵的学术遗产。

（三）诸子与王官的关系

古代学术的状况和今天不一样，"政"与"教"不分，"官"与"师"合一，学术的资源掌握在官方。周平王东迁以后，官学衰微，民间学术兴盛，局面才渐渐改观。所以，古人在讨论诸子的渊源时，便有"诸子出于王官"之说。根据班固《汉书·艺文志》的记载：

儒家者流，盖出于司徒之官。（注：掌教育）

道家者流，盖出于史官。（注：掌典籍）

阴阳家者流，盖出于羲和之官。（注：掌星历）

法家者流，盖出于理官。（注：掌刑法）

名家者流，盖出于礼官。（注：掌礼秩）

墨家者流，盖出于清庙之守。（注：掌祀典）

纵横家者流，盖出于行人之官。（注：掌朝聘）

杂家者流，盖出于议官。（注：掌谏议）

农家者流，盖出于农稷之官。（注：掌农事）

小说家者流，盖出于稗官。（注：掌野史）

又说："诸子十家，盖可观者，九家而已。""九流十家"的名称由此而来。

当然也有人从另外的角度提出异议，比如近人胡适著《诸子不出于王官论》便否定《艺文志》的看法。依常理来看，天下间任何事物都有一个缘起，周秦之际，时势危殆，战争连年，假使没有前承，必不能产生高深的学术。因此，诸子渊源于王官，是可以肯定的看法。

（四）诸子的流派与发展

评论诸子流派的文章，以《庄子·天下》篇最早，其次是《荀子·非十二子》篇、司马谈《论六家要指》，然后才是班固《汉书·艺文志》的九流十家之分。

《庄子·天下》篇及《荀子·非十二子》篇论及很多思想家，然而并无儒、道、墨、法、名家的名称。司马谈《论六家要指》把先秦时代的学术分成六家：阴阳家、儒家、墨家、名家、法家、道德家。中国学术史上正式以儒、墨、名、法、道德、阴阳作为诸子流派肇始于此。班固《汉书·艺文志》依刘歆《七略》立《诸子略》，更分为：儒、道、阴阳、法、名、墨、纵横、杂、农、小说十家，其中小说家除外，亦称九流。

诸子十家，彼此都有关系。儒、道、墨三家可谓完全独立的门派；名家、法家由此三家分出；而阴阳家是春秋以前就已存在的旧学问；至于纵横家，是说客游说各国的两种谋略（连横、合纵）；杂家之作，杂录各家言论，并无中心思想；农家的许行、小说家的宋钘均无著作流传，必赖《孟子》《荀子》记载方知言论大要。由此可知，十家虽然齐名平列，其学说之内涵与价值，却不能相提并论。

春秋战国时代，是诸子之学最兴盛的时期。秦国统一六国，建立了秦朝，虽有焚书坑儒之举，诸子之学仍保存在官方的博士之手。汉朝初期，诸子之学盛行如故，从汉武帝接受董仲舒的建议，罢黜百家、独尊儒学，才结束了百家争鸣的盛况。

二、先秦诸子概述

（一）儒家

1.命名由来与代表人物

"儒"字的本义是"柔"，又作"术士"之称。从《周礼注》的记载，可知儒者是古代职掌教育的人，具备相当的学问与崇高的人格，是学者兼教育家。在《庄子·天下》篇中称之为"邹鲁之士，搢绅先生"。

从儒家的典籍来看，周公是儒者们祖述的宗师，但是儒者形成学派，却是孔子以后的事。《淮南子·要略》说："孔子修成康之道，述周公之训，以教七十子，使服其衣冠，修其篇籍，故儒者之学生焉。"便明显地将孔子视为儒家的创始者。

孔子在世的时候，已有"四科"的名目，此即《论语·先进》篇中所说的："德行:颜渊、闵子骞、冉伯牛、仲弓;言语:

宰我、子贡；政事：冉有、季路；文学：子游、子夏。"可知孔子弟子中，已因性格和能力的不同，而有四种发展倾向。

再看《韩非子·显学》篇的记载，孔子死后有八种儒学的分支，即"子张之儒""子思之儒""颜氏之儒""孟氏之儒""漆雕氏之儒""仲良氏之儒""公孙氏之儒""乐正氏之儒"。《汉书·艺文志》更著录了三十一家先秦儒家的著述，只是这些儒家的分支若非残存不全，便是学说不纯，今天提到先秦儒家，还是以孔子、孟子、荀子作为代表人物。《论语》《孟子》《荀子》是儒家代表性的典籍。《论语》《孟子》既已列入经部，存于子部的仅有《荀子》而已。

2. 荀子

荀子名况，时人尊称为"卿"，故曰荀卿。赵国人，生于周赧王二年（前313）卒于秦始皇九年（前238）。十五岁（据王叔岷先生考证）游学于齐国，后至楚国。春申君很赏识他，任命他为兰陵令。春申君死后，荀子也被废了官，就此长居兰陵。他的学说根据孔子而来，著有《荀子》三十二篇。

在儒家的典籍中，《论语》《孟子》都是弟子纂辑而成的"语录"，而《荀子》一书，则已超越语录的形式，使用比较富于逻辑思维的论文方式写作而成。作者虽是荀子本人，可是现在流传的《荀子》三十二篇，经过历代的传抄、整理、印行，已不是本来的面貌。而这也是先秦诸子著作普遍面临的问题。

《荀子》一书，起自《劝学》，讫于《尧问》。其中《成相》

是用民间乐曲的体制写成的劝谕文,《赋篇》是用赋体写成。虽然如此,今本《荀子》中,正名、解蔽、富国、天论、性恶、正论、礼论等篇章,字句错误最少,且为荀子学说精华所在。

心性论是儒家思想的精粹,孟子、荀子都是发挥孔子思想的儒者。孟子从人人皆有"四端"之心,提出"性善说"。荀子由于对心性的认知异于孟子,而提出"性恶说"。大体说来,孟子的"性",相当于"人的自觉心";荀子的"性",相当于"人的本能"。荀子从人的自然本能证明人之性恶,但是不否认人可以为善。他认为:"其善者伪也。"所谓"伪"就是"人为",就是"变化气质"的意思。

要变化气质,必须仰赖学问。具体地说,就是以礼乐作为教育的工具。因此,荀子重视师法,弘扬礼乐。荀子从理智的精神,把"天"看作是"自然实体",主张"制天用天",反对"天人祸福"之说。此外他从认识心的辨析中,发展出初步的逻辑思维;从君臣的对待关系中,提出"尊君贵民""富国强国"的思想,都有相当的开创性。

(二)道家

1. 命名由来及代表人物

"道"的本义是"路",又可解作"术",都指人们共同行走的道路。《庄子·天下》篇开始把"道""术"二字连言,指称古代的学术。

　　然而所谓"道家"，却是比较后起的称呼。在汉司马谈《论六家要指》一文，原称为"道德家"。司马迁在《史记·老庄申韩列传》说老子"著书上下篇，言道德之意"。至班固《汉书·艺文志》才简称为"道家"。

　　相传道家源出于史官，史官之设置又可以溯源到黄帝，故道家的典籍常把自己的学说托始于黄帝。其实，道家的思想或许可以远溯到上古，道家形成学派，却是老子以后才成立。而庄子的学说，源于老子，所以论及道家的人物时，应以老子、庄子为代表。

　　2.老子

　　老子的生平，最早见于《史记·老庄申韩列传》。从这篇传记，我们大致知道：老子姓李名耳，字聃，楚国苦县厉乡曲仁里人。生于周灵王初年，曾任周之守藏史（又称为柱下史），职掌方册图书，因此能够博览群书，纵观世变。相传孔子曾经问礼于老子。老子看到周室衰微，于是离周而去。行至函谷关的时候，有一位名叫喜的关尹，强使老子著书，撰成《道德经》五千余言，然后不知所终。

　　《史记》说得很清楚，《道德经》是老子撰成的，庄子和韩非子也都引用过老子的言论。《老子》之所以称为《道德经》，可能是取用上篇第一句"道可道，非常道"与下篇第一句"上德不德"中的"道"与"德"二字而成。全书原先究竟分成几章，今天已经难以察考，现在流传的版本，不论是王弼本还是河上公本，都分成八十一章。上篇三十七章，下篇四十四章。共五千二百余字。

《老子》一书使用"韵文体"来表达思想，和孔子、墨子使用问答式的语录体颇为不同。这是因为我国古代有南北文化之分，南方人喜欢用韵文，北方人喜欢用散体的缘故。《老子》之中某些章节颇似《楚辞》，甚至被视为《楚辞》的前身。

"道"是老子思想的核心。在《老子》一书中，有很多对"道"的描述，大体认为：天地万物的本源是"道"，天地万物都由"道"所创生。而"道"是一种虚无恍惚，却实际存在的东西。在创生万物以后，便内存于万物之中，衣养万物。这一种创生活动，永不竭尽，因为"道"的运作是循环反复的。

既然"道"的运作是循环反复的，那么天地间的事物也就有正有反、有高有低、有长有短、有贵有贱、有吉有凶、有祸有福。然而，这种相反对立的关系也并不是固定不变，而是随时游移的。既然正反互变，祸福无常，那么人应该如何自处呢？老子提示的方案是："守柔""无为"与"不争"。

老子说："坚强者，死之徒。"又说："柔弱胜刚强。"又说："柔弱道之用。"这些话语，最能透示老子人生哲学的观念。在自我的领域中，老子主张"无为"，无为才能自作主宰，然后在经验世界中，发挥"无不为"的支配作用。在应世的原则上，老子主张"不争"，不争才能"无尤"，不争才能使"天下莫能与之争"。

整体看老子的思想,实以"自然"作为学习的对象。"自然"是"道"的精神所在。惟有因循自然,才能可大可久。他主张绝圣去智、绝仁去义,凡能桎梏人性的文明制作,都在排斥之列。最后,老子以"小国寡民""安居乐俗"作为政治理想。

3. 庄子

庄子的生平,也见之于《史记·老庄申韩列传》。根据前人的研究,大致是这样:庄子名周,宋国蒙县人。生于周烈王六年(前370)前后,卒于周赧王二十年(前295)前后(据马夷初《庄子年表》)。他的生活年代大致和梁惠王、齐宣王、孟子同时,可是和孟子不曾见面。他曾做过蒙县的漆园吏,一生贫穷,但旷达不羁,不求富贵。他有超卓的理性能力,又有至深的感性能力,他自期与天地精神往来而不鄙视万物,不问是非,和世俗相处。和惠施经常往来,是学问上的论敌、道义上的好友。

庄子的著作又被称为《南华真经》,全书原有五十二篇,现存三十三篇。至晋代郭象,编定为《内篇》七篇、《外篇》十五篇、《杂篇》十一篇。《内篇》七篇的篇名是:《逍遥游》《齐物论》《养生主》《人间世》《德充符》《大宗师》《应帝王》。内七篇不论行文方式或思想内容,都能前后一贯,自成系统,大致可以肯定是出自庄子手笔,最能代表庄子本人的思想。

至于《外篇》《杂篇》中的篇章,后人一致的意见,都认为是庄子门人及后学的作品。这是因为立论点颇不一致,叙述的故事常常互相抵触，又常引用庄子自身的言论。虽然如此，《外篇》《杂篇》却是从《庄子》到《淮南子》之间，道家思想的桥梁。

《庄子》书中，不喜欢从片面的角度来看待事物，善作迂远无稽的议论，放旷不着边际的文辞。大概是认为当时天下风气沉迷混浊，无法讲述庄严正经的理论，所以故意使用变化不定的方式、虚构的寓言来阐明他的学说。由于这个缘故，《庄子》被后人看作是哲学与文学高度融合的典范，同时拥有很高的文学价值。

从思想的发展来看，庄子继承老子的哲学，也肯定"道"是创生万物的本源。他更进一步说明"道"是"非物"，是先于万物而存在的精神性本体。从"道"的角度来看，万物是齐一的，无所谓高低贵贱。从万物齐一的观点出发，不仅事物是相对存在，连人的认知能力也是相对有限。由此，他主张"泯是非""薄辨议"，进而主张"齐物我"，并且由此得出"天地与我并生，万物与我合一"的结论。

为了达成"齐一物我"的理想，他提示了一系列修养心灵的方法。在《逍遥游》中，庄子讲了一段鲲鱼变大鹏，凌空而飞的寓言。提示我们真正的自由自在，是不必依赖任何物质条件的。这就是"无待"。

在《大宗师》之中，庄子又编造了一则颜回向孔子报告自己修养的对话，说明"无己"的道理。在庄子的观念中，"无待""无己"能使人的心灵绝对虚静，而达到与"道"合一的境界。

庄子站在超越而相对的立场，齐一是非善恶之分别，破除生死寿夭的执著，可以说：替人类开启了另一片视野，本质上，这是一种艺术性的精神境界，在此，人们可以拥有绝对的精神的自由。在这样的理念下，庄子自然主张取消一切礼法、制度，甚至音乐、工艺等文明制作，而希望建立一个"同与禽兽居，族与万物并""同乎无知""同乎无欲"的"至德之世"。

综合来看道家的思想，其目的在彰显一种纯粹精神的自由，内在方面，不能修心而成就道德；外在方面，不能成就文化业绩，但是独能成就一种超脱现实的心灵境界。透过道家思想，可以使人更为达观、更为乐天安命。道家思想在乱世往往成为知识分子心灵的避难所，原因在此。

（三）墨家

1.命名由来与代表人物

"墨"字原指黑色的书写颜料，其后引申为"绳墨"之意。"墨"又是古代刑法之一。墨子主张刻苦，而其从学门徒，大多囚首垢面，面目黧黑，又自奉甚俭，送死甚薄，重在引绳墨自矫，因此以"墨"作为学派名称，称为"墨家"。

墨家的渊源，可以追溯到夏禹。这是因为夏禹治水时，那种"菲饮食、恶衣服、卑宫室"的刻苦精神和墨家的精神很接近,墨子十分称道,以后的墨者以此相尚。《庄子·天下》篇、《淮南子·要略》便根据这点,认为墨子之学是继承夏禹而来的。

然而《淮南子·要略》也指出:墨子曾经学习儒家的学术,独对儒者"其礼繁扰,厚葬靡财"感到不满,才"背周道而用夏政"。再看《汉书·艺文志》记载:"墨家者流,盖出于清庙之守。"所以,墨家之产生,可能是承继夏禹的刻苦精神,扩充古代人的尊天思想,运用古代的宗教组织形式所建立的学派。

2. 墨子

墨子是墨家的祖师,前人都以为他姓墨名翟,鲁国人。见之于载籍的传记资料不多。在《孟子》《荀子》《列子》《庄子》《韩非子》中皆称为"墨翟",或单称"墨"。在高诱注《淮南子·修务训》《吕氏春秋·当染》篇并云:名"翟";惟江瑔《读子卮言》"论墨子非姓墨"一章,认为"墨"非"墨翟"之姓。算是比较新奇的说法。

墨子生活年代大致在孔子以后、孟子之前。《孟子·滕文公》下说:"能言距杨墨者,圣人之徒也。"又说:"天下之言,不归杨,则归墨。"《韩非子》则称儒、墨为"显学"。《墨子》原有七十一篇,今存五十三篇。这本书非作于一人,不成于一时,大都是门弟子所记述,说是墨家学说之总集也无不可。

其中《经》上下、《经说》上下、《大取》《小取》又称为《墨辩》。而《尚贤》《尚同》《兼爱》《非攻》《节用》《节葬》《天志》《明鬼》《非乐》《非命》《非儒》等篇，最能表现墨子之思想，是全书的精华。

《墨子》思想的核心观念是"兼爱"，但是"兼爱"不是道德性的主张，而是着眼于治乱的功利性主张。墨子以为一切混乱起源于不相爱，"兼相爱则治，交相恶则乱"。天下人若能彼此相爱，就不会有强凌弱、众暴寡的现象产生。"兼爱"也是上天的意志，顺天意、兼相爱，必得天赏；反天意、别相恶、交相贼，必得天罚。墨子的兼爱、利天下具有游侠的精神。

由"兼爱"的原则，墨子又提出"尚贤"和"尚同"的政治主张。他主张不论血缘关系的远近亲疏，"选天下之贤可者，立以为天子"。而"天子总天下之义，以尚同于天"。可是，天子如何顺天之意呢？墨子的答案是："兼爱天下之人。"根据"尚同"的原则，百姓要上同于天子，天子要上同于天志。这样，墨子也建立了一套权威主义的观念。

基于兼爱的原则，墨子反对战争，此即"非攻"之主张。墨子把战争视作亏人不义之最大者，攻伐所得，往往不如所丧之多。有时攻伐别人，适足以使自己亡国。君子应兴利除害，不可不非攻。

此外，墨子以儒为论敌，反对儒家天命的说法，改以"天志""明鬼"之说。又就儒者烦饰礼文，不事生产，讥议儒者礼文为虚伪；由非议礼文，从而主张"薄葬"。另就音乐"不中圣人之事""不中万民之利"，足以废事，无利天下，从而有"非乐"之说。因为墨子太过于重视功利与实用，所以荀子评之为"墨子蔽于用而不知文。"

3. 墨子的后学

墨子大概死于战国初期，身后墨学正盛。前期墨家之著者为宋钘、尹文。后期墨家，至庄子时分为南北两派：北为"相里勤之弟子、五侯之徒"。南为"苦获、己齿、邓陵氏之属"。根据《韩非子·显学》篇记载，分为三派：

> 自墨子之死也，有相里氏之墨、有相夫氏之墨、有邓陵氏之墨。趋合相反不同，而皆自谓真墨。

墨子后学的思想已经很难考察详情，但是仍可以从《经》上、《经》下、《经说》上、《经说》下、《大取》《小取》这六篇来了解一个大概。这六篇作品内容十分驳杂，有辩护墨子思想者、有阐发墨子思想者，也有涉及逻辑思维及初浅的科学思想者，更有涉及其他哲学者。

墨子后学的时代，主要的论敌是名家的辩者，因此，墨家的后学努力研究辩论技巧以及逻辑问题。在墨辩之中，比较重要的部分便是对"同异问题""坚白问题""诡辩问题"

之讨论与驳斥。这些论辩的成果，对中国哲学思想的发展有其不可抹煞的贡献。

（四）法家

1.命名由来与代表人物

"法"字，原作"灋"，从水，取其平直如水。从廌去，相传廌为神兽，能以一角触不直之人。"法"字为"灋"之省文，有求平直之义。其后引申为"宪令""刑罚""准绳"之义。《韩非子·定法》篇说：

> 法者，宪令著于官府，刑罚必于民心。赏存于慎法，而罚加乎奸令者也。

不别亲疏，不论富贵，一切是非功过，以"法"作为论断标准。这是法家的精神，也是法家命名的由来。

法家的兴起与春秋以来诸侯之间互争雄长有关。他们心中最关切的问题是：如何富国强兵、如何进行有效的统治？法家诸子，依其学说的中心思想，各有不同的侧重和强调，可以分成三大派别：一是重势派，以慎到为代表；二是重术派，以申不害为代表；三是重法派，以商鞅为代表。至于韩非，则认为势、术、法三者不可偏废，成为法家之集大成者。此外，战国时代，伪托管仲所作之《管子》一书，亦为法家之重要著作。

2. 慎子

慎子名到，是赵国人。据《史记·孟子荀卿列传》说慎到曾学黄老之术。班固《汉书·艺文志》著录法家《慎子》四十二篇，《注》云："名到，先申韩，申韩称之。"可知慎子是战国时代的人，生活年代比申不害、韩非早。他的著作大半亡佚，惟有《威德》《因循》《民杂》《知忠》《德立》《君人》《君臣》七篇留存传世。慎子的思想中，含有道家的成分，例如：他主张因循自然，顺应情势，则本自老子。他主张"齐万物以为首"，则与庄子相同。他主张弃知去己，更是道家共守的要旨。所以慎子可以说是由道家转变为法家的人物。

在《慎子·威德》篇中，他说：有雾的时候，腾蛇可以漫游雾中；有云的时候，飞龙可以翱翔云端，一旦云雾散去，腾蛇飞龙便和蚯蚓无异。为什么？因为它们失去了遨游飞翔的凭借。相同的，一个贤者之所以屈就在不肖的人之下，是因为他权轻；一个不肖的人肯臣服于贤者，是因为他位尊。可见"权势"与"地位"是何等重要。

在《威德》篇中又说："法"虽不善，还是比"无法"好。法令制度、礼仪书籍，目的在建立公正的规范。凡是建立公正，都意味着要抛弃私人的、自我的立场。在《君人》篇中，又从人君的立场主张：法以公平为原则，信赏必罚，惟法是赖。因为人君若不依法赏罚，而是自由心证，那么受赏再丰盛，臣下仍不满足；受罚再确当，臣下仍然怀有怨恨。由此可知人君须有威权，才能驱使臣民，身为人君，一样要信守法律。法家一贯主张法律之前人人平等，正是慎到开启的观念。

3. 申子

申子名不害，是战国时代郑国京邑人。《史记·老庄申韩列传》说：

> 申不害，故郑之贱臣，学术以干韩昭侯，为相十五年，国治兵强，无侵韩者。

《汉书·艺文志》著录了《申子》六篇，今天已全部亡佚。但是从《韩非子》征引《申子》的遗文及前人对《申子》的记述中，仍然可以考察一个大概。

申子的学说，以黄老一派道家思想为本源，特别重视刑名。申子在当时的法家以注重用"术"出名。所谓"术"，就是看能力授官位，依官位要求职责，掌握生杀的权柄，考核群臣的成效，一种执掌在人君手上的东西。

这一种"术"是不能随便显露真相给臣下的，因为臣下会有种种巧诈的办法去适应君主，只有清静无为可以避免臣下的揣摩与适应。君主要做到：看清别人看不清的，听懂别人听不懂的，遇事能自行决断；也就是要怀抱利器，但是高深莫测。

然而，作为一个国君，还是要以法令显现尊严。他说："令之不行，是无君也。"一个圣君，应该"任法而不任智，任术而不任说"。应该"明法正义，若悬权衡"。可知申不害的中心思想在于"重术而任法"，权术的运用只是人君必要的手段，法令才是最终的准绳。

4. 商子

商子姓姬名鞅，原为卫国的庶公子，在春秋时代，凡是诸侯的旁支子孙都以"公孙"为氏，所以又称公孙鞅。起先是魏相公叔痤的手下，没有受到重用，听说秦孝公征求贤才，于是投效秦国。定变法之令，使秦国国富兵强。因为建了大功，封于商，所以改称商鞅。《汉书·艺文志》著录了法家《商君》二十九篇，今存二十四篇《商君书》并非商鞅自著，而是后代研究《商君》之学者，追辑其法令与言论而成的。

商子是一位务实的政治家，对"法"很重视。所谓"法"就是官府颁布法令，使人民相信赏罚绝对要实施，奖赏是赐给守法的，刑罚是处分违令的，这是人臣所必须遵守的东西。他认为治国之道有三：一曰法、二曰信、三曰权。"明主爱权重信，而不以私害法。"法令必明，赏罚必信，令出必行。

他重视农业，以达到国富的目的；他奖赏军功，鼓励国民好战，以重赏重罚，严厉整饬内政；修守战之具，和各诸侯国争雄。秦国行商鞅的新法，奠定了统一六国的基础，功劳不小。但是商鞅过分重视法令的效用，为了政治上的需要不惜主张"以战去战，虽战可也；以杀去杀，虽杀可也；以刑去刑，虽重刑可也"。又一味尊重人君，卑视臣下，相当泯灭人性，所以有很大的流弊。

5. 韩非子

韩非子，姓韩名非，是韩国的公子。生年不详，卒年是秦始皇十四年（前233）。《史记·老庄申韩列传》说他："喜刑名法术之学，而其本归于黄老。"又说他："为人口吃，不能道说，而善著书，与李斯俱事于荀卿，斯自以为不如非。"可见他的思想与道家、儒家都有渊源。《汉书·艺文志》著录了法家《韩子》五十五篇，和今传的《韩非子》篇数相合。

韩非是荀卿的弟子，他承继了荀子性恶说，认为人无善恶意识。也承继了荀子的"尊君"说，强调人君的利益至上。又袭取了道家虚静的修养理论，强调人君应以静制动，驾御臣下。此外，他吸收了法家前驱的思想，建立了一个以法治为基础，集"法""术""势"于一炉的政治思想体系。

他反对儒家尊贤之说，认为人才不值得仗恃，惟有"法"才是治国的张本。一个有道的君主，应该"远仁义，去智能，服之以法"。作为人君，必须以"利"来收拾人心，以"威"遂行意志，以"名"作为上下追求的目标。

他认为一个万乘之王，千乘之君，能宰制天下，征伐诸侯，最重要的原因是他有"威势"。他主张运用权术的手段来维护人君绝对的权力，对于不能绝对臣服的下属，不惜忍痛去除。

为了维护人君的"威势",他主张统一言论,同时,要以"刑德二柄"来宰制群臣。什么是"刑"呢?他说:"杀戮之谓刑",什么是"德"呢?他说:"庆赏之谓德。"作为一个人臣,都是喜欢受赏,畏惧受罚。以赏罚作为宰制手段,便能保证人君的绝对权力不受到挑战。

此外,人君的意志也不可以让臣子测知。韩非认为人君应该"执一以静,使名自命,令事自定"。在《和氏》篇中又说:"主用术,则大臣不敢擅断,近习不敢卖重。"具体地说:一个人君,应以冷静客观的心态,不苟同世俗之言,循名实来定是非,依参验所得来审视臣下的言辞,如此,臣下不敢伪诈奸私,必能竭尽心力来为人君服务。人君在上位只要以法制之,赏罚严明,便可无为而治。

综合来看韩非立说大旨是在替专制君主建立绝对的统治权力,他不能理解儒家仁政的价值,对于道家虚静的人生境界也不能正面承受,反而转化为人君的权谋工具,对于中国文化精神而言,这是一种堕落与沉沦。

6. 管子

管子名夷吾,字仲,齐国人。少时与鲍叔牙友善,鲍叔牙深知其贤。齐桓公立,鲍叔牙进荐管仲,管仲遂为齐相,以区区齐国,位在海滨,通货积财,富国强兵,遂能九合诸侯,一匡天下,成为春秋五霸之一。

管子虽是春秋人,其事迹亦见之于《左传》《国语》《史记》

诸书，但今本所传之《管子》，非出于一人之手，亦非作于同一时间。南宋朱熹已怀疑《管子》非管仲所作，明代宋濂已提及《管子》中有绝似《曲礼》者、有近似老庄者，今人罗根泽先生《管子探源》分析尤详，已断定为战国时人所作。

《管子》一书在道德思想方面，完全承自道家，但是转入法治主义，认为"法"之来源，出于"道"。无为之治为法治之最高理想。但是管子亦强调礼治，礼不能治，方继之以法，以济礼治之穷。在政治制度方面，以"四维"为立国之本，国本既立，乃有五官、五卿之设，施行文政、武政。在教育方面，主张教军士、教子弟、教士民。其教育事业，全委诸地方官吏。在经济方面，主张盐铁专卖，矿产国有，开发森林，敛散谷物。并鼓励生产，均节消费，调剂分配各种资源，贩有易无。在与其他诸侯国的关系方面，敦睦邦交，联盟诸侯。总之，《管子》一书在为政处事、经世济民方面有很高的价值。

（五）名家

1.命名由来与代表人物

"名"字本指对事物之称谓。"名"是由"实"而来的，古代以"名""实"的关系作为探讨对象，从而发展出来的学问称为"名学"。

早自孔子、老子，已经使用了"名"这一个术语。孔子曾有"正名"主张，老子也曾说"无名天地之始，有名万物之母"。荀子擅长名实之辩,有《正名》篇之作。墨子的后学,有"同异""坚白"之论辩。但是真正使"名学"成为一种学术,始于邓析,而大盛于惠施、公孙龙。

至于"名家"之称,则起自西汉司马谈《论六家要指》,他说:"名家苛察缴绕,使人不得反其意,专决于名,而失人情。"《庄子·天下》篇称呼从事这门学问的人为"辩者",虽然《荀子·非十二子》篇批评名家"好治怪说,玩琦辞",然而琦辞怪说也正是名家的特色,因为名家的辩者以逻辑及形上学作为主要的课题,他们运用诡辩的方法,作纯粹的思考和概念的辨析,无意在道德、政治或历史文化方面提出论见或方案。

2.惠施

提到名家人物,虽然可以从邓析说起,但因邓析的思想也有法家的色彩,他的著作又是后人伪托的,又邓析、惠施二者之说可以归入同一系统,所以论及名家代表人物,从惠施始。

惠施是战国时代宋国人,大约生于公元前370年,卒于公元前318年。曾担任魏相十余年。《庄子·天下》篇说:"惠子多方,其书五车。"可见是个博学的人。《汉书·艺文志》著录了《惠子》一篇,今已亡佚。不过从《庄子·天下》篇及《荀子》《韩非子》《吕氏春秋》的引述,仍可得到一个大概轮廓。

他的名理思想大致是从"合同异"的角度出发。他说:"大到极点没有外围,叫做'大一';小到极点没有内核,叫做'小一'。""大一"是就宇宙整体来看,"小一"是从普遍万物而言。"大一""小一"都是自然形上学的概念。

他说:"无厚的东西,不可以累积。然而它的广大,在空间上可以推展到千里。"这是指"面"的物理性质。又说:"天与地一样卑下,山和泽一般齐平。"又说:"太阳刚到正午时,就偏斜了;生物刚生下来,就走上死亡。"又说:"南方没有穷尽,然却有穷尽。今日刚到越地而其实是老早就来的。"又说:"连环是可以解开的。我知道天的中央;无论在燕国的北方,或者越国南方都是。"可以看出惠施刻意要人突破一般的感官经验,而从一个绝对的、超越的角度去作判断。

有两段话最能彰显出惠施思想的特色,他说:"大同和小同相差异,这叫做'小同异';万物完全相同,也完全相异,这叫做'大同异'。"又说:"要普遍地爱万物!因为天地是一体呀!"这种泛爱万物的态度是一个智性的探讨,而不是生命的感通。"天地一体"也和"万物异同"一样,是一个形上学的假定。

3. 公孙龙子

与惠施相对的是公孙龙,惠施宣扬"合同异",公孙龙则主张"别同异、离坚白"。公孙龙,字子秉,战国时代赵国人。大约生于公元前325年至公元前315年间,卒于公元前250年。

曾经是赵平原君的门客，很善于辩论，他厌恶事物的名称和实体之间的混杂错乱，就凭着自身的天赋和才智所长，提出"坚白同异"之论，成为名家最有名的辩者。他的著作，据《汉书·艺文志》，原有十四篇，现存六篇。《迹府》是后人对公孙龙言行、事迹的记载，其余五篇：《白马论》《指物论》《通变论》《坚白论》《名实论》都是公孙龙自己的手笔。

"白马非马"是公孙龙的重要主张之一，他认为"白"是指谓颜色的概念，"马"是指谓形象的概念。颜色的概念异于形象的概念，所以说："白马"不是"马"。这当然是一种诡辩，但是使人注意到概念的类别以及概念的内涵与外延之问题。

同样，有人问他："坚硬、白色、石头合称为三，可以吗？"他答："不可以。"再问他："称为二可以吗？"他答："可以。"原因是：对一块白色的石头，我们看不出它的"坚硬"，而只能看出它是"白色"的"石头"，因此只能举出"白"与"石"两点。用手来摸，不能摸出它的"白色"，而只能感觉它是"坚硬"的"石头"，因此也只能举出"坚"和"石"这两点。就事物的性质来说，公孙龙认为"坚""白"是可以相离的。

此外他主张"物莫非指，而指非指"。意思是说："一般人都认为：天地万物无非是指谓它的概念，但是事实上被概念指谓的天地万物，并不等于概念。"都在指陈"概念"与"物自身"是有分别的。

综合来看惠施、公孙龙的名理思想，惠施喜欢从绝对超越的观物角度去强调事物的"同"，公孙龙则爱从绝对超越的角度强调事物的"异"，他们虽然都使用诡辩的方法提示学说要旨，却能使人跳出常识的观点，对事物的性质作抽象的思考。名家的思想或有令人难以苟同的地方，但对知识层面的开拓、逻辑学的形成有很重要的贡献。

（六）阴阳家

1.命名由来与代表人物

阴阳二字，皆见于《说文》阜部，阴的本义是"暗"，阳的本义是"高明"。以后引申为"南与北""表与里"等相反相对的观念。儒家和道家均曾以阴阳作为形上学名词，如《周易·系辞传》说："一阴一阳之谓道。"《老子》四十一章说："万物负阴而抱阳，冲气以为和。"但是先秦时代阴阳家命名的取义，与此不同。

根据《汉书·艺文志》的记载，阴阳家源出于古代"羲和之官"，以天文历象作为主要的职掌。他们观察天象，制定历法，并对于天道人事作种种的猜测。为了审察物势的顺逆生克，判断人事的吉凶祸福，于是运用上古即有的阴阳、五行观念，构成一套神秘的阴阳术数之学，这便是"阴阳家"命名的由来。

《艺文志》著录了宋司星子韦、邹衍等阴阳家著作二十一家，都已经亡佚。而邹衍的学说较具有独创性，后世便推尊为阴阳家之代表人物。

2. 邹衍

邹子名衍，齐国人。生活年代大致在战国齐宣王之世，比孟子稍晚。邹衍曾经仕于燕国，其后赴齐国，成为稷下名士之一。齐国有三位邹子，分别是邹忌、邹衍、邹奭。邹忌曾任齐相，而邹奭则完全接受邹衍的思想。因为邹衍好言"五德终始，天地广大"之说，有迂远而超越现实的倾向，因此当时的人称之为"谈天衍"；而邹奭推演邹衍的文章，有若雕镂龙文，因此当时的人称之为"雕龙奭"。

邹衍有《邹子》四十九篇及《终始》五十六篇两种著作，可惜都已经亡佚。从《史记·孟子荀卿列传》的记载，以及清人马国翰的辑佚，仍然可以获知邹衍学说的大要。

邹衍有感于"有国者之淫侈，不能尚德"，于是作"迂怪之变，《终始》之篇，十余万言"。《史记》说他的学说"闳大不经，必先验小物，推而大之，至于无垠"。也就是说，他由及身个别事物之观察，类比推演，至于广大无边的境地。基本上，这是一种主观的方法，而不是客观的推理，含有很多想象的成分在内。

他认为自有天地以来，"五德转移，治各有宜"。所谓"五德"，就是土木金火水。"土德之后，木德继之，金德次之，火德次之，水德次之。"每一时代，各主一德，循环往复，周而复始。这是他对朝代更易、治乱盛衰提出的解释。

此外，他又有"大小九州"之说。他认为中国名叫赤县神州，乃天下八十一分居其一而已。赤县神州之内自有九州，此为"小九州"。中国之外，如赤县神州者九，此为"大九州"。此种地理观念，虽不尽符合事实，可是能够恢廓我们的地理观念，此为前所未有的想法。

值得注意的是：邹衍创立的"五德终始"，本为迂怪之学，没有什么哲学价值，但到了汉代，董仲舒《春秋繁露》提出"五行相生相胜"之说，班固《白虎通》进一步说明五德相生相胜之原理，刘向父子更将先秦时代本来各为系统的"八卦"与"五行"合而为一，最后又混入谶纬之学。阴阳五行遂成为汉代最有影响力的学说。至今，卜筮星相仍流行于民间，可见阴阳五行学说的影响至今未泯。

（七）其他各家

1. 纵横家

纵横家虽被班固列入九流十家，实为战国时代两种外交策略。《韩非子·五蠹》篇说：

纵横之党……借力于国也。从者，合众弱以攻一强也。衡者，事一强以攻众弱也。

当时苏秦倡导韩、赵、魏、楚、燕、齐六国联合抗秦，是为"合纵"；张仪倡导六国共事秦国，是为"连横"。苏秦、张仪皆非思想家，他们游说各国的事迹全载于《战国策》，被作为历史资料来看待。相传苏秦、张仪同事于鬼谷先生，学习纵横之术。鬼谷先生是周代的高士，不知其乡里姓氏，以所居住的地名鬼谷为号，有《鬼谷子》一书，因此，论及纵横家之思想，应以《鬼谷子》为代表。

《鬼谷子》现有十二篇，分为三卷，以捭阖、钩钳、揣摩、权谋等术作为主要内容。纵横之学目的在于贯彻自己意志，制服他人。因此对于人性的弱点、思虑的性质、揣情的技术、制敌的谋略都有精深的设计与掌握。是书实为帝王之学，所谓权术谋略、纵横捭阖，在今天的国际外交、国家战略的设计运用上，仍有很高的价值。

2. 杂家

杂家之所以名为"杂"，是因为他们杂糅诸子的思想，自身并无一贯的宗旨。先秦杂家之作，流传至今者，有《尸子》与《吕氏春秋》二书。

尸子名佼，晋国人。相传商鞅曾经奉之为师，可知尸子是战国末期的人。《汉书·艺文志》著录了《尸子》二十篇，大部分亡佚，现在流传的《尸子》二卷，是清人汪继培的辑本。从《尸子》的内容来看，部分言论与儒家相通，但也有非议先王之法、不循孔子之说的地方，因此刘勰《文心雕龙》

批评尸子说："尸佼兼总于杂术，术通而文钝。"

　　吕不韦，是阳翟的大商人。以往来各地、买贱卖贵为职业，因此累积巨大的财富，并借此取得禄位，曾任秦庄襄王之丞相。秦始皇十二年，饮鸩而死。吕不韦好客，门下曾有食客三千人。当时诸侯大多豢养门客，著书传布天下，吕不韦也令门客各著所闻，聚成《八览》《六论》《十二纪》一共十余万言的学术著作，命名为《吕氏春秋》。相传曾将此书陈示于咸阳市集，悬赏千金，给那些能对此书内容增损一字者。这本书大体以儒家为主，而参以各家之说。它采取儒家修齐治平的理论，参以道家清静无为的学说；对于墨家，只取其节俭好义，不赞成其非乐非攻之说；对于法家，只取其信赏必罚的守法精神，而反对其严刑峻法；对于名家，赞同其正名观念，而反对其诡辩混淆是非；此外，对于阴阳家的五德终始、农家的重农主张，都有所取。此书瑰玮宏博，各家学说粲然兼备，是了解先秦两汉之际学术大势的重要著作。

　　3. 农家

　　农家以"播百谷，勤耕桑，以足衣食"作为诉求的内容，农家的兴起，与战国时期诸侯力政、相互攻伐、怠忽农业以致民不聊生的背景有关。农家的学说，托始于神农，而神农是三皇之一，始创耒耜，教民稼穑，实为农业的始祖。神农氏的时代尚无文字，所以《汉书·艺文志》中著录了九种农家著作，其中《神农》二十篇显然是后人所伪托。

农家著作已全部亡佚。目前仅能从《孟子》及少数辑佚的书籍中了解一个大概。在《孟子·滕文公》中记录了农家许行、陈相的言行。可知许行主张君民并耕而食，反对"治于人者食人，治人者食于人"，在经济上主张划一市价，以量为准。由于许行昧于分工原则以及经济原理，曾遭孟子的驳斥。

4. 兵家

兵家以行阵仗列、集体征战作为主要目的。我国自古便把"祭祀"与"兵戎"视为国家最重要的两件大事，因为兵戎之事，直接关系到国家的兴亡盛衰。战国时代，战争频繁，所以成为兵家之学最为兴盛的时期。

老子曾说："以正治国，以奇用兵。"又说："夫唯兵者，不祥之器。"《孙子·兵势》篇也说："凡战者，以正合，以奇胜。"既已开启战端，必然竭尽韬略智谋，以求胜利。兵器战便不是解决冲突的惟一手段，举凡政治战、心理战、谋略战、情报战都是可用的战法。兵家之学，内涵十分繁复。

班固《汉书·艺文志·兵书略》将兵家之学分成"兵权谋""兵形势""兵阴阳""兵技巧"共五十三家，七百九十篇，图四十三卷。或因伪托，或因亡佚，今人提及先秦兵家之学，以春秋时代孙武的《孙子兵法》及战国时代吴起的《吴子》为代表。此外旧题姜太公的《六韬》、黄石公的《三略》、战国时代的《司马法》《尉缭子》《孙膑兵法》、唐初的《李卫公问对》都是兵家的名作。

孙子名武，齐国人。《史记》有传，记其生平。相传孙武曾以兵法见吴王阖闾，吴王为考验孙子的兵法，令宫中美女百八十人，由孙武号令操演，曾斩队长二人以殉，于是约束严明，行阵皆中绳墨规矩。吴王知孙武能用兵，任命为将，曾经大破楚国，直入郢都。《史记》之外，还有《荀子》《国语》《韩非子》《吴越春秋》《越绝书》等提及孙武的轶事。今传《孙子》十三篇，全书约仅六千字，涵盖了现代战争中各种类目，如：国防计划、动员计划、国家战略、军事战略、战争艺术、机动作战、作战目标、统帅、用兵、地形、地略、火力战、情报战，可谓思想深邃、体系严明。《孙子》在兵家中的地位，犹如儒家的《论语》、道家的《老子》。

吴子名起，卫国人。事迹见《史记·孙吴列传》。吴起初期投效鲁国，娶齐国女子为妻，齐鲁交战之时，曾杀妻以明志，遂为鲁将。后因鲁国人批评吴起为人猜忌残忍，鲁君辞退吴起，乃投效魏文侯，官至西河守。魏武侯之后，又投奔楚国，死于楚国。吴起为人虽邪僻，但是持论不诡于正。论制国治军，主张"教之以礼，励之以义"，论为将之道则曰："所慎者五：一曰理、二曰备、三曰果、四曰戒、五曰约"，大抵能够尚礼义，明教训。以孙子、吴子相较，孙子用兵偏于奇，吴子用兵持于正。今存《吴子》一卷。

三、两汉以后子学概述

汉代以后，诸子之学有两种主要的发展类型，一为对先秦诸子所作的注解与诠释，一为承继先秦诸子立说精神继续作思想的创造。前者可谓狭义的诸子学，后者则为广义的诸子学。但是，狭义的诸子学并非全无创造，以儒家为例，汉武帝时董仲舒作《春秋繁露》，在儒家经典中掺杂入阴阳家学说，构成天人感应思想。宋代周敦颐、张载、程颢、程颐、朱熹、陆九渊，明代王阳明对儒家经典重新阐释，形成了一套心性的学问——宋明理学。再以道家为例，魏代王弼对《老子》的注解，晋代郭象对《庄子》的注解，形成魏晋玄学的重要内容，都有相当大的创新性。

反观广义的诸子，最明显的特征是九流十家的学说内容彼此混杂，思想内涵虽然扩大了，彼此的学说立场则不若先秦时代那么壁垒分明。杂家成为最普遍的形态。以下即就此二种类型，略述诸子在两汉以后的发展。

（一）先秦诸子重要注本举隅

1. 儒家：《荀子》有唐杨倞《荀子注》，清王先谦《荀子集解》，今人王忠林《新译荀子读本》最便诵习。

2. 道家：《老子》之注本甚多，主要有汉河上公《注》

及晋王弼《注》两种系统。前者有今人郑成海《老子河上公注疏证》，后者有今人楼宇烈《老子王弼注校释》。他如蒋锡昌《老子校诂》、朱谦之《老子校释》、余培林《新译老子读本》皆便于诵习。《庄子》之注本亦多，最重要有晋郭象《庄子注》、唐成玄英《南华真经疏》、清郭庆藩《庄子集释》。今人黄锦铉《新译庄子读本》最便诵习。

3. 墨家：《墨子》之注本以清毕沅《墨子注》、清孙诒让《墨子间诂》、今人张纯一《墨子集解》最著，今人李渔叔《墨子今注今译》最便诵习。

4. 法家：《慎子》有明慎懋赏《注》，今人徐汉昌《慎子校注及学说研究》可参。《申子》有清马国翰《玉函山房辑佚书本申子》一卷。《商子》有赵万里《商君书笺正》，今人朱师辙《商君书解诂》。《韩非子》有清王先慎《韩非子集解》，今人陈奇猷《韩非子集释》可参考。《管子》有唐尹知章《管子注》、清戴望《管子校正》，今人娄良乐《管子评议》可参考。

5. 名家：《公孙龙子》有宋谢希深《公孙龙子注》，今人陈柱《公孙龙子集解》、何启民《公孙龙子集校》最称详审，今人陈癸森《公孙龙子今注今译》最便诵习。

6. 其他各家：《鬼谷子》有梁陶弘景注。《尸子》有清汪继培《辑注》。《吕氏春秋》有汉高诱《注》、清毕沅《吕氏春秋新校》，近人许维遹《吕氏春秋集释》最称详审。《孙子》《吴子》，有宋施子美《武经七书讲义》、明刘寅《武经七书直解》。

《孙子》另有清孙星衍《孙子十家注》详审可观。

（二）两汉以后子学的发展

先秦诸子的思想，到了战国末期，仅有儒家、道家、法家。墨家已经断绝不传。秦代行法家之治，到了汉初，尽废秦之苛法，改行黄老之术。所谓黄老之术，是法家与道家融合在一起的治术。使汉代初期获得六十年太平盛世。

汉武帝采行董仲舒的建议，罢黜百家，独尊儒术，于是混杂谶纬与阴阳五行的天人感应学说成为主流，而董仲舒的《春秋繁露》正是这样的一本书。此外，另有一批人起来反对，如扬雄仿《论语》作《法言》、仿《易经》作《太玄》，桓谭作《新论》，王充作《论衡》，都是著名的例子。尤其《论衡》，以"疾虚妄"作为思想宗旨，具有极高的批判精神。

此外，淮南王刘安宾客共著的《淮南子》，虽杂取各家言论，但其中所谈之"道"即道家之道，论及权谋之处，又为老子思想之运用，代表了杂家化的道家。另有贾谊《新书》、桓宽《盐铁论》、王符《潜夫论》都能针对时代课题，议论得失，可视为杂家化的儒家。

魏晋之际，政治紊乱，知识分子饱受摧残，动辄得咎，故而此时的学术以玄学为主。玄学当时可以分成三派："名理派"以辨别性情、分析才能、论说人物为重心，刘劭的《人物志》可为代表。"玄论派"以推论"有""无"、剖明体用、谈论《易经》《老子》《庄子》为主（号称《易》《老》《庄》为"三玄"），何晏、王弼可为代表。何晏有《论语集解》，企图以道家思想解释《论语》。王弼有《老子注》，阐发老子以"无"为本体的精义。最后是"旷达派"，以顺任情性、摆脱约束、追求自我为本色，阮籍、嵇康可为代表。阮籍有《达庄论》《通老论》，嵇康有《养生论》《声无哀乐论》。除了玄学之外，另有一些道教徒，摭取古代神仙思想及庄子养生学说，形成一套以丹鼎符箓为内容的神仙之学。汉魏伯阳《周易参同契》及晋葛洪《抱朴子》是其中最有名的著作。

隋唐时期最重要的学术是佛学。佛教的传入，最早的记录是东汉明帝永平十年（69），自汉朝末期至中唐，一方面翻译佛典，一方面西行求法。佛教日渐壮大。佛祖释迦的教义是一种解脱哲学，它主张："诸行无常""诸法无我""因爱生苦""无我无苦"；生存既为苦恼，因而佛法的目的在力求解脱痛苦，以达到永寂不动、解脱轮回的涅槃境界。魏晋时代，僧徒为了传教的需要，往往使用《周易》、老庄的思想和术语来解释佛理，于是产生了"格义之学"。格义之学，促成了佛学的中国化。其中僧肇的《肇论》以及竺道生的《妙法莲华经疏》，可以说是佛学中国化最重要的著作。佛教发展到隋唐，主要有八个宗派，分别是：三论宗、律宗、净土宗、禅宗、天台宗、华严宗、唯识宗、密宗。其中天台、华严、禅宗是中国佛教徒自创的宗派。前两者虽依印度佛教经籍，但自造经论,自成系统。禅宗则不依一定经论,且不重宗教传统,称为"教外别传"。

宋元明三代,产生一种以儒学为本体,吸收道家、佛教学说所建立起来的新学说,古人称之为"理学"或"道学",也有当代的学者称之为"新儒学"。经学盛行于两汉,所以经学又被称为"汉学";理学是两宋兴起的学问,所以又被称为"宋学"。理学的开山始祖是周敦颐,他著有《太极图说》与《通书》。《太极图说》在说明宇宙产生、万物创化之道。《通书》则以《易传》与《中庸》的思想为基础,提出"诚"作为《周易》的道体与修养的功夫。宋明理学向有濂、洛、关、闽四派之称,周敦颐,世称濂溪先生,为"濂学"之始祖。

周敦颐之后,有居关中讲学的张载。张载字子厚,号横渠,世称横渠先生。著有《正蒙》《易说》《经学理窟》。他有民胞物与的胸怀,气一分殊的宇宙理论,以及变化气质的修养功夫。张载所开之宗派,称为"关学"。

周敦颐之后,又有程颢、程颐兄弟光大周子的学问。程颢字伯淳,学者称为明道先生。著有《识仁篇》《定性书》,主张"体贴天理,敬义夹持"。程颐字正叔,学者称为伊川先生。著有《易传》《经解》。主张"性即理"。二人因居洛阳,所开之宗派为"洛学"。

南宋朱熹生于周张二程之后,是宋代理学集大成之人物。因为在福建讲学,称为"闽学"。南宋时除了朱熹,尚有陆九渊、叶适、陈亮等著名的理学家。陆九渊，字子静，号象山，强调"吾心即宇宙"，与朱熹的思想方向不同，朱陆二人曾有"鹅湖之会"，辩论自己的学说，是我国哲学史上的一段美谈。到了明代王阳明，承继陆九渊之学说，提出"心即理"以及"知行合一"之说，使心性之学推展到登峰造极的境地。

清代的学术十分发达，义理、词章、考据之学都有长足进展。其中又以考据之学最具特色，是清代学术的中坚。清代考据之学又称为"朴学"。这种学问的兴起，是远承汉朝班固《白虎通义》的精神而来的。自汉至清，有不少考证名物、制度、经史、诸子之书，如汉应劭《风俗通义》、晋崔豹《古今注》、宋沈括《梦溪笔谈》、宋洪迈《容斋随笔》、宋王应麟《困学纪闻》、明杨慎《丹铅总录》，都是子部杂家重要的著作，但是已经渐渐脱离思想的创造性，而接近历史实证的性质。

自清初顾炎武《日知录》以来，清代考据之作不胜枚举，大都可以派入经学、史学、文字、声韵、辨伪、校勘、目录等学术领域之中，由王念孙《读书杂志》、崔述《考信录》、陈澧《东塾读书记》、俞樾《诸子平议》可以考见一斑。

文学常识

一、概说

我国历代的典籍很多，前人以四部的分类，来包罗全体，即经、史、子、集四部，集部的图书，多半属于文学类的典籍，今依现代人的习惯用语，取"文学"一词，代替前人"集部"。

在这一章中，我们要探讨"文学的内涵"和"文学的分类"，然后依文学的分类，分别介绍历代重要的文学，分"韵文""散文""骈文""小说"等项来说明，从此可略知中国文学的概貌，以及各体文学重要的作家和作品。

（一）文学的内涵

什么是"文学"？这是一个很不容易回答的问题，因为文学一词是抽象的概念；同时，由于古今时代的不同，含义也不一样。

在春秋时代，孔子（前551—前479）教弟子，在《论语·先进》篇说：

子曰："从我于陈、蔡者，皆不及门也。"德行：颜渊、闵子骞、冉伯牛、仲弓。言语：宰我、子贡。政事：冉有、季路。文学：子游、子夏。

这里所说的"言语"，也就是说辞，类似后世所谓的辞章。皇侃《疏》引范宁说："言语，谓宾主相对之辞也。"这便是实用文学的开始。其中所说的"文学"，跟现在的文学，含义不同。范宁说："文学，谓善先王典文。"邢昺说："文学，谓文章博学。"因此文学一词，是指古代的文献、典章制度而言，也包括了文章，属于学术，而不是现代人所说的文学。其他《论语》中所提到的"文""文章"，也都是一切文章、学术的总称。这种称谓，一直沿用于周秦时代。

汉以来，"文学"和"文章"的含义，便有不同。像《史记·儒林传》云："夫齐鲁之间于文学，自古以来，其天性也。"这里所谓"文学"仍然是学术。《汉书·公孙弘传赞》："文章，则司马迁、相如。"这里的"文章"，便跟今日的文学，较为相近。所以早期的文学，以实用为主，往往跟学术混为一谈；至于纯文学，在古代只有诗、词、歌、赋，但囿于文字的雕饰，不以实用为主，难怪扬雄要说"雕虫小技，壮夫之所不为"了。

文学和学术最大的分野，一种是艺术，一种是学问；艺术要求美，学问要求实用。前者凭直接的感受，后者靠客观的分析，道路不同，效果两样。我国古代把文学、学术混为一谈，是文学附属在学术之中，未曾分割独立出来。

今人对"文学"的看法，已跟古代不同，章太炎在《国学略说》一书中，提到"文学略说"，对文学的界说是：

> 以为有文字著于竹帛者谓之文；论其方式，谓之文学。

又在《国故论衡》"文学总略"上云：

> 言文学者，不得以兴会神旨为上，应以表谱簿录为始；非但经史诸子之为文学，即铸铜雕木之类，所以济文字之穷者，亦文学之属也。

这种论点，是广义的文学定义，只要文字记录于竹简或布帛、纸张之上，而具有法式的文章，都可统称为文学，因此表奏笺记是文学，经史诸子也是文学。

如果以狭义的文学定义而言，章太炎的说法就太宽了。张其昀在一九六四年六月五日中国文化学院文学会成立之初，对华冈学生作一次演讲，提到文学的定义：

> 文学是真的事实，透过善的思想，运用美的文辞，而达到最伟大的教育效果。

真的事实，与历史有关；善的思想，与哲学有关；美的文辞，与美学、修辞学有关。因此文学与史学、哲学、美学、修辞学等都有直接的关联。

其实，文学具有思想、情感、想象和技巧等特质，犹如笔者在《散文结构》一书中，对文学的界说，说明如下：

文学是作家运用语言文字，表现人类的思想、情感，创造出完美的想象和新技巧的作品。

今人对文学的涵义，较偏向于狭义的说法，指具有感性，且较属于抒情性的美文，是为文学。

（二）文体的分类

文学的发展，由于文学的形式结构不同，而造成各种不同的类别，我们称它为文体。

文体是泛指一切文章的体式和风格而言，在文学中，文体是特指诗文的类别。要了解中国文学，必先了解中国文体的分类，文学是作家透过语言文字，表达人类的生活、感情和思想的艺术作品，而文体是一切文章的体裁，比文学的范围要大。

我国文体的分类，最早始见魏曹丕的《典论论文》，它将文章分为四大类：

　　盖奏议宜雅，书论宜理，铭诔尚实，诗赋欲丽，此四科不同，故能之者偏也。

其后晋陆机《文赋》中，将文体分十类，即：

　　诗缘情而绮靡，赋体物而浏亮，碑披文以相质，诔缠绵而凄怆，铭博约而温润，箴顿挫而清壮，颂优游以彬蔚，论精微而朗畅，奏平彻以闲雅，说炜晔而谲诳。

从此文体的分类，越来越细，然就大体而言，有韵的谓之韵文，无韵的谓之散文。因此六朝人有文、笔之分，文指韵文，笔指散笔。

　　梁刘勰的《文心雕龙》是一部文学批评的巨著，书中对文体的分类，在韵文中又析为辨骚、明诗、乐府、诠赋、颂赞、祝盟、铭箴、诔碑、哀吊九类，在散笔中，又析为史传、诸子、论说、诏策、檄移、封禅、章表、奏启、议对、书记等十类。加上介于文、笔之间的，还有杂文、谐讔两类。

　　梁萧统编《昭明文选》，选文的标准，在于"事出于沉思，义归乎翰藻"的小篇文章，而不选经、史、子的文章，所选的大半为集部的文章，将文体分为三十七类，即赋、诗、骚、七、诏、册、令、教、策文、表、上书、启、弹事、笺、奏记、书、檄、对问、设论、辞、序、颂、赞、符命、史论、史述赞、论、连珠、箴、铭、诔、哀文、碑文、墓志、行状、吊文、祭文。

其后，清人就古文的分类，也不同于前朝。清姚鼐编《古文辞类纂》，分古文为十三类，曾国藩编《经史百家杂钞》，分文体为三门十一类，其中不但摒弃了骈文，而且也不列诗、词、曲、小说、戏剧等类别。今将姚鼐和曾国藩对文体分类，列表比较如下：

曾国藩 三门十一类	著述					告语				记载			
	论著	词赋		序跋		诏令	奏议	书牍	哀祭	传志		杂记	叙记	典志
姚鼐 十三类	论辨	词赋	颂赞	箴铭	序跋	赠序	诏令	奏议	书说	哀祭	传状	碑志	杂记
	1	2	11	12	3	10	4	5	6	7	8	13	9

以上各家文体的分类，大抵以文章的标题作为分类的标准，就以近代文学的观念来衡量，似嫌过于繁琐，而且未尽周延，有关俗文学部分，如小说、戏曲之类，尚未列入。今以近人对文学的观点，就古典文学的分类，分韵文、散文、骈文、小说四大项，而戏曲一项，归入韵文的"曲"中。而对现代文学的分类，则包括散文、诗歌、小说、戏剧四大类，增列其他一类，包括儿童文学、报道文学、电影电视脚本等应用文学。

今撰国学常识，仅就古典文学的分类分述于后。

二、韵文

所谓韵文，是指有韵律的文章。有韵的文章，是在句子的末字上，造成谐韵的效果，一般称之为用韵或押韵，在一定的句末上用韵，有前呼后应的谐韵作用，同时也有唤起记忆的效果，读起来和谐，容易背诵。有律的文章，是在句子上有一定的节奏，如每句字数的多寡有一定的规定，甚至每字的平仄，也有一定的限制，使读起来音节和谐，具有一定的节奏和旋律。

韵文，大抵是诗歌类的文体，其文体的由来最早是文字与音乐、舞蹈结合的综合艺术，由于文字与乐、舞结合，因此构成了"韵""律"的变化，这些具有韵律的诗歌，大致是音乐文学。今介绍韵文，大略分《诗经》、辞赋、诗、词、曲等项来介绍，且韵文多半是纯文学的作品。

（一）诗经

《诗经》是我国最早的一部诗歌的总集，凡三百零五篇，加上《小雅》有目无词的笙诗六篇，共三百十一篇。

《诗经》产生的年代，自西周初叶（前 1122）至东周定王八年（前 599），约五百年。其产生的区域，如从十五国《国风》来看，其分布的区域，以我国北方黄河流域的歌谣为主，但也收录了少部分南方长江流域的歌谣，所以说《诗经》是我国北方文学的代表。

《诗大序》云："诗有六义焉：一曰《风》，二曰赋，三曰比，四曰兴，五曰《雅》，六曰《颂》。"《诗经》的"六义"，其实是包括《诗经》的分类：《风》《雅》《颂》；《诗经》的作法：赋、比、兴。《礼记·经解》篇："温柔敦厚，《诗》教也。"从此，温柔敦厚便成我国诗歌的传统诗教。

《诗经》的结构，是依分类而排列，分风、雅、颂三部分。风分十五国《国风》，包括：周南、召南、邶、鄘、卫、王、郑、齐、魏、唐、秦、陈、桧、曹、豳十五地区的歌谣，共一百六十篇。雅分《小雅》和《大雅》，《小雅》八十篇，其中有六篇《南陔》《白华》《华黍》《由庚》《崇丘》《由仪》，是有篇目而无歌词的笙诗，《大雅》共三十一篇。《颂》分《周颂》《鲁颂》《商颂》三部分。《周颂》三十一篇，《鲁颂》四篇，《商颂》五篇，共四十篇。《诗经》共三百十一篇，简称为"三百篇"。

《国风》就是各国的民歌，《郑风》就是郑国的民歌，《秦风》就是秦国的民歌，余可类推。十五国《国风》，是包含了周代各诸侯之国的民歌，反映了当时一般人民的生活现象。例如写农家生活的诗，有《七月》《十亩之间》；写赋税徭役的诗，有《硕鼠》《鸨羽》《君子于役》；写征战的诗，有《击鼓》《载驰》《东山》《无衣》；写民生艰困、离乱避祸的诗，有《北风》《北门》《杕杜》；写田猎的诗，有《还》《卢令》《大叔于田》；

写思家怀人的诗，有《伯兮》《陟岵》《绿衣》《蒹葭》；写民俗的诗，有《桃夭》《溱洧》《黄鸟》；写赞美的诗，有《硕人》《羔裘》《椒聊》；写男女的情歌，有《关雎》《野有死麕》《野有蔓草》《木瓜》《子衿》《江有汜》等。今举《桃夭》《木瓜》为例：

桃夭 《周南》

桃之夭夭，灼灼其华；之子于归，宜其室家。

桃之夭夭，有蕡其实；之子于归，宜其家室。

桃之夭夭，其叶蓁蓁；之子于归，宜其家人。

《桃夭》，是女子出嫁时所唱的诗歌，用桃花的鲜红暗示新娘的美貌，出嫁后，又能适宜婆家。西洋的爱情花是玫瑰，中国的爱情花是桃花。

木瓜 《卫》

投我以木瓜，报之以琼琚。匪报也，永以为好也。

投我以木桃，报之以琼瑶。匪报也，永以为好也。

投我以木李，报之以琼玖。匪报也，永以为好也。

《木瓜》，是男女的情歌，有人投给我以木瓜，我报他以佩玉，并不是报答，而是希望永结恩情。

其次为雅，雅，指中夏的正声，不属于地方的乐歌，而为中原雅正的诗乐。也是周代王畿一带的诗，大抵为朝廷官吏的作品。《小雅》多为君臣宴飨的乐歌，《大雅》为朝会之乐及歌功颂德、讽喻朝政之辞。其中有两类较为突出的诗：一是咏颂周宣王讨伐狎狁、荆蛮、淮夷、徐戎的诗，如《大雅》的《常武》，《小雅》的《六月》《采芑》《采薇》。一是歌颂周代的开国史诗，如《大雅》的《生民》《公刘》《绵》《皇矣》《大明》等诗。从大体而言，《国风》大半为抒情诗，《大雅》大半为叙事诗，而《小雅》的诗，二者兼而有之，且多怨悱之作。

其次为颂，颂是赞美盛德的颂歌，赞美有盛德的人和事物，其中大半为赞美祖先的祭歌。

《诗经》是周代的歌谣，开创了我国诗歌绚丽的首页，无论是抒情、叙事、咏物、写景、说理，都有佳篇。这些诗都是真挚之情的流露，保存民歌拙朴率真的趣味，它们在音韵上的自然和谐，在情感上的诚挚活泼，处处表现了艺术上的最高成就。《诗经》不仅代表了古代河济之间的北音，而其讽咏遗篇也影响了荆楚之间南音的发生，直接促使汉赋的形成。《诗经》与后代的乐府同为乡土文学，且为六朝、唐人诗歌的宗祖。

（二）辞赋

辞赋是包括楚辞和汉赋前后各种赋体的总称。汉人将楚辞和汉赋视为一种文体，合称为"辞赋"，而且辞赋通用。

东汉末叶，王逸注《楚辞》，才将辞和赋分开，视为两种不同形式的文体，于是在《昭明文选》和《文心雕龙》中，便将辞、赋分开，《昭明文选》选文分三十七类，"赋"和"骚"不同类，"骚"便是屈原《离骚》的简称，后演为楚辞的代称，也称为骚体，故诗人也称"骚人"。《文心雕龙》共五十篇，其中论文体的篇目，赋有《诠赋》篇，骚有《辨骚》篇，也是将辞、赋分开。从此辞、赋二体，辞是楚辞，赋有各种赋体，各自独立成体，分道扬镳，各成文采。

今分楚辞、短赋、古赋、俳赋、律赋、散赋、股赋等项，分别加以介绍如下：

1. 楚辞

"楚辞"是文体名，也是书名。楚辞作文体名，是指战国时代楚地所产生的诗歌，它所用的语词如"兮""些""只"等楚语，配合楚地的南音和巫觋祭歌，记载楚地的地名和名物以入歌谣，故名为楚辞。宋代黄伯思的《翼骚序》中云：

> 屈、宋诸骚，皆书楚语，作楚声，纪楚地，名楚物，故谓之"楚辞"。若些、只、羌、谇、蹇、纷、侘傺者，楚语也；悲壮顿挫，或韵或否者，楚声也；沅、湘、江、澧、修门、夏首者，楚地也；兰、茝、荃、药、蕙、若、芷、蘅者，楚物也。

　　《楚辞》，是书名。最早是西汉末叶刘向所编。刘向将屈原和屈原的弟子宋玉、景差、唐勒的作品，以及汉人摹仿屈原的作品，合编成书，名为《楚辞》。《四库全书总目提要》云：

　　哀屈、宋诸赋，定名《楚辞》，自刘向始也。初向哀集屈原《离骚》《九歌》《天问》《九章》《远游》《卜居》《渔父》。宋玉《九辩》《招魂》。景差《大招》，而以贾谊《惜誓》，淮南小山《招隐士》，东方朔《七谏》，严忌《哀时命》，王褒《九怀》，及向所作《九叹》，共为《楚辞》十六篇，是为总集之祖。

　　《楚辞》有专书，从刘向（前77—前6）开始，但刘向编的《楚辞》本今已亡佚，今所传本，是东汉末叶王逸所编注的《楚辞章句》。宋代有两种《楚辞》的注本，一种是洪兴祖的《楚辞补注》十七卷。洪兴祖（1090—1155），字庆善，丹阳（今江苏丹阳）人。本书以王逸的《楚辞章句》为基础，对王逸旧说加以阐发引申，在名物训诂上加以考证，是对王逸的《楚辞章句》多所补充，故名为"补注"。另一种是朱熹的《楚辞集注》八卷，附《辩证》二卷、《后语》六卷。朱熹（1130—1200），字元晦，徽州婺源（今属江西）人。本书所录《楚辞》篇目，据王逸旧本加以更订，增列贾谊《吊屈原赋》《鹏鸟赋》二篇，并删除《七谏》《九怀》《九叹》《九思》四篇，指其辞意平缓，意不深切，在《辩证》中，加以批驳。又据宋晁补之的《续楚辞》和《变离骚》，作了增删，选录荀卿至吕大临的辞赋共五十二篇为《后语》。

《楚辞》是继《诗经》之后的第二部总集。它与《诗经》不同，《诗经》大抵为黄河流域的歌谣，以四言诗为主，其内容与作法，有《风》《雅》《颂》、赋、比、兴"六义"，建立了"温柔敦厚"、"兴、观、群、怨"的诗教，成为我国诗歌的传统。然而《楚辞》是以楚国屈原的作品为主体，且大都是文人所写的作品，除《九歌》外，与《诗经》出于无名氏之手大不相同。《楚辞》的句法，以六言七言的参差句为最多，错杂以四言、五言、八言等句子，篇幅也比《诗经》为长。在内容上，《诗经》是取材于社会生活的写实文学，而《楚辞》是渊源于楚文化的巫觋文学，屈原继承了《诗经》的四言诗，同时又吸收了楚文化，对楚地民歌加以革新，开展了句法参差错落的新体诗——楚辞。这种新体诗，具有浓厚的楚地色彩，又以描写个人的情怀与幻想，构成了词藻华丽，对称工巧，具有象征、神秘、浪漫特征的南方文学。

《楚辞》中最重要的作家是屈原。屈原（约前340—前278），战国楚人，名平，字原;又名正则，字灵均。曾任左徒、三闾大夫，他主张彰明法度，任用贤才，辅佐怀王内修政治，外抗强秦。后因遭谤，前后两次被流放，一次放于汉北，一次放于湘南。终因不忍见国家沦亡，遂投汨罗江以尸谏。屈原的辞赋，以丰富的情感和想象力，用象征的手法表现了含忠履洁的精神，在作品中广泛采用神话、寓言和巫觋故事，创造出雄伟壮丽的诗篇，成为我国文学史上第一个伟大的爱国诗人。《汉书·艺文志》载录他的赋有二十五篇。重要的篇目为：《离骚》《九章》《九歌》《远游》《天问》《卜居》《渔父》等。

2. 短赋

《楚辞》之外，还有荀子的短赋。荀子（约前313—前238），姓荀，名况，战国时赵人，著有《荀子》三十二篇。今二十二篇中有《赋》篇及《成相》篇两篇，与诗歌有关。

《赋》篇便是由五篇短赋构成，包括《礼赋》《知赋》《云赋》《蚕赋》《箴赋》。由于每篇不超过五百字，篇幅极短，故称"短赋"。荀子短赋，皆为咏物的赋，内容是在说理，借咏物以阐明儒家的学术思想，开展了赋体咏物说理的途径。而《成相》篇被推为最早的鼓词形态，荀子用民间的鼓词来宣扬儒家思想，使儒学能深入于民间。荀子短赋的影响，直接促使汉赋的发生。

3. 古赋

赋体是从《诗经》中赋、比、兴的赋，演变成一种韵文的文体。因此汉班固在《两都赋序》上说："赋，古诗之流也。"《文心雕龙·诠赋》篇对赋的定义："赋者，铺采摛文，体物写志。"大意是说：赋是继《诗经》之后所产生的韵文，它用华丽的辞藻，来铺陈其事。赋是咏物的文学，属于载道言志的文学。

自汉武帝后，辞赋日愈发达，其风格与楚辞有别，讽喻、象征的少，而歌功颂德的多。赋的句法，多用四六排比的句子，又多堆砌冷僻的字，表现作者有煊赫的才学，以歌颂汉朝帝王的功业。于是汉赋便成汉代文学的主流。后人称"汉赋"，又称之为"古赋"，是因为汉赋距今时代久远的缘故。同时，也用以别于六朝的俳赋、唐宋的律赋和散赋、明清的股赋。

两汉的赋家，有贾谊、枚乘、司马相如、东方朔、枚皋、王褒、扬雄、班固、傅毅、张衡、马融、王逸、祢衡、王延寿、赵壹等人。作品如贾谊的《吊屈原赋》《鵩鸟赋》等。枚乘的《七发》。司马相如的《子虚赋》《上林赋》《大人赋》《美人赋》《长门赋》等。东方朔的《非有先生论》。王褒的《洞箫赋》。扬雄的《长杨赋》《羽猎赋》《甘泉赋》《河东赋》等。班固的《两都赋》《幽通赋》《典引》《答宾戏》等。张衡的《西京赋》《东京赋》《思玄赋》《归田赋》等。祢衡的《鹦鹉赋》、王延寿的《鲁灵光殿赋》、赵壹的《刺世疾邪赋》等。其中以西汉的司马相如（约前179—前118）、扬雄（前53—后18），东汉的班固（32—92）、张衡（78—139），并称为汉赋四大家。

4. 俳赋

俳赋又称骈赋，也是指流行于魏晋六朝的赋。它与汉赋不同之处在于篇幅短小，用于抒情，因讲究声律谐和，用典对仗，使用俳句，故称俳赋或骈赋。重要的作家和作品，魏朝的如曹植（192—232）的《洛神赋》，王粲（177—217）的《登楼赋》，都是抒情性很强而感人的小篇。

西晋的赋家，有陆机（261—303）的《文赋》，用赋体作文学批评，潘岳（247—300）的《秋兴赋》《闲居赋》等。左思（约250—约305）的《三都赋》，类似汉人的《两京赋》，当时《三都赋》成，洛阳为之纸贵，可见《三都赋》受当时人所喜爱而传抄一时的盛况。东晋的赋家有孙绰的《天台山赋》，借天台山的山水来谈玄理。又有陶潜（372—427，据梁启超考证)的《闲情赋》《归去来辞》《感世不遇赋》。其中以《归去来辞》写罢官归隐的快乐为千古杰作，甚至宋欧阳修云："晋无文章，惟陶渊明《归去来辞》而已。"

六朝包括东吴、东晋、宋、齐、梁、陈，均建都于金陵，世称"六朝"。六朝文学，崇尚华丽唯美，又重巧构形似之言的技巧，于是在小篇的赋上，达到成熟完美的境界。其中以南朝的作家，最足以为代表。如谢灵运、鲍照、谢庄、江淹、徐陵、庾信、何逊等，佳构如林。今举鲍照（约414—466）、江淹（444—505）、庾信（513—581）三人为代表。

鲍照的《芜城赋》，写广陵（今江苏扬州）的繁华与离乱后的荒凉，造成对比。江淹的《恨赋》《别赋》，庾信的《春赋》《灯赋》《小园赋》《哀江南赋》，均是骈赋的佳作，无论写景抒情、咏物说理、登临怀古、悼亡伤别，均能惊心动魄、扣人心弦。

5. 律赋和散赋

律赋是唐宋时因应科举考试所形成的赋体，又名试赋。

其形式不仅要求对仗、用韵，甚至要求平仄和谐，用词和句法都有一定的限制，要求合乎规律，故称律赋。因此律赋近乎文字游戏，要受排偶和限韵的拘束，如王勃的《春思赋》，杜甫的《郊大礼赋》,李程的《日五色赋》,王起的《庭燎赋》等。

由于律赋在形式结构上严格的规定，已无文学的性灵可言，甚至为文士所排斥。到了宋代欧阳修和苏轼，他们摆脱赋体的拘束，而写散文笔调的赋，无需对偶，也不限韵，甚至不押韵也可，这种形式极自由的散文赋，称为"文赋"或"散赋"。宋代文赋的作家，有司马光、欧阳修、邵雍、苏轼、蔡确、杨万里等。其中以欧阳修和苏轼为代表。

欧阳修（1007—1072）有《秋声赋》《鸣蝉赋》等；苏轼（1037—1101）有《前赤壁赋》《后赤壁赋》等，都是脍炙人口的散文赋，如同屈原的《卜居》《渔父》一样，不受形式格律的束缚，文随意运，自然流利。

6.股赋

股赋是明清科举应试所写的八股赋体，它的结构规律，比律赋更严，甚至要将赋题嵌入文中，有破题、承题、起讲、提比、虚比、中比、后比、大结八大段，故名为"股赋"。这类赋体，已无文学价值可言，故不予举例。

（三）诗

我国诗歌,源远流长,从《诗经》《楚辞》之后,作品繁富,诗人辈起，使我国成为诗的民族。如从形式来区分，我国古典诗歌，大致可分三大类，即古体诗、乐府诗、近体诗。

1.古体诗

古体诗，又称古诗，与近体诗相对。"古诗"一词始见于梁刘勰的《文心雕龙》和萧统所编的《昭明文选》，《文心雕龙·明诗》篇云："古诗佳丽，或曰枚叔。"文中所说的"古诗"，便是指《古诗十九首》而言，如语译此句，是"《古诗十九首》美好如同佳丽，或许有人说是枚叔的作品"。枚叔，即枚乘，叔是枚乘的字，汉武帝时，与司马相如同事于梁孝王，梁孝王卒，离开菟园，他的儿子枚皋，也是诗人辞赋家，与司马相如同事汉武帝。其次，《昭明文选》选文三十七类，其中"诗"一类，"杂诗"上录有《古诗十九首》，古诗之名，始于此也。

古诗大多为五言或七言，五言古诗称为"五古"，七言古诗称为"七古"，当然古诗有四言和杂言的，但"四古"和"杂古"之名，便少人使用。古诗的作法，别于近体诗，也就是古体诗和近体诗的分别，在于形式结构上的不同，古诗不受句子多寡的限制，近体诗分绝句和律诗，绝句仅四句，律诗分今律八句和八句以上的排律。古诗的长短依内容而决定，句子的多寡没有一定的约束。古诗每个字不受平仄的约束，但近体诗每字平仄的用法，有一定的格律，例如五言仄起格的绝句，它的格律是："仄仄平平仄，平平仄仄平。平平平仄仄，仄仄仄平平。"所以古诗字句不受平仄的限制，可以自由抒写，近体诗平仄的使用有严格的规定，造成定式。其次，古诗有对称句，但不严格限制，近体诗中的律诗，其中二三两联，一定要对仗，除了内容的对偶外，上下联的平仄也都要相反。古诗的用韵宽，可以通押，可以换韵，近体诗用韵严，不能通押，也不能换韵。

同时，古体诗和乐府诗是同时发生的，乐府诗之名，起源于汉代，汉惠帝时命夏侯宽任"乐府令"，汉武帝时设立"乐府"，由李延年任协律都尉，因此乐府是音乐官府的简称。乐府是汉朝廷的一个行政机构，它的职掌是采集民间歌谣以配合朝廷的典礼或祭祀，因此乐府便成为民歌的代称。

古诗和乐府诗的区别。古诗大半是文人所写的诗，它只能"徒诵"而不能歌，乐府诗是合乐的诗，可以歌。例如《古诗十九首》中的《青青河畔草》《行行重行行》是古诗，不是乐府；而《饮马长城窟行》《放歌行》《白头吟》等是乐府，不是古诗。后人往往将古诗和乐府诗混淆，难以区分。其实合乐的诗是乐府，不合乐的诗是古诗，但后代也有少部分的乐府诗不能合乐，如唐人的"新乐府"，也已不能歌了。但从"标题"上，可以区分古诗或乐府诗；乐府诗的标题仍留有合乐入乐的痕迹，都会有"歌""行""吟""弄""曲""调""章""引"等名称。

一般人往往会把白居易的《长恨歌》《琵琶行》视为古诗，其实《长恨歌》和《琵琶行》是乐府诗，因为它是属于歌行体。所以乐府和古诗的区别，往往从标题上便可以辨认出来。如果把《长恨歌》《琵琶行》误作古诗，可能受《唐诗三百首》的影响，该书将这两首诗列入"古诗"中。

汉魏南北朝的古诗，以五言诗为主。我国五言诗的起源，说法纷纭，大致五言出于汉人乐府，如李延年的《北方有佳人歌》，见《汉书·李夫人传》：

北方有佳人，绝世而独立。一顾倾人城，再顾倾人国。宁不知倾城与倾国，佳人难再得。

又《汉书·五行志》有汉成帝时民谣：

邪径败良田，谗口乱善人。桂树华不实，黄爵巢其颠。故为人所羡，今为人所怜。

因此西汉时便有五言诗，当可成立。至于《文选》中的《古诗十九首》创作年代，李陵、苏武诗的真伪，都引起争论过，难以有结论。要之五言诗酝酿于西汉，成立于东汉初叶，而成熟于东汉末叶。

东汉末叶，建安时代（196—220）成熟的五言诗大量出现，如曹氏父子：曹操、曹丕、曹植，建安七子：孔融、陈琳、王粲、徐幹、阮瑀、应玚和刘桢。他们的作品多而且富丽，被《文心雕龙》誉为"慷慨以任气，磊落以使才"的"建安体"。

魏朝诗人，有"竹林七贤"之称，即阮籍、嵇康、山涛、向秀、刘伶、阮咸、王戎，他们崇尚老庄虚无之学，轻礼法，常集于竹林之下，饮酒赋诗，故称竹林七贤。他们所处的时代在魏正始年间（240—249），又称"正始诗人"。其中以阮籍的《咏怀诗》、嵇康的四言诗为代表，《文心雕龙》评他们的诗为："嵇志清峻，阮旨遥深。"

晋代的古诗，有三张二陆两潘一左，他们在太康年间，故称"太康诗人"。三张是张载、张协、张亢兄弟，但张亢不列《诗品》，应以张华为是。二陆是陆机、陆云兄弟，两潘是潘岳、潘尼叔侄，一左是左思。他们主张"诗缘情而绮靡"（陆机《文赋》句），认为诗以吟咏性情为主，用华丽的辞藻来写诗。并且倡"巧构形似之言"，重视巧妙的构思、曲写其状的描写，使诗的创作走上排偶对称，重视绮靡艳丽的诗风。西晋末叶，永嘉离乱，有刘琨感念家国之思的诗，郭璞有《游仙诗》，即借游仙以写隐逸山林的诗。

东晋义熙年间，陶潜以田园诗称著，他的《归园田居》五首及《饮酒诗》二十首，堪称绝唱。《饮酒诗》中的"采菊东篱下，悠然见南山"，已成为他的代表句。梁锺嵘《诗品》称其诗"笃意真古，辞兴婉惬"，而推为"古今隐逸诗人之宗"。

南朝诗风，愈加华靡，从山水到宫体，同是咏物，只是物的大小有别而已。其间宋谢灵运开拓了摹山状水的山水诗，继而有齐谢朓清丽小篇的山水诗，是为"大小谢"的山水诗。齐梁之间，诗风轻艳，如萧衍、萧纲、萧绎父子，以写宫廷女子的体态、闺阁女子的怨思成为宫体诗的代表。宫体诗内容轻艳，格调卑下，徐陵、庾信亦时有所作，时伤轻艳，近于浮靡。及陈后主时，更以艳丽为美，极于轻薄，如《玉树后庭花》之作便是。

其次，七言诗起于汉武帝柏梁台君臣联句，文人之作，以曹丕的《燕歌行》为首篇。其后七言诗很少出现，直到南朝宋鲍照，梁萧衍、萧纲等才有少量七言诗，且多为乐府之作。故七言古诗，要到唐代才普遍流行，至盛唐才臻于成熟。

2. 乐府诗

"乐府"的名义，本指官府的名称，即"音乐的官府"。由于它的职掌，在采集各地的民歌，或取文士所写的诗加以配乐，作为朝廷典礼，宗庙祭祀，以及君臣宴饮时所用的诗歌。因此后代人称民歌为乐府。乐府是合乐的诗歌，是音乐和诗各占一半的"音乐文学"。

乐府是音乐的官府，引申为民歌的代称。其后，凡是合乐的诗，都称为乐府，于是宋人长短句的词，元人的散曲小令，也可称为乐府。例如宋苏轼的词集称为《东坡乐府》，元张可久的散曲集子称为《小山乐府》。而乐府的名义，还扩大到词、曲的范围。

乐府的设立，始于汉惠帝，惠帝命夏侯宽为"乐府令"，汉武帝时，更成立"乐府"官署。《汉书·礼乐志》云：

> 至武帝定郊祀之礼，祠太一于甘泉，祭后土于汾阴，乃立乐府。采诗夜诵，有赵、代、秦、楚之讴，以李延年为协律都尉，多举司马相如等数十人造为诗赋，略论律吕，以合八音之调，作十九章之歌。

汉武帝为了要祭天——"东皇太一"，祭地——"后土"，才成立乐府官署来制作天地的诗乐，并任李延年为协律都尉，司马相如、邹子乐等作郊祀的歌词，今《汉书·礼乐志》尚记录有十九章的歌词。乐府署在文学上最大的贡献，是在采集赵、代、秦、楚等地的民歌，这些地方相当于今日的：

> 赵——河北南部、山西东部、河南黄河以北的地区。
> 代——河北蔚县北。
> 秦——陕西、甘肃一带。
> 楚——湖北、湖南、安徽、浙江、四川巫山以东、广东苍梧以北等地方。

汉乐府采集民歌的范围，遍及黄河、长江流域一带。是继周代太师采集《诗经》之后，第二次大量采集民间歌谣的工作，汉乐府保存了汉代民歌的真面目，成为后人研究汉代文学不可或缺的原始资料。

两汉乐府的内容和特色：两汉乐府民歌，大抵为《清商曲》《相和曲》和《鼓吹曲》《铙歌》，以写实为主，且极富诗趣，又具有讽喻劝化的作用，故发展为叙事诗的形态，足以反映汉代的风俗民情。诚如《汉书·礼乐志》所说的汉乐府的特色，在于"感于哀乐，缘事而发"。缘事而发，便形成叙事诗。例如：《饮马长城窟行》写征夫徭役思家的诗。《羽林郎》《陌上桑》写羽林军调笑酒家胡姬、太守意图占有民女罗敷的故事，表现了汉代女子的贞亮。最长的叙事诗如《孔雀东南飞》，描写焦仲卿和刘兰芝夫妇，由于婆婆不喜欢媳妇，在环境、性格、命运等因素下，造成《孔雀东南飞》中焦、刘两家的伦理悲剧，这些多少带有教化劝勉的力量，也反映了汉人的生活和思想。今举《江南》和《长歌行》为例：

江南可采莲，莲叶何田田。鱼戏莲叶间，鱼戏莲叶东，鱼戏莲叶西，鱼戏莲叶南，鱼戏莲叶北。（汉无名氏《江南》）

青青园中葵，朝露待日晞。阳春布德泽，万物生光辉。常恐秋节至，焜黄华叶衰。百川东到海，何时复西归？少壮不努力，老大徒伤悲。（汉无名氏《长歌行》）

东汉末叶，曹氏父子和建安七子发现乐府的流行性和亲和力，于是大量摹仿民歌而作乐府诗，于是有"文人乐府"

190

的出现，如曹操的《短歌行》，曹丕的《燕歌行》，曹植的《白马篇》《七哀诗》，王粲的《七哀诗》，陈琳的《饮马长城窟行》，都是著名的文人乐府，从此开展文人吸取民间歌谣养分的途径，使诗歌更富生命力。

魏晋南北朝的乐府诗，是继承汉乐府的道路而发展出来的新体诗。从三世纪到六世纪之间，由于国家社会的动荡，促使佛道的流行，隐逸思想的抬头，使乐府诗由长篇的叙事诗，演变为小篇的抒情诗，由北方的朴质诗风趋向南方的轻绮靡丽诗风。

魏晋南北朝乐府，以六朝的《清商曲》为主，《清商曲》固然是汉代的旧曲，但新添了长江流域新兴的民歌，便成六朝时代诗歌的主流。其中又可分为《吴歌》《西曲》《神弦曲》。而北朝的民歌，以梁乐工所收集的梁《鼓角横吹曲》为主。就内容而言，六朝乐府多半为恋歌、志怪、山水、宫体之作，描写江南采桑采菱的农耕生活。北朝乐府多半为恋歌、苦寒、征战、思乡、尚武之作，描写草原纵马放牧的游牧生活。但它们共同的特色，在于带有浪漫、神秘，以及唯情唯美的色彩，大半为五言四句的小诗情歌，有时用男女对口的方式来表达，大量使用谐音双关语，以增诗趣和弦外之音，也大量使用和送声，以增歌唱时的热闹场面和节奏感。

六朝主要的乐府诗，如《吴歌》中的《子夜四时歌》《华

山畿》《读曲歌》;《西曲》中的《襄阳乐》《莫愁乐》《三洲歌》;
《神弦曲》中的《白石郎曲》《青溪小姑曲》。北朝主要的乐府诗,
如《木兰诗》《敕勒歌》《折杨柳歌》《紫骝马歌》。今举《子
夜四时歌》《青溪小姑曲》《敕勒歌》为例:

　　春林花多媚,春鸟意多哀。春风复多情,吹我罗裳开。(晋
宋无名氏《子夜四时歌·春歌》)

　　开门白水,侧近桥梁。小姑所居,独处无郎。(无名氏《青
溪小姑曲》)

　　敕勒川,阴山下。天似穹庐,笼罩四野。天苍苍,野茫茫,
风吹草低见牛羊。(无名氏《敕勒歌》)

　　隋唐以后的乐府,波澜壮阔,尤其唐代文人乐府诗,更
启开诗歌活泼的天地。隋代由七部乐扩充为九部乐,加入大
量的胡乐,唐代亦承袭隋乐,增为十部乐,因此胡乐夷歌,
为唐诗增加了诗声之美。隋唐五代的民间歌谣见于《全唐诗》
或敦煌曲子词中,数量约千首,成为敦煌出土的唐人写卷
中最珍贵的资料。

　　其次,文人仿制的乐府诗,在盛唐以前,标题沿用汉魏
或六朝乐府旧题,中唐以后,则多为"即事名篇"的新题乐府,
也称"新乐府"。乐府至此,已脱离音乐而不能合乐。

　　然而宋以后乐府,或不用乐府一词,或称词、称曲、称

时调，且走上长短句的道路，但民间歌谣的本色不变，仍然保有音乐文学的风格。

3. 近体诗

近体诗，是与古体诗相对的，也是唐人所开创的新体诗，包括了绝句和律诗。绝句共四句，每句五个字的称为五言绝句，简称五绝；每句七个字的称为七言绝句，简称七绝。律诗分今律和排律两种，今人所谓律诗，多指八句的今律而言，八句以上的为排律，今已不流行。

探讨近体诗的由来，是先有绝句，后有律诗。汉代称四句的短诗为"断句""截句"，后来又有"短句""绝句"等名称。然而短诗的作法，字数虽少，或二十字，或二十八字，但能将情意包含其中，以达"言有尽而意无穷"的境界。南北朝时小诗兴盛，流行对称的诗句，齐永明间，"声律说"流行，使诗的声调愈趋律化，经初唐上官仪、上官婉儿的倡"上官六对"，使唐诗律化的技巧近于完备。因此初唐四杰，五律已渐次完成。沈佺期、宋之问的"沈宋体"，使七律也告成立。因此近体诗的格律，在初唐的"上官体""沈宋体"的倡导下，得以建立。

近体诗和古体诗最大的不同在于近体诗有句子多寡的限制，绝句四句，律诗八句（排律八句以上）；古体诗不受句子多少的限制，可以自由抒写。其次，近体诗有平仄的限制，用韵只限一韵，不得通押或换韵；古体诗不受平仄的限制，用韵也宽，有通押和换韵的现象。同时，律诗在二、三两联还要求对仗。因此近体诗在我国诗歌中，无论在形式上、内容上，均臻于最完美的境地。

今举唐人的绝句和律诗为例：

五绝《秋浦歌》 李白

白发三千丈，仄仄平平仄，
离愁似个长。平平仄仄平。韵
不知明镜里，平平平仄仄，
何处得秋霜。仄仄仄平平。韵

七绝《绝句》 杜甫

两个黄鹂鸣翠柳，仄仄平平平仄仄，
一行白鹭上青天。平平仄仄仄平平。韵
窗含西岭千秋雪，平平仄仄平平仄，
门泊东吴万里船。仄仄平平仄仄平。韵

五律《野望》 王绩

东皋薄暮望，平平平仄仄，
徙倚欲何依。仄仄仄平平。韵 ｝首联

树树皆秋色，仄仄平平仄，
山山惟落晖。平平仄仄平。韵 ｝颔联　对仗

194

牧人驱犊返，平平平仄仄，｝颈联 对仗
猎马带禽归。仄仄仄平平。韵

相顾无相识，仄仄平平仄，｝末联
长歌怀采薇。平平仄仄平。韵

七律《无题》 李商隐

相见时难别亦难，仄仄平平仄仄平，韵 ｝首联
东风无力百花残。平平仄仄仄平平。韵

春蚕到死丝方尽，平平仄仄平平仄，｝颔联 对仗
蜡炬成灰泪始干。仄仄平平仄仄平。韵

晓镜但愁云鬓改，仄仄平平平仄仄，｝颈联 对仗
夜吟应觉月光寒。平平仄仄仄平平。韵

蓬莱此去无多路，平平仄仄平平仄，｝末联
青鸟殷勤为探看。仄仄平平仄仄平。韵

　　近体诗的作法，有"一三五不论，二四六分明"的说法，其实每句的一三五等字的平仄，可以具有弹性，在不造成二四六的孤平，是允许可平可仄的。其次，诗中的入声字，也得视为仄声，如"白""发""不""得""雪""泊""薄""欲""色""落""犊""识""别""亦""力""百""蜡""觉""月"等，都宜作仄声看待。

　　唐人不但开创近体诗，同时也发展古体诗和乐府诗，使

唐诗得以兼备各体而同时发展，造成唐诗的博大和鼎盛，使唐诗成为唐代文学的主流。

唐诗繁盛，前人对唐诗的分期，始于南宋严羽的《沧浪诗话》，将唐诗分为五期：初唐、盛唐、大历、元和、晚唐。今多依明高棅的《唐诗品汇》，将唐诗分成四期，即初唐、盛唐、中唐、晚唐。

初唐（618—712）的诗，艳丽而高华，有六朝诗的遗风。初唐四杰王勃、杨炯、卢照邻、骆宾王以及张若虚等，代表了初唐诗的高华之美，王绩、王梵志等的隐逸诗，陈子昂的倡建安风骨，扩展了初唐诗的蓬勃生机。

盛唐（713—762）在开元、天宝之际，诗人辈出，无论写山水、田园，写边塞、游仙，写宫体、闲情，都能曲尽其妙；诗佛王维当时影响力最大，诗仙李白、诗圣杜甫，享誉后世最久。高适、岑参、王昌龄、王之涣等边塞诗，绽放大唐气象，流露年轻一代诗人的热力和豪情。

中唐（763—826）经安史之乱后，人民在战乱的洗礼下，变得沉思而内敛，大历、元和年间，有中兴气象，中唐诗由大历、贞元间多写个人情怀，到元和年间元稹、白居易的新乐府运动，启开了平易近人的诗风，使唐诗再现高潮。同时，韩愈诗的散文化，也开启宋诗重理的蹊径。

晚唐（827—906）因党争及进士浮华之风，诗重冷艳而多感伤。如杜牧、李商隐绮靡的小诗，冷艳圆熟，到达小诗

登峰造极的境地。其他如皮日休、陆龟蒙等诗人沿新乐府的
道路，开展正乐府描写民间疾苦的写实诗，替离乱的晚唐，
留下一些真实的记录。

唐人有养伎之风，诗声不绝；青楼管弦，酒酣而歌，于
是长短句大量兴起，形成唐代另一种新体诗，称之为"曲
子""曲子词"，就是"长短句"，或称之为"词"。

（四）词

词，又名曲子、曲子词、长短句。又名诗余、乐府、琴趣、
乐章等别称，在宋人的词集中，有苏轼的《东坡乐府》、范仲
淹的《范文正公诗余》，欧阳修的《醉翁琴趣外编》，柳永的《乐
章集》。词是配合音乐的歌词，是诗与音乐结合的音乐文学。

词的起源，与音乐的关系至为密切，今列其兴起的原因
如下：一、渊源于乐府歌辞，由于唐人的近体诗可以配合歌唱，
将整齐的诗句摊破或加以和送声的变化，演变成活泼的长短
句，因此从诗衍化为词，成为唐人的一种新体诗，名为"诗
余"。二、由于声诗的流行，于是长短句的词崛起。唐人的声
诗，便是合乐的诗，尤其与民歌的兴盛有直接的关系，有些
民歌传唱一时，如今已成词牌，文人往往倚声填词，便是曲子、
曲子词，简称为"词"。三、唐人有养伎之风，青楼传唱的酒令，
便是词中的小令。因此早期的词，是传唱于青楼茶肆杯觥之
间的艳歌。

1. 曲子词

清光绪二十五年（1899），在敦煌莫高窟所出土的唐人写本敦煌卷，其中有"敦煌曲子词"，便是唐人的民歌，也是唐词的开端。例如：

珠泪纷纷湿绮罗，少年公子负恩多。当初姊姊分明道，莫把真心过与他。仔细思量着，淡薄知闻解好么。（唐·佚名《抛球乐》）

枕前发尽千般愿，要休且待青山烂。水面上秤锤浮，直待黄河彻底枯。白日参辰现，北斗回南面。休即未能休，且待三更见日头。（唐·佚名《菩萨蛮》）

这些拙朴率真的敦煌曲子词，已开展唐词的新页。而敦煌中的《菩萨蛮》，可与崔令钦《教坊记》中的《菩萨蛮》相互照映。

传统的说法，最早的词家始于李白，因此"词中有三李"，即李白、李煜（即李后主）、李清照。李白的《菩萨蛮》《忆秦娥》《清平调》《秋风词》等，自有它独特的风貌。前人怀疑《菩萨蛮》《忆秦娥》为后人托名之作，但敦煌曲子词的出土，证明盛唐时已流行《菩萨蛮》的曲调，李白能作此调之说已可成立。

中唐期间词家渐多，如韦应物的《调笑令》，张志和的《渔歌子》，王建的《宫中调笑》，白居易的《花非花》《忆江南》《长相思》，刘禹锡的《忆江南》《杨柳枝》等词，说明了文人大量摹仿民歌的词已蔚为风气。

2. 小令

词的发展，始于民间的曲子、曲子词，然后发展为歌楼茶肆传唱的伶工之词。这些在五十八字以内的词，称为小令，小令便是从酒令演变而来的小曲、小调。五十九字至九十字的词，称为中调；九十一字以上的词，称为长调。中调和长调，又称为慢词。

晚唐五代的词，便是小令。由于当时的社会风气流于浮华，于是艳风大扇，其间五代西蜀赵崇祚所编的《花间集》，收有晚唐五代词人十八家，包括温庭筠、韦庄、顾夐、孙光宪等。另外无名氏所编的《尊前集》，收有晚唐五代词人三十八家，包括唐明皇、李白、白居易、温庭筠、欧阳炯、冯延巳等。在风格上、内容上，已演变成杯觥之间的艳情小调，于是"诗庄词媚"的分野，也越来越为显著。

五代词家大致分布于两个地区，一是西蜀，以花间词人为主，以温庭筠为"花间鼻祖"的代表；一是南唐，南唐词人有别集而无总集，其中有南唐中主李璟、后主李煜、冯延巳等词人，仍然是歌者之词的风格，是小令的词；而李煜的词，写去国之痛，境界始大，已变伶工的词为士大夫的词。在南唐词中，李煜不仅足为代表，在晚唐五代词中，也堪称第一。

近人王国维的《人间词话》，曾将温庭筠、韦庄和李煜三家词做比较，评温庭筠的词是"句秀"，韦庄的词是"骨秀"，而李煜的词是"神秀"。今传李煜的词共四十七首。今举其词两首如下：

林花谢了春红，太匆匆，无奈朝来寒雨晚来风。　胭脂泪，相留醉，几时重。自是人生长恨水长东。（李煜《相见欢》）
春花秋月何时了，往事知多少。小楼昨夜又东风，故国不堪回首月明中。　雕栏玉砌应犹在，只是朱颜改。问君能有几多愁，恰似一江春水向东流。（李煜《虞美人》）

北宋前期的词，沿《花间集》《尊前集》的遗风，仍是小令之类的歌者之词。北宋晏氏父子晏殊、晏几道首开风气，《珠玉集》《小山集》，从词集名也可知为小令艳词。其后范仲淹、欧阳修的词崛起，范仲淹的词传世的不多，《全宋词》录有他的词五首，他的《苏幕遮》和《渔家傲》，却有几分边塞的风貌；欧阳修虽是古文大家，但写起词来，依然纤巧妩媚，他的一阕《生查子》，依然妙韵无穷：

去年元夜时，花市灯如昼。月上柳梢头，人约黄昏后。今年元夜时，月与灯依旧。不见去年人，泪湿春衫袖。

一般的小令，多半为女性化的词，也是青楼的艳歌，保有歌者之词婉约艳丽的本色。

3. 慢词

词发展到张先、柳永时代，由小令演变为慢词，张先有"张三影"之称，他的佳句："云破月来花弄影"，"柳径无人，坠轻絮无影"，"娇柔懒起,帘压卷花影"，传诵一时；柳永的词，更是脍炙人口，时人曾谓："有井水饮处，即能歌柳词。"他的《八声甘州》和《雨霖铃》，堪称代表作，均是长调慢词的极品。

苏轼的词，也多慢词，他的词题材扩大，由歌者之词变为文人之词。他在词中写自己的遭遇，无论记游怀旧、咏史说理都能入词，是词诗化的第一人，也是给予词作子题的第一人，如他的《念奴娇》，子题作"赤壁怀古"，也是开豪迈词风的第一人。其他北宋词家尚有秦观、贺铸、周邦彦等人。

南宋词的发展，可分乐府词派和白话词派两大类：乐府词派，是继承周邦彦重音律的词家，有姜夔、史达祖、吴文英、张炎、周密、蒋捷、王沂孙等家，他们不但能填词，也能作曲创调。白话词派，是从李清照开始，他如朱敦儒、张元幹、张孝祥、陆游、辛弃疾、刘克庄等词家，都能将白话入词，用白描手法，写真挚的情感，反映大众的心声，开创了词的另一境界。

（五）曲

曲是元代新兴的文体，又称"词余"。在我国韵文的发展中，唐诗、宋词、元曲，一脉相承，自有它相继相承的渊源存在。然而唐诗的典雅，宋词的艳丽，元曲的俚俗，自有它风格上的特色，也反映出时代文学的道路。

元曲发生的原因，乃由于金元入主中原，摧残汉人文化，废科举，蒙古人统一中国，又分江南人为十等，九儒十丐，文人受鄙视。于是元代的戏曲作家大多数是布衣平民，甚至是潦倒的文人和倡优，他们所写的曲，供一般民间来歌唱、来欣赏。元曲的发生，也与音乐有关系，金元入主中原，胡乐盛行，嘈杂缓急，词不能配合，于是更为新声。大江以北，渐染胡语，曲调急促慷慨，是为北曲；大江以南，曲调婉转而流丽，是为南曲。

1. 散曲

就曲的形式结构而言，有散曲和戏曲之分。散曲是从词衍化而来的，是合乐可唱的小调，有一定的曲牌。散曲有小令和套数的分别，小令如同词的小令，单独一阕，自成格局；套数则是集合同一宫调的小令，在内容上可以连贯，铺叙一段故事或情节，如同诗词中的联章。如《西江月》《四块玉》《天净沙》等是小令，如马致远的《秋思》、关汉卿的《侍香金童》等是套数。元代散曲的作家，可分前后两期，前期有关汉卿、白朴、王实甫、卢挚、马致远等作家，后期有张养浩、贯云石、乔吉、张可久、徐再思、周德清等作家。其中小令创作最多的作家，可算张可久，在任讷所辑的《小山乐府》中，共有小令七百五十一首，套数七套。

元代前期的散曲，充分表现北方民歌中率直爽朗的精神与质朴自然的通俗文学之美。后期的散曲，渐渐失去了民间文学的通俗精神，在修辞上和内容上，步上典丽重雕琢的道路。今举元人散曲为例：

枯藤老树昏鸦，小桥流水人家，古道西风瘦马。夕阳西下，断肠人在天涯。(马致远《天净沙》)

萋萋芳草春云乱，愁在夕阳中。短亭别酒，平湖画舫，垂柳骄骢。　　一声啼鸟，一番夜雨，一阵东风。桃花吹尽，佳人何在？门掩残红。(张可久《人月圆》)

明代散曲，承元代余绪，散曲作家如康海、王九思、冯惟敏等，是北方人，所作多为北曲，亦兼写南曲；至于梁辰鱼、沈璟、施绍莘等，则是南方人，所作却是南曲。元明散曲的流行，多为渔樵生活的写照，与民间的市井小唱同一机杼。

2. 戏曲

戏曲包括了元人的杂剧和明清的传奇。元人杂剧是北曲配上科、白，成为舞台上可演出的戏剧。科是演员所表演的动作，白是说词宾白，也就是台词。戏曲是由歌唱、宾白、角色组合而成的表演艺术，唱词和宾白除了为剧中角色代言，还具有补充布景的不足、显示动作的意义。

元人杂剧，每出包括四个套曲，每一套曲，称为一折，因此元人杂剧的基本架构，每本为四折。每折一韵到底，由一人独唱，也有全剧四折，由一人独唱到底，如马致远的《汉宫秋》、白朴的《梧桐雨》等便是。杂剧的前面可以加一个"楔子"作为序幕，后面可以加题目正名作为结束。如关汉卿的《窦娥冤》，结束时所述的题目、正名：

题目：秉鉴持衡廉访法
正名：感天动地窦娥冤

每本杂剧最后列题目和正名，是作者把剧本写成后，将剧本的内容用提要方式将总结说出来，以便剧场招贴，具有广告的效果。

元代杂剧作品很多，著名的有关汉卿的《窦娥冤》《救风尘》，王实甫的《西厢记》，白朴的《梧桐雨》《墙头马上》，马致远的《汉宫秋》《青衫泪》，纪君祥的《赵氏孤儿》，郑光祖的《王粲登楼》《倩女离魂》等。在元人杂剧中，对各种典型人物的描写，把一些思想内容，深刻又真实地表现在舞台上。

明清的戏曲称为传奇，主要的故事题材取材自唐人的传奇小说，戏曲的结构也与元代杂剧有些不同。杂剧每本四折，传奇则扩大为三十出，甚至于四五十出，每出不限一个套数，一韵到底，不限宫调，可以换韵。传奇不限独唱，可以对唱、轮唱、合唱。传奇的开端，类似杂剧的楔子，而用"家门""开场""开场始末"，其实是相当于开场白或序幕，只是在名称上古今有所不同。

最早的传奇作品，有五大传奇，即《杀狗记》《白兔记》《拜月亭》《琵琶记》《荆钗记》。《杀狗记》，清朱彝尊以为是徐畛所作，是根据元萧德祥的杂剧《杨氏女杀狗劝夫》而来。《白兔记》，是元明之间的民间作品，写五代刘知远穷困从军，因功立业，而他的妻子李三娘磨房产子，终于夫妻团圆的故事。《拜月亭》，作者不可考，写蒋世隆和王瑞兰亭前拜月、才子佳人的故事。《琵琶记》，明高明作，写赵五娘寻夫的故事。《荆钗记》，王国维考定为明朱权所作，写王十朋和钱玉莲离合的爱情故事。

明代传奇，在《琵琶记》出现后，曾消沉一段时期，中明魏良辅改良昆腔，于是传奇再度兴盛，如梁辰鱼的《浣纱记》，盛行江南各省。晚明有沈璟的《义侠记》，叙武松故事。最著称的要算汤显祖的《临川四梦》，汤显祖，江西临川人，他的代表作《四梦》，即《还魂记》(又名《牡丹亭》)《紫钗记》《南柯记》《邯郸记》，都是写梦的故事，有爱情的梦和人生的梦，故称《临川四梦》，又名《玉茗堂四梦》。

清代的传奇作家，有洪昇的《长生殿》，孔尚任的《桃花扇》，李渔的《蜃中楼》《比目鱼》等《笠翁十种曲》，蒋士铨的《四弦秋》《临川梦》。

三、散文

在一切文章中，只要是不押韵的文章，都是散文。而散文的内容和写法都很自由，无论是写景的游记，写人的传记，写情的抒情小品，写事的叙事散文，写物的咏物小品，写理的议论或说理散文，都在散文的范围之内，因此散文是最自由、最活泼的文体，它几乎是无所不"散"，不拘格套。

我国历代散文极为发达，早期的散文多为著述文，为论述其学说所写的文章，因而早期的散文是实用的、学术的文章，而非唯美唯情的文章。在前人的分类中，往往采经、史、子、集的分类法，而经、史、子三部的文章，在我国散文中也占了重要的地位，集部的作品与今人的文学较为接近，于是经、史、子部的散文，是知性为主的散文，集部的散文是感性较强的散文。

今就我国散文的发展，分周秦两汉散文、魏晋南北朝散文、唐宋至清代的古文三部分，加以说明：

（一）周秦两汉散文

我国散文的发生极早，从殷墟出土的甲骨文开始便是商代的卜筮文字，商代约在公元前十六世纪到公元前十一世纪，其中只是片言只字的卜辞，还够不上成篇的文章。商周以后，文字的运用日广，人们用来记言记事，于是文籍繁生，而到周代，各种文体均已完备。

今就周秦两汉的散文，分经学散文、子学散文、史学散文、文学散文，分析如下：

1. 经学散文

在本书经学常识中，已提到重要的经学要目及内容，在此以文学的眼光，来说明经书中散文的发展。今人能阅读到最早的散文，要推《尚书》和《周易》了，《尚书》是上古的书，包括虞、夏、商、周四代的文献政书，《周易》是周代易理的书，由卜筮的运用，衍化为人生处世哲学的书。

春秋时，孔子开私人讲学的风气，整理六经以教弟子，后人尊孔，将他所整理的书籍称为"经"书。其实孔子是整理虞、夏、商、周历代先贤文献，构成了文化的传统，建立了儒家的学说思想。

像孔子的言行便记载在《论语》之中，由朴质的纪言发展为复杂的论辩，由简朴的散文，衍变为横纵批驳的散文。由《论语》到《孟子》，春秋时代的散文是一章一节，到繁复的战国时代，散文已可成篇。《论语》中的论"仁"和《孟子》

中的取"义"思想，便成儒家思想的主要精粹所在。

其他如三礼:《周礼》《仪礼》《礼记》;三传:《春秋左氏传》《春秋公羊传》《春秋穀梁传》，是礼的行使和理论的阐明，在于明人伦、辨亲疏，以定人与人的关系。而史官所记的《春秋》，有三传的阐述，其中《左传》尤富文采，成为古文家敬奉的古文典范。

2. 子学散文

在先秦诸子和两汉诸子中，要籍繁多，在本书子学常识中，也已述及。今就文学的观点来看散文的发展，周秦两汉诸子的散文各能表现一家之言。

从春秋时代《老子》五千言，发展到《庄子》的寓言，也是由简朴的散文，演为复杂华采的散文。《庄子》的寓言扩及自然界的各种事物;但《韩非子》的寓言则多落实在人事上，写人间发生的小故事;《荀子》的散文便喜欢引据资料，列举事类以证明他的理论。

两汉诸子,如陆贾的《新语》、贾谊的《新书》、刘向的《新序》，都以"新"论为号召，其实都是儒生的主张。他如董仲舒主张恢复儒家思想，而有《春秋繁露》，桓宽主张富国之道，而有《盐铁论》;刘安主张虚无之道，而有《淮南子》;王充为破除汉人拘泥于阴阳五行迷信的风气,而有《论衡》，这些论述的散文，均重于说理议论，被后世视为哲理性的散文。

3. 史学散文

在周秦两汉时代所编著的史书，大半出于史官。孔子运用鲁国的史料，表彰春秋大义而有《春秋》，其后《三传》的阐述，已在经学中述及。其他如《国语》《战国策》等国别史，多记纵横家之言，也是后世古文家所崇奉的对象。

两汉史学散文，当称《史记》和《汉书》两部巨著。司马迁的《史记》，是二十五史的第一部，他开创了纪传体的史书，也开创了传记文学，是唐宋以来古文家奉为圭臬的作品，他也因而被推崇为古文之祖。班固著《汉书》，大致渊源于《史记》的体例，不同的是：《史记》属通史，《汉书》属断代史，而《汉书》论赞、叙事详赡，也是史书中的翘楚。班固又长于辞赋，于是被后世尊为骈文之祖。

4. 文学散文

周秦两汉的散文，多以实用为主，成部的著述多被归入经、子、史部的领域，只有一些单篇小作，才会被收入文学或集部之中。今从《昭明文选》中可看到一些篇什的作品，也多半是应用的文章。如秦李斯的《谏逐客书》，以及一些碑文。汉贾谊的《过秦论》、司马迁的《报任少卿书》、司马相如的《喻巴蜀檄》、孔安国的《尚书序》、邹阳的《上书吴王》，以及班固的《封燕然山铭》，这些大致为骈散互用的散文，和东汉以来渐趋于行骈的文章不同，仍存有朴质的古风。

（二）魏晋南北朝散文

魏晋南北朝由于绮靡文风所扇，重巧构形似之言，因此诗文的创作重形式、讲技巧、尚华藻骈辞。所谓"巧构形似之言"，见梁锺嵘的《诗品》及刘勰的《文心雕龙》，意指巧妙的构思，而能曲写其状。流风所扇，用辞华丽，走上对称行骈的句法，于是骈文大行。但在魏晋南北朝间，仍有人继续在创作优美的散文，而不受骈文流行的影响，也有不少的作品传诵一时，为后世所激赏。

此间脍炙人口的单篇散文，如三国魏曹丕的《典论论文》、曹植的《与杨德祖书》、三国蜀诸葛亮的《出师表》、晋王羲之的《兰亭集序》、李密的《陈情表》，以及陶渊明的《五柳先生传》《桃花源记》，都是隽永的佳构、千古不朽的小品。

其次，成书的散文，如北魏郦道元沿用汉桑钦的《水经》，演为我国第一部山水小品散文的《水经注》；北魏杨衒之纪宫室庙宇的《洛阳伽蓝记》；北齐颜之推述立身治家的《颜氏家训》；南朝梁刘义庆写人物轶事的《世说新语》，同时，他也写志怪笔记，如《幽明录》等鬼故事，当时志怪笔记流行，如晋陶渊明有《搜神后记》、梁吴均有《续齐谐记》等。在骈文盛行的年代里，有这些清新隽永的散文出现，在当时文坛中可以算是一股清流。

（三）唐宋至清代的古文

所谓古文，顾名思义便是古代的文章。但在唐以后古文家所说的古文，是有别于骈文的散文。在内容上，强调文以载道的精神，具有写实讽喻的功能；在形式上，强调行奇（写参差句）的散文。诚如唐韩愈在《题欧阳生哀辞后》所说的：

愈之为古文，岂独取其句读不类于今者邪？思古人而不得见，学古道则欲兼通其辞，通其辞者本志乎古道者也。

六朝文章，骈俪盛行，文辞华丽，并重排偶用典，至唐代格律更严，于是离实用文学愈远，内容华而不实。于是有北魏苏绰仿《尚书》的《大诰》，隋李谔、王通倡贯道济义的朴质文章，唐陈子昂倡言复古的书论，李华、萧颖士、柳冕、独孤及、元结等排斥骈俪浮华的风气，崇尚朴质复古的文章，这些人士，都是唐代古文运动的先驱。

到中唐韩愈（768—824）、柳宗元（773—819）时，提倡文以载道的古文，使文学与儒学合而为一。于是文风转变，文人洗去江左绮靡的习气，转而效韩柳的古文，蔚成风气，使韩柳成为当时文坛的盟主，而散文再度跃居文坛的主流。在韩门的弟子中，有李汉、李翱、孙樵、皇甫湜、沈亚之等，但柳宗元的弟子却很少，这是因为柳宗元遭受长期的贬谪，且谪居在永州、柳州等偏远的区域。今观唐代的古文家，全部是北方人士。

试观唐代到清代的古文运动，共有四波，而且波澜壮阔，第一波是唐代韩柳的古文运动，第二波是宋代欧阳修及其门生曾巩、王安石、苏轼、苏辙的古文运动，第三波是明代前后七子，以及反对前后七子的公安派的古文运动，第四波是清代方苞、刘大櫆、姚鼐等桐城派的古文运动。

宋代古文运动，由于晚唐、五代绮靡文风又盛，骈文又兴，古文又销声匿迹，北宋初期西昆体的盛行，使绮靡文风变本加厉，这时也有柳开、穆修、孙复、尹洙等人提倡实用的古文，到欧阳修（1007—1072）出而领导文坛，主张师经明道，尊韩愈文，于是宋代的古文运动波澜又起，欧阳修任参知政事时，乐于奖掖后进，曾巩、王安石、苏洵、苏轼、苏辙父子，都是经由欧阳修的拔识而立身成名的。他们在北宋文坛上，开展平易近人的古文，使宋代古文更趋于普遍化。明人茅坤曾编选《八大先生文钞》，包括唐代韩愈、柳宗元和宋代欧阳修、曾巩、王安石、苏洵、苏轼、苏辙八人的文章，后世因称"唐宋八大家"。今举精悍的短文为例：

杂说·马说 唐·韩愈

世有伯乐，然后有千里马。千里马常有，而伯乐不常有，故虽有名马，只辱于奴隶人之手，骈死于槽枥之间，不以千里称也。马之千里者，一食或尽粟一石，食马者不知其能千里而食也；是马也，虽有千里之能，食不饱，力不足，才美不外见，且欲与常马等不可得，安求其能千里也？策之不以其道，食之不能尽其材，鸣之而不能通其意，执策而临之曰："天下无马。"呜呼，其真无马耶？其真不知马也。

读孟尝君传　宋·王安石

世皆称孟尝君能得士，士以故归之，而卒赖其力，以脱于虎豹之秦。嗟夫！孟尝君特鸡鸣狗盗之雄耳，岂足以言得士？不然，擅齐之强，得一士焉，宜可以南面而制秦，尚何取鸡鸣狗盗之力哉！夫鸡鸣狗盗之出其门，此士之所以不至也。

记承天寺夜游　宋·苏轼

元丰六年十月十二日夜，解衣欲睡，月色入户，欣然起行。念无与乐者，遂至承天寺，寻张怀民。怀民亦未寝，相与步于中庭。庭中如积水空明，水中藻荇交横，盖竹柏影也。何夜无月？何处无竹柏？但少闲人如吾两人耳！

明代古文运动，是第三波的古文运动，从中明以后，拟古古文家崛起，有前七子李攀龙、何景明等，以及后七子李梦阳、王世贞等所倡导的"文必秦汉，诗必盛唐"的摹拟派古文。同时，有唐顺之、王慎中倡文章本色论，茅坤编《八大先生文钞》，推崇唐宋八大家古文以抗衡。其后又有袁宗道、袁宏道、袁中道三兄弟倡"性灵说",认为写文章可以"独抒性灵,不拘格套"来书写,而且"直据胸臆,如写家书",以反对前后七子摹拟之俗。由于三袁是湖北公安人,世称公安派。公安派的古文家,给晚明带来清真幽峭的晚明小品,除三袁外,尚有张岱、徐渭、归有光等散文家。

清代古文运动,是第四波的古文运动,清初,性灵派的古文仍在,但流于空疏,甚至杂以小说,不够雅洁。于是康熙年间,方苞(1668—1749)编《古文义法约选》,倡古文义法,主张"言之有物,言之有序",有物是指古文要有内容,有序是指古文要有条理、有方法。并把古文家的文统找回来,推崇经史的书,并崇尚唐宋古文家及归有光的古文。古文要"雅洁",后经刘大櫆、姚鼐的扩大,于是建立了桐城派的古文。方、刘、姚三人都是安徽桐城人,世称桐城派。姚鼐的弟子多,如梅曾亮、刘开、管同、方东树、姚莹等,均有文名。其后又有桐城派的别支阳湖恽敬、张惠言,主张骈散互用的古文,称阳湖派;湘乡曾国藩及其弟子薛福成、黎庶昌等扩大桐城派的门户,称为湘乡派。

四、骈文

骈文,又称四六文。由于我国文字,可奇可偶,在先秦

214

时代的文章，骈散不分，自然互用，自东汉以来，文风崇尚
对称，以增加对比联想和美感，于是有俪辞骈语之作，如《周
易》的"云从龙，风从虎"，《书经》的"罪疑惟轻，功疑惟重"，
以及班固《两都赋》中的"风毛雨血，洒野蔽天"，口语所云：
"向天索价，就地还钱。"都是很好的对称句。

骈文和散文的不同，骈文的基本句法，是以四字、六字
为基本句，故又称四六文，散文便不受句法的限制，可以自
由书写，因此骈文行偶，散文行奇。其次，骈文辞语尚绮靡
华采，散文尚自然朴质；骈文要隶事用典，散文要直接铺叙、
白描直写。因此骈文的特色：行偶，四六句法，宜用典，重
气势，有轻倩之风。骈文发生于东汉，极盛于六朝，故又称
六朝文。今举庾信《谢滕王赉马启》和韩愈《谢许受王用男
人事物状》两文，同样是别人送马给他，他们的谢启，写法
不同，一是骈文，一是散文。

《谢滕王赉马启》 梁·庾信

某启：奉教垂赉乌骝马一匹。柳谷未开，翻逢紫燕；陵
源犹远，忽见桃花。流电争光，浮云连影。张敞画眉之暇，
直走章台；王济饮酒之欢，长驱金埒。谨启。

滕王送一匹马给庾信，庾信写一篇谢启，其中用一大堆典故，
如柳谷、陵源，都是产马的地方。紫燕、桃花、流电、浮云，

都是马名。章台是东汉张敞任长安京兆尹上班的地方，当然是骑马去上班。王济是晋朝人，爱马成癖，用金钱贴在马厩上，人称金埒。全文大意是说，您给我的那匹马，我很喜欢，从此可以骑着它，到处去观光了。

《谢许受王用男人事物状》 唐·韩愈

右今日品官唐国珍到臣宅，奉宣进止，缘臣与王用撰神道碑文，令臣领受用男沼所与臣马一匹，并鞍衔及白玉腰带一条者。臣才识浅薄，词艺荒芜，所撰碑文不能备尽事迹，圣恩弘奖，特令中使宣谕，并令臣受领人事物等。承命震悚，再欣再跃，无任荣耀之至。谨附状陈谢以闻。谨状。

王用死后，韩愈替王用写一篇神道碑文，王用的儿子王沼送马一匹以酬谢韩愈，韩愈不敢受领，皇上特派中使（太监）唐国珍到韩愈家，宣旨准许韩愈接受王沼送给他的马，因此韩愈写了这篇谢状。散文可以把事情交代清楚，骈文华采虽美，但滕王为何送马给庾信，便没有说清楚。总之，骈文散文各有优劣，各有其存在的价值。

（一）魏晋南北朝骈文

骈文受辞赋的影响，发生于东汉。辞赋用韵，排比成采，将韵脚去除，便成骈文。骈文极盛于六朝，即东吴、东晋、宋、齐、梁、陈六朝，均建都于金陵，文风尚华靡。魏晋时的骈文家，大半也是辞赋家，如曹丕的《典论论文》、王粲的《登楼赋》、曹植的《洛神赋》；张载的《剑阁铭》、陆机的《文赋》，都是称著的骈文。

在清人孙德谦的《六朝丽指》中，将六朝文分为四体，即永明体、宫体、吴均体、徐庾体。永明体是指南朝齐永明年间，沈约、谢朓、王融等，用声律说以写诗文，称"永明体"，因此重声律的骈文，属于此体。宫体的骈文，是指梁武帝跟任昉、萧琛等竟陵八友所写的骈文，由于辞藻艳发，伤于轻靡，时号"宫体"。"吴均体"是走山水清音的骈文，如吴均的《与宋元思书》，邱迟的《与陈伯之书》。"徐庾体"，便是徐陵、庾信所写的骈文，也是新宫体，将描写宫廷女子的轻艳，扩大为一般咏物抒怀的内容，如徐陵的《玉台新咏序》，庾信的《春赋》《哀江南赋》，江淹的《恨赋》《别赋》，可为代表。

（二）唐以后的骈文

唐以后的骈文，承六朝文的遗风，初唐四杰骈文，大率措辞绮丽，属对工整，平仄协调，如王勃的《滕王阁序》，骆宾王的《为徐敬业讨武曌檄》，为天下之文。他如唐燕国公张说，许国公苏颋，也是骈文的能手。中唐陆贽的奏议，柳宗元的谢表，晚唐李商隐的《樊南四六甲乙稿》，堪称唐代骈文的代表。

宋代西昆体盛行，藻丽辞赡，但风格不高，反而欧阳修、苏东坡散文化的骈文，被人激赏。如欧阳修的《秋声赋》，苏轼的《前赤壁赋》《后赤壁赋》，传诵千古。

元明的律赋和八股文，使骈文的精神消失殆尽，清代骈文复起，如陈维崧、毛奇龄、汪中、王闿运、李慈铭等，堪称一代之大家。

五、小说

"小说"一词，最早见于《庄子·外物》篇："饰小说以干县令。"其意是指琐碎的话，与后代小说的意义不同。东汉桓谭的《新论》："小说家合残丛小语，近取譬喻，以作短书，治身理家，有可观之辞。"班固《汉书·艺文志》在《诸子略》中有九流十家，最末一家便是小说家，他说：

　　小说家者流，盖出于稗官，街谈巷语，道听涂说者之所造也。孔子曰："虽小道，必有可观者焉，致远恐泥，是以君子弗为也。"

因此"小说"是说"小道"的，与"大说"说"大道"的不同，小说家是残丛小语，道听途说的传导者，代表民间刍荛狂夫的意见，与士大夫说仁义大道理的议论不同。

小说本也属于散文的范畴，后来小说一体作品愈来愈多，于是脱离散文而自立门户。今将我国古代小说分笔记小说、传奇小说、短篇小说、章回小说加以介绍。

（一）笔记小说

《汉书·艺文志·诸子略》所录十五家小说，今仅存书目，书已亡佚。《隋书·经籍志》所录二十五部小说，以《燕丹子》为最古，不著作者，所述与《史记》荆轲刺秦王中燕太子丹的故事相近。汉魏以来，多道述神仙鬼怪的笔记小说，这些由神话传说所发展出来的趣味性短篇小品，随巫风佛道的盛行，产生鬼世界的故事，流传民间。如托名汉东方朔作的《神异经》《十洲记》，托名班固作的《汉武帝故事》《汉武帝内传》，托名刘歆所作的《西京杂记》，大都是魏晋人所作。

晋代干宝的《搜神记》，王嘉的《拾遗记》，张华的《博物志》，陶渊明的《搜神后记》，也是记载志怪的故事。南北朝时，王琰的《冥祥记》，颜之推的《冤魂志》，还加入佛教轮回报应的观念，来传说神鬼故事。他如吴均的《续齐谐记》，写非理性的鬼世界，堪称志怪的圣品。其中最可贵的是南朝宋刘义庆的《世说新语》，写后汉至东晋的名士言行、士族生活、轶言轶事与六朝人的风流倜傥，逸趣横生，是汉魏南北朝中笔记小说的珍品。

（二）传奇小说

继魏晋南北朝笔记小说之后，唐人有传奇小说的兴起，传奇小说不写鬼故事而写人事，可称为我国短篇小说的开始。明胡应麟《少室山房笔丛》云：

> 变异之谈，盛于六朝，然多是传录舛讹，未必尽幻设语，至唐人乃作意好奇，假小说以寄笔端。

六朝志怪的鬼世界笔记，是非理性的"幻设语"，而唐人传奇，已是理性的写人间事的"作意"小说。唐人小说中的人物，也是多方面的，有书生，有官吏，有名门闺秀，也有妓女歌伎。写虚幻人生的，有沈既济的《枕中记》、李公佐的《南柯太守传》。写爱情故事的，有元稹的《莺莺传》、白行简的《李娃传》、陈元祐的《离魂记》、蒋防的《霍小玉传》。写历史故事的，有陈鸿的《长恨歌传》、郭湜的《高力士外传》。写侠义故事的，有袁郊的《红线传》、杜光庭的《虬髯客传》。今多收集于宋李昉辑的《太平广记》中。

宋人的传奇，大抵依唐人的传奇小说旧道路而发展，较称著的，如乐史的《绿珠传》《太真外传》，秦醇的《骊山记》《赵飞燕别传》。

220

（三）短篇小说

宋人小说最出色的不是发展志怪或传奇，而是发展白话短篇小说，世称为"话本"，也是市井小说，即说书人所用的话本。话本早在唐代已有，敦煌出土的敦煌卷中，便有少量的话本，如《韩擒虎话》《庐山远公话》等。今人所传宋人白话短篇小说，以《京本通俗小说》为代表，其中如《碾玉观音》《错斩崔宁》《拗相公》《冯玉梅团圆》等八种，便代表了宋人短篇小说的面貌。

明代白话短篇小说流行，有冯梦龙所采辑的《三言》：包括《警世通言》《喻世明言》《醒世恒言》。以及凌濛初所采辑的《拍案惊奇》初刻本、二刻本两部，以上五种，每种均收录四十篇短篇小说，共两百篇。后有个抱瓮老人从两百篇中，选出四十篇，命名为《今古奇观》，尤为脍炙人口。

（四）章回小说

明清以来，流行长篇小说，其中以卷、回分隔，世人称之为章回小说。长篇小说在宋代已有，如《新编五代史平话》《大宋宣和遗事》便是。

在明清章回小说中，最为人所乐道的有四大部：明罗贯中的《三国演义》、施耐庵的《水浒传》、吴承恩的《西游记》和清曹雪芹的《红楼梦》。其他如清人文康的《儿女英雄传》，石玉崑的《三侠五义》，吴敬梓的《儒林外史》，也为世所喜爱。晚清因政治紊乱，外强环伺，于是谴责小说大兴，如刘鹗的《老残游记》，李伯元的《官场现形记》，吴沃尧的《二十年目睹之怪现状》，曾朴的《孽海花》等，都把对时代的不满，反映在作品中。

因此文学是时代的反映，也是人们生活的一面镜子。从文学中，我们窥见各时代的盛衰与人们的悲喜，以及诗人文士的生活经验和智慧，而这些历代名著，也将因而流传后世，永垂不朽。

一、经学

《周易》魏王弼、晋韩康伯注·唐孔颖达正义

《尚书》旧题汉孔安国传·唐孔颖达正义

《诗经》汉毛亨传、郑玄笺·唐孔颖达正义

《礼记》汉郑玄注·唐孔颖达正义

《左传》晋杜预注·唐孔颖达正义

《论语》魏何晏等注·宋邢昺疏

《孝经》唐玄宗注·宋邢昺疏

《孟子》汉赵岐注·旧题宋孙奭疏

《四书集注》南宋朱熹集注

二、史学

《史记》西汉司马迁撰·南朝宋裴骃集解、唐司马贞索隐、

张守节正义

《汉书》东汉班固撰、班昭续成·唐颜师古注

《后汉书》南朝宋范晔撰·唐李贤注

《三国志》晋陈寿撰·南朝宋裴松之注

《资治通鉴》宋司马光撰·元胡三省注

《国语》周鲁左丘明撰·三国吴韦昭注

《战国策》汉刘向集录、高诱注

《东莱博议》宋吕祖谦撰

《台湾通史》清连横撰

三、子学

《老子》周楚李耳撰·晋王弼注

《庄子》战国宋庄周撰·晋郭象注·清郭庆藩集释

《荀子》战国赵荀况撰·唐杨倞注·清王先谦集解

《墨子》战国鲁墨翟撰·清孙诒让间诂

《韩非子》战国韩韩非著·清王先慎集解

《列子》旧题战国郑列御寇著·晋张湛注

《吕氏春秋》汉高诱注·清毕沅校

《颜氏家训》北齐颜之推撰·宋沈揆考证

《世说新语》南朝宋刘义庆撰·梁刘孝标注

四、文学

《昭明文选》南朝梁萧统编·唐李善注

《古文观止》清吴楚材、吴调侯编

《古今文选》国语日报社编

《古诗源》清沈德潜编

《楚辞》汉刘向编集、王逸章句·宋洪兴祖补注

《唐诗三百首》清蘅塘退士编

《千家诗》邱燮友、刘正浩注译

《宋词三百首》清朱祖谋编

《人间词话》王国维撰

《元曲三百首》赖桥本、林玫仪编译

《西厢记》元王实甫撰

《唐人小说校释》王梦鸥撰

《京本通俗小说》缪荃荪辑

《今古奇观》明抱瓮老人辑

《水浒传》元施耐庵撰、明罗贯中纂修

《西游记》明吴承恩撰

《三国演义》明罗贯中撰

《封神传》明许仲琳撰

《儒林外史》清吴敬梓撰

《镜花缘》清李汝珍撰

《红楼梦》清曹雪芹撰

《儿女英雄传》清文康撰

《醒世姻缘传》清西周生撰

《官场现形记》清李伯元撰

《二十年目睹之怪现状》清吴沃尧撰

《三侠五义》清石玉崐原撰、问竹主人改编

《聊斋志异》清蒲松龄撰

《浮生六记》清沈复撰

《徐霞客游记》明徐宏祖撰

《老残游记》清刘鹗撰

《裨海纪游》清郁永河撰

《陶庵梦忆》明张岱撰

《晚明小品选注》朱剑心撰

《幽梦影》清张潮撰

国学题库

国学名称、范围及分类测验题

一、单选题

（　　）1. 中国人称本国的学术为国学，外国人称中国的学术为Ⓐ国
学　Ⓑ汉学　Ⓒ儒学　Ⓓ经典学。

（　　）2. 章太炎曾著有　Ⓐ《国故论衡》　Ⓑ《国学常识》　Ⓒ《新
语》　Ⓓ《阅微草堂笔记》一书。

（　　）3. 清代人将中国学问分为义理之学、考据之学、词章之学，
曾国藩更主张增列　Ⓐ伦理之学　Ⓑ社会之学　Ⓒ道德之
学　Ⓓ经世之学。

（　　）4. 中国古代图书分类始于　Ⓐ孔门四科　Ⓑ曹丕《典论论文》
Ⓒ刘歆《七略》　Ⓓ《隋书·经籍志》。

（　　）5. 我国图书分类采用四分法，最早始于　Ⓐ西汉刘歆《七
略》　Ⓑ西晋荀勖《中经新簿》　Ⓒ南朝宋王俭《七志》
Ⓓ清代《四库全书》。

（　　）6. 我国最早的一部图书目录的书籍是　Ⓐ《史记》中的年表
Ⓑ西汉刘歆《七略》　Ⓒ三国魏郑默《中经》　Ⓓ《隋书·经

籍志》。

（　）7. 南朝宋王俭增列《图谱志》，以收录　Ⓐ佛书、道书　Ⓑ五行、医方的书　Ⓒ兵家、术数家的书　Ⓓ六艺、小学的书。

（　）8. 我国古代兵家的书列于　Ⓐ经　Ⓑ史　Ⓒ子　Ⓓ集　部中。

（　）9. 现存于台北故宫博物院中的《四库全书》，是属于　Ⓐ清宫文渊阁　Ⓑ奉天行宫文溯阁　Ⓒ圆明园文源阁　Ⓓ热河行宫文津阁　的哪一部。

（　）10. 近代图书馆的图书，大多采　Ⓐ《隋书·经籍志》　Ⓑ《四库全书》　Ⓒ自由编目　Ⓓ杜威十进法　的分类。

（　）11. 清乾隆时修《四库全书》，将图书分成"经、史、子、集"四类。按照这四类的区分，下列表格中完全正确的选项是：

	经	史	子	集
Ⓐ	《左传》	《太平广记》	《吕氏春秋》	《昭明文选》
Ⓑ	《孟子》	《战国策》	《孙子》	《元丰类稿》
Ⓒ	《论语》	《资治通鉴》	《贞观政要》	《乐府诗集》
Ⓓ	《道德经》	《五代史记》	《荀子》	《楚辞章句》

二、复选题

（　）12. 西方学者称中国学术为　Ⓐ汉学　Ⓑ中国学　Ⓒ中国研究　Ⓓ远东研究。

（　）13. 一般人称义理之学，是包括　Ⓐ诗学　Ⓑ经学　Ⓒ玄学　Ⓓ理学。

（　）14. 中国古代图书分类，采用四分法的有　Ⓐ西汉刘歆的《七略》　Ⓑ西晋荀勖的《中经新簿》　Ⓒ南朝宋王俭的《七志》　Ⓓ清代的《四库全书》。

（　）15. 清代《四库全书》共抄录七部，后毁于英法联军和太平天国的是收藏在　Ⓐ文源阁　Ⓑ文宗阁　Ⓒ文汇阁　Ⓓ文津阁　的《四库全书》。

（　）16.《四库全书》中集部的书包括　Ⓐ《楚辞》　Ⓑ别集　Ⓒ总集　Ⓓ诗文评。

三、问答题

1. 何谓"国学"？

答："国学"一词，始于清代。国学，是中国学术的简称，也就是中国一切学问的总称。国学与西学相对，西学是泛指西方的一切学术而言。自清代鸦片战争以后，西方文化输入中国，始有西学、国学的名称。

2. "国学"和"汉学"有何不同？

答：中国人称自己本国的学术为"国学"，即指中国的一切学问；西方学者则称中国的学术为"汉学"，也有称"华学"或"中国学"，甚至有些地区称中国学术为"支那学""中国研究""东方研究""远东研究"等。尽管名称有别，但内涵相同。

3. 国学的范围何在？试举其大要加以说明。

答：国学的范围很广，清人姚鼐将中国学问分为义理之学、考据之学、词章之学。其后，曾国藩增列经世之学（或名经济之学），始为完备。在这四大类中，每一类又涵盖一些类别，如义理之学包括经学、子学、玄学、佛学、理学及哲学等范围；考据之学包括文字学、训诂学、校勘学、考古学等范围；经世之学包括天文学、地理学、医学、兵学及一些自然科学；词章之学包括诗学、词学、文章学，以及文学和文学批评等范围。

4. 我国的图书分类始于何人？如何分类？

答：我国图书分类始于西汉刘歆的《七略》。他对图书的分类采七分法，计有：辑略、六艺略、诸子略、诗赋略、兵书略、术数略、方技略。

5.《隋书·经籍志》的图书分类采用何种分法？

答：《隋书·经籍志》是依西晋荀勖《中经新簿》的图书分类而来，但其分类不用甲、乙、丙、丁四部，而改用经、史、子、集四部，其后四部的分法，大致以此为标准。

6.《四库全书》是怎样的一部书？

答：清代乾隆年间，用国家的经费收集古今名著，设馆编修《四库全书》，将古今名著分经、史、子、集四大类，共收录图书三千五百零三种，计七万九千三百三十卷，历十年编抄完成。是我国首次由朝廷出力来整理历代现存的图书，对图书的保存和流传有极大的贡献。

7.《四库全书》当时分藏何处？现存的《四库全书》有哪些？

答：《四库全书》是纪昀等奉皇帝的命令敕编而成的一套巨著，将中国历代学术名著收录在一套书中，当时由翰林学士用毛笔正楷抄录七部，分别收藏七个地方，即北京清宫的文渊阁、奉天行宫的文溯阁、圆明园的文源阁、热河承德行宫的文津阁、扬州的文汇阁、镇江的文宗阁，以及杭州的文澜阁。咸丰年间，英法联军攻入北京，火烧圆明园，文源阁中的《四库全书》被毁。太平天国运动中，扬州的文汇阁和镇江的文宗阁亦被毁。今所存者，有文渊、文溯、文澜、文津四部。文渊阁收藏的《四库全书》为正本，现存台北故宫博物院，今有商务印书馆的影印本，其余三部副本，存放大陆。

8. 清代除经、史、子、集的图书分类法外，还有哪种四分法？

答：清代除《四库全书》的四分法外，尚有曾国藩的新四分法，将中国图书分为义理、考据、词章、经世四类。其后朱次琦沿用曾氏的说法，加以推广。

经学常识测验题

一、单选题

（　）1. 中国文化是以　Ⓐ儒家　Ⓑ道家　Ⓒ法家　Ⓓ墨家　思想为主流。

（　）2. "六经"的名称最早见于　Ⓐ《庄子·齐物论》　Ⓑ《庄子·天运篇》　Ⓒ《庄子·天下篇》　Ⓓ《庄子·德充符》。

（　）3.《五经正义》的作者　Ⓐ郑玄　Ⓑ董仲舒　Ⓒ孔安国　Ⓓ孔颖达。

（　）4. 十三经是原有十二经再加上　Ⓐ《论语》　Ⓑ《孟子》　Ⓒ《孝经》　Ⓓ《尔雅》。

（　）5. 乾卦所代表的原始物象是　Ⓐ天　Ⓑ地　Ⓒ雷　Ⓓ风。

（　）6. 卦爻的阳爻叫做　Ⓐ三　Ⓑ五　Ⓒ六　Ⓓ九。

（　）7. 十翼中泛论阴阳、象数变化道理的是　Ⓐ《象辞》　Ⓑ《象辞》 ©《文言》 ⑩《系辞》。

（ ）8. 经书中谈到变易、时位的，为下列何者 ④《书经》 ⑧《易经》 ©《仪礼》 ⑩《春秋》。

（ ）9. 韩国国旗中有四个卦，如右图，代表的是 ④天地山泽 ⑧山泽风雷 ©水火风雷 ⑩天地水火。

韩国国旗

（ ）10. "立卦生爻事有因，两仪四象已前陈。须知三绝韦编者，不是寻行数墨人。"上引朱熹七言绝句，如果是抒发他读过儒家某部经典之后的感想，则这部经典应是 ④《诗经》 ⑧《礼记》 ©《易经》 ⑩《论语》。

（ ）11.《尚书》古代只称 ④经 ⑧书 ©诰 ⑩典。

（ ）12. 下列何书，其内容大都是古代诰命等公文，相当于后世的档案 ④《易经》 ⑧《书经》 ©《周礼》 ⑩《仪礼》。

（ ）13. 汉朝平定天下之后，伏生搜求过去藏在壁中的《尚书》，得到二十九篇，便以此在齐鲁地区教授学生。这二十九篇就是所谓的 ④残本《尚书》 ⑧古文《尚书》 ©今文《尚书》 ⑩伪古文《尚书》。

（ ）14. 关于尧舜禅让的记载，在哪一部书中可以找到 ④《尚书》 ⑧《春秋》 ©《周礼》 ⑩《易经》。

（ ）15. 韩愈在《进学解》中提到："周诰殷盘，诘屈聱牙。"指的是下列何者文字艰涩难懂 ④《春秋》 ⑧《易经》 ©《尚书》 ⑩《诗经》的《雅》《颂》。

（ ）16.以确凿的证据，证明被尊奉一千多年的孔安国传古文《尚书》是一部伪书，为下列何人　Ⓐ阎若璩《尚书古文疏证》Ⓑ孙星衍《尚书今古文注疏》　Ⓒ阮元《尚书校勘记》Ⓓ屈万里《尚书集释》。

（ ）17.今文《尚书》传自汉初　Ⓐ伏生　Ⓑ刘歆　Ⓒ晁错Ⓓ班固。

（ ）18.《韩诗》传自　Ⓐ齐人辕固生　Ⓑ燕人韩婴　Ⓒ鲁人申培公　Ⓓ赵人毛亨。

（ ）19.郑玄以　Ⓐ文王　Ⓑ成王　Ⓒ懿王　Ⓓ幽王　以后之《诗》为变《风》变《雅》。

（ ）20.《齐诗》亡失于　Ⓐ西汉　Ⓑ东汉　Ⓒ魏　Ⓓ晋。

（ ）21.要了解春秋时代的民间歌谣，下列何者资料最为丰富Ⓐ《尔雅》　Ⓑ《书经》　Ⓒ《易经》　Ⓓ《诗经》。

（ ）22.“风、雅、颂、赋、比、兴”称为　Ⓐ六书　Ⓑ六义Ⓒ六艺　Ⓓ六经。

（ ）23.目前流传于世的《诗经》版本是　Ⓐ《齐诗》　Ⓑ《毛诗》Ⓒ《鲁诗》　Ⓓ《韩诗》。

（ ）24.过去史学家撰写历史，大都以下列何者为典范　Ⓐ《春秋》　Ⓑ《书经》　Ⓒ《易经》　Ⓓ《周礼》。

（ ）25.《周礼》原名　Ⓐ《周官》　Ⓑ《周易》　Ⓒ《礼记》Ⓓ《仪记》。

（ ）26.《周礼》六官掌邦教的是　Ⓐ《天官》　Ⓑ《地官》　Ⓒ《秋官》　Ⓓ《冬官》。

（　）27.《周礼》在汉初亡失　Ⓐ《春官》　Ⓑ《夏官》　Ⓒ《秋官》　Ⓓ《冬官》。

（　）28.《小戴记》四十九篇传自　Ⓐ刘向　Ⓑ戴德　Ⓒ戴圣　Ⓓ班固。

（　）29. 孔颖达认为《仪礼》的作者是　Ⓐ文王　Ⓑ武王　Ⓒ周公　Ⓓ孔子。

（　）30. 研究古代的职官制度，下列何者应为首要的参考书　Ⓐ《春秋》　Ⓑ《左传》　Ⓒ《周礼》　Ⓓ《礼记》。

（　）31. 王莽推行新政，唐玄宗制作《开元六典》，王安石实行变法，都以何书为蓝图或依据　Ⓐ《仪礼》　Ⓑ《周礼》　Ⓒ《春秋》　Ⓓ《礼记》。

（　）32.“公羊外传”是指　Ⓐ吕不韦《吕氏春秋》　Ⓑ家铉翁《春秋详说》　Ⓒ董仲舒《春秋繁露》　Ⓓ杜预《春秋释例》。

（　）33.“春秋外传”是指　Ⓐ《战国策》　Ⓑ《左传》　Ⓒ《国语》　Ⓓ《吕氏春秋》。

（　）34. 郑玄注《仪礼》是采用　Ⓐ《别录》本　Ⓑ戴德本　Ⓒ戴圣本　Ⓓ张禹本。

（　）35.《论语》多《问王》《知道》二篇者是　Ⓐ《鲁论》　Ⓑ《古论》　Ⓒ《张侯论》　Ⓓ《齐论》。

（　）36. 十三经中的《孝经》为　Ⓐ汉文帝　Ⓑ汉武帝　Ⓒ唐太宗　Ⓓ唐玄宗　注。

（　）37. 中国的道统思想，孔子偏重仁道，孟子注重　Ⓐ忠孝　Ⓑ仁爱　Ⓒ仁义　Ⓓ信义。

（　）38. 孔门传经的儒者首推　Ⓐ子夏　Ⓑ子路　Ⓒ子贡　Ⓓ曾子　之功最大。

（　）39. 汉代废除挟书之禁的是　Ⓐ汉惠帝　Ⓑ汉文帝　Ⓒ汉景帝　Ⓓ汉武帝。

（　）40. 经书今、古文两派之争论，肇始于　Ⓐ刘向　Ⓑ刘歆　Ⓒ马融　Ⓓ郑玄。

（　）41. 经书今古文的混合是始自　Ⓐ马融　Ⓑ郑玄　Ⓒ王肃　Ⓓ朱熹。

（　）42. 经书今古文两派之争论，到了　Ⓐ班固　Ⓑ马融　Ⓒ郑玄　Ⓓ王肃　始结束。

（　）43. 马瑞辰著有　Ⓐ《毛诗传笺通释》　Ⓑ《古文尚书疏证》　Ⓒ《毛诗传疏》　Ⓓ《五礼通考》。

（　）44. "先天下之忧而忧,后天下之乐而乐"典出何书　Ⓐ《论语》　Ⓑ《孟子》　Ⓒ《左传》　Ⓓ《礼记》。

（　）45. 下列选项正确的是　Ⓐ《梼杌》是晋国史记的名称　Ⓑ《乘》是楚国史记的名称　Ⓒ《周易》是西周史记的名称　Ⓓ《春秋》是鲁国史记的名称。

（　）46. 对宋太宗说："臣有《论语》一部,以半部佐太祖定天下,以半部佐陛下致太平。"是为何人　Ⓐ赵普　Ⓑ赵岐　Ⓒ范仲淹　Ⓓ韩琦。

（　）47. 十三经中,字数最少的经书是　Ⓐ《易经》　Ⓑ《尔雅》　Ⓒ《孝经》　Ⓓ《尚书》。

（　）48. "夫孝,始于事亲,中于事君,终于立身。"语出《孝经》

的 Ⓐ《开宗明义章》 Ⓑ《士章》 Ⓒ《广扬名章》
Ⓓ《事书章》。

( ) 49. 下列关于《孝经》的叙述,何者正确 Ⓐ古人曾引述孔
子的话"吾志在《春秋》,行在《孝经》",所以《孝经》
无疑是孔子作的 Ⓑ唐玄宗曾为之作注 Ⓒ此书内容丰
富,为十三经中分量最多者 Ⓓ经朱熹推重而列入十三
经之一。

( ) 50. 古代"移孝作忠"的观念,出自下列何书 Ⓐ《论语》
Ⓑ《礼记》 Ⓒ《孝经》 Ⓓ《春秋》。

( ) 51. 被古人称为《诗》《书》之襟带"六籍之户牖,学者之
要津""训故之渊海,五经之梯航"的,应为下列何书
Ⓐ《周易》 Ⓑ《大学》 Ⓒ《说文解字》 Ⓓ《尔雅》。

( ) 52. 记载尧、舜、禹、汤、文王、武王到孔子的政治主张,
而联系出"道统"观念的是 Ⓐ《论语》 Ⓑ《孟子》
Ⓒ《尚书》 Ⓓ《孝经》。

( ) 53. 黄庭坚《清明》云:"佳节清明桃李笑,野田荒冢只生愁。
雷惊天地龙蛇蛰,雨足郊原草木柔。人乞祭余骄妾妇,
士甘焚死不公侯。贤愚千载知谁是,满眼蓬蒿共一丘。"
诗中"人乞祭余"一联的典故,出下列何者 Ⓐ《孟子》
Ⓑ《公羊传》 Ⓒ《礼记》 Ⓓ《仪礼》。

( ) 54. 战国之际,传经之儒下列何人贡献最大 Ⓐ庄子 Ⓑ孟
子 Ⓒ荀子 Ⓓ子夏。

( ) 55. 下列关于今古文经纷争的叙述,错误的是 Ⓐ今古文两

派的纷争始于刘向　⑧用隶书写的叫今文经　ⓒ用秦汉以前通行文字写的叫古文经　ⓓ至郑玄时今古文的派别开始混合。

（　）56. 东汉末年，注解群经兼采今古之说，使今古文派别逐渐混合，是为何人　Ⓐ郑众　⑧马融　ⓒ何休　ⓓ郑玄。

（　）57. 孔颖达等人所撰《五经正义》，内容为下列何者　Ⓐ《尚书正义》《毛诗正义》《周礼正义》《周易正义》《春秋正义》（取《公羊春秋》）　⑧《尚书正义》《毛诗正义》《礼记正义》《周易正义》《春秋正义》（取《左氏春秋》）　ⓒ《尚书正义》《毛诗正义》《仪礼正义》《周易正义》《春秋正义》（《穀梁春秋》）　ⓓ《尚书新义》《毛诗新义》《礼记正义》《周官新义》《春秋正义》。

二、复选题

（　）58. 经学　Ⓐ自汉以后，分为今文、古文　⑧古文经乃出自孔壁　ⓒ以隶书写成之经书即是今文经　ⓓ今传之十三经皆属今文。

（　）59. 郑玄《六艺论》所说"《易》，一名而含三义"。三义是指　Ⓐ蜥蜴　⑧易简　ⓒ变易　ⓓ不易。

（　）60.《易经》是由　Ⓐ卦爻　⑧卦爻辞　ⓒ十翼　ⓓ卜筮所组成的经书。

（　）61. 孔安国分《尚书》体式为哪六体　Ⓐ典、谟　⑧训、诰　ⓒ歌、范　ⓓ誓、命。

（　）62.《诗经》中时代最晚的两首诗是　Ⓐ《邶风·北门》

（　）63. 下面何者为古文《尚书》之篇目　Ⓐ《武成》　Ⓑ《五子之歌》　Ⓒ《酒诰》　Ⓓ《大禹谟》。

Ⓑ《豳风·七月》　Ⓒ《陈风·株林》　Ⓓ《曹风·下泉》。

（　）64. 古书用乐之记载极为详细者是　Ⓐ《尚书》　Ⓑ《论语》　Ⓒ《仪礼》　Ⓓ《礼记》。

（　）65. 《春秋左氏传》是　Ⓐ刘向作《注》　Ⓑ贾逵作《笺》　Ⓒ杜预作《集解》　Ⓓ孔颖达作《正义》。

（　）66. 《春秋三传》是指　Ⓐ《故训传》　Ⓑ《左氏传》　Ⓒ《公羊传》　Ⓓ《穀梁传》。

（　）67. 陆德明认为《论语》是　Ⓐ仲弓　Ⓑ子夏　Ⓒ曾子　Ⓓ有子　所撰定。

（　）68. 何晏采集　Ⓐ孔安国、包咸、周氏　Ⓑ邢昺、皇侃　Ⓒ赵岐、高诱　Ⓓ马融、郑玄　之说，编著《论语集解》。

（　）69. 汉文帝时，以治《诗》立为博士者有　Ⓐ申培　Ⓑ辕固生　Ⓒ毛苌　Ⓓ韩婴。

（　）70. 汉景帝时，以治《公羊春秋》立为博士者有　Ⓐ胡母生　Ⓑ董仲舒　Ⓒ高堂生　Ⓓ辕固生。

（　）71. 《孟子》一书所说的"四心"，是指　Ⓐ忠、孝　Ⓑ仁、义　Ⓒ礼、智　Ⓓ廉、耻　之心。

（　）72. 《孟子》书中重要的思想是　Ⓐ性善学说　Ⓑ无为思想　Ⓒ心学理论　Ⓓ道统思想。

（　）73. 南北朝人的经学著作，流传于世的有　Ⓐ刘献之《三礼大义》　Ⓑ皇侃《论语义疏》　Ⓒ崔灵恩《三礼义宗》

Ⓓ皇侃、熊安生《礼记义疏》。

( )74.唐代最著名的经学著作有　Ⓐ陆德明《经典释文》　Ⓑ颜师古《五经定本》　Ⓒ孔颖达《五经正义》　Ⓓ胡广《五经大全》。

( )75.清代最著名的《书》学著作有　Ⓐ阎若璩《古文尚书疏证》　Ⓑ孙星衍《尚书今古文疏证》　Ⓒ蔡沈《书集传》　Ⓓ梅鷟《尚书考异》。

( )76.东汉著名的今文经学家有　Ⓐ郑众　Ⓑ李育　Ⓒ何休　Ⓓ马融。

( )77.郑玄　Ⓐ字康成,西汉北海郡高密人　Ⓑ注有《周易》《尚书》《毛诗》　Ⓒ注有《仪礼》《礼记》《论语》　Ⓓ著有《六艺论》《毛诗谱》。

( )78.甲、《泰》曰:小往大来,吉,亨。

乙、《彖》曰:泰,小往大来,吉,亨。则是天地交而万物通也,上下交而其志同也。内阳而外阴,内健而外顺,内君子而外小人,君子道长,小人道消也。

丙、《象》曰:天地交,泰;后以财成天地之道,辅相天地之宜,以左右民。

丁、初九,拔茅茹,以其汇,征吉。

戊、《象》曰:拔茅征吉,志在外也。

下列关于本段文字的叙述何者正确　Ⓐ甲中"泰"是卦名,其他为卦辞　Ⓑ乙是"《彖传》"解释卦象的　Ⓒ丙是"大《象》"解释一卦卦象的　Ⓓ戊是"小《象》"解释初九爻爻象的。

( ) 79. 下列成语的出处或关联, 何者是正确的 ⒜否极泰来——《易经》 ⒝天视自我民视, 天听自我民听——《书经》 ⒞无忝所生——《诗经》 ⒟鸢飞鱼跃——《诗经》。

( ) 80. "十翼" 是《易经》的传, 用来解释经文的含义, 它包括下列何者 ⒜《象传》《象传》 ⒝《文言传》《系辞传》 ⒞《说卦》《序卦》《杂卦》 ⒟《卦辞》。

( ) 81. 关于《易经》的叙述, 下列何者正确 ⒜相传伏羲画卦(八卦), 文王重卦(六十四卦), 孔子作十翼 ⒝孔子说, "易" 有三义: 易简、变易、不易 ⒞六十四卦, 始于《乾卦》, 终于《未济卦》 ⒟原为卜筮之书。

( ) 82. 下列关于《书经》的叙述, 何者正确 ⒜今十三经注疏中的《尚书》, 是魏末晋初出现的孔传古文《尚书》, 它并非孔安国所注解, 所以后人称它为伪孔传古文《尚书》, 或伪古文《尚书》 ⒝今文《尚书》, 也保留在伪古文《尚书》之中 ⒞它是夏商周三代的历史文献档案汇编, 其中分《虞书》《夏书》《商书》《周书》四部分 ⒟它是古代记言散文之祖。

( ) 83. 下列有关《周礼》的叙述, 正确的有 ⒜本名《周官》, 后被尊为《礼经》 ⒝东汉刘歆校整群书, 改称《周礼》 ⒞今亡《冬官》一篇, 以《考工记》补之 ⒟内容包括《天官》《地官》《春官》《夏官》《秋官》《冬官》六篇。

( ) 84. 关于学习《诗经》的用途, 下列叙述何者正确 ⒜可以安　B事父与君　C多识鸟兽草木之名　D通达政事。

（　）85. 下列关于《诗经》的叙述，何者正确　A中国最早的诗歌总集，是韵文之祖　B为中国北方文学的代表　C内容有十五国《风》、二《雅》、三《颂》三部分　D汉代传诗有齐、鲁、韩、毛四家，今只有《毛诗》存留。

（　）86. 有关《诗经》的叙述，下列何者正确　A其三百十一篇，其中六篇有目无辞，被称为"笙诗"　B废《诗序》，作《诗集传》者为朱熹　C汉代传《诗经》者仅有《鲁诗》一家　D《颂》分《周颂》《鲁颂》《商颂》。

（　）87. 下列有关《诗经》的内容与作法，何者正确　A内容为《风》《雅》《颂》，作法为赋、比、兴　B《风》为地方歌谣　C赋即譬喻，取物比人　D《雅》，多用于朝会、宴飨，有《大雅》《小雅》。

（　）88. 关于《仪礼》的说明，下列何者正确　A原本称《礼》　B汉人称为《士礼》　C相对于《礼记》而言，又叫《礼经》　D主要在记录仪节，不讲礼的意义。

（　）89. 关于《礼记》的叙述，下列何者正确　A西汉戴圣编，凡四十九篇　B戴圣字次君，以博士讲学于石渠阁，官至九江太守　C十三经注疏中之《礼记》，为唐孔颖达《注》，汉郑玄《疏》　D后代所说的《礼记》，系指《小戴记》。

（　）90. 下列关于《大学》《中庸》的叙述，何者正确　A《大学》相传曾子所作，《中庸》相传闵子骞所作　B《大学》

以明明德、亲民、止于至善为纲，《中庸》以天命之谓性、率性之谓道、修道之谓教为纲　ⓒ《大学》为初学入德之门，《中庸》为孔门心法要籍　ⓓ《大学》本为《礼记》四十二篇，《中庸》本为《礼记》三十一篇。

（　）91. 下列关于《礼记》的叙述，正确的有　Ⓐ乃孔子弟子及后学所记　Ⓑ《大学》《中庸》原皆为《礼记》的一篇　ⓒ与《诗》《书》《乐》《春秋》合称五经　ⓓ专记日常生活仪节。

（　）92. 下列有关《礼记》《仪礼》比较，叙述正确的有　Ⓐ《仪礼》十八篇，《礼记》四十九篇　Ⓑ《仪礼》记载古代习俗礼仪，《礼记》所记内容颇为丰盛繁杂　ⓒ同为郑玄所注　ⓓ《仪礼》本有古文，但已亡佚。

（　）93. 下列成语的出处关联，何者正确　Ⓐ无妄之灾——《易经》　Ⓑ体国经野——《周礼》　ⓒ设官分职——《仪礼》　ⓓ缘木求鱼——《孟子》。

（　）94. 下列关于《春秋》的叙述，何者正确　Ⓐ孔子曾说："知我者，其惟《春秋》乎！罪我者，其惟《春秋》乎！"　Ⓑ有《公羊》《穀梁》《左氏》三家传　ⓒ又名《竹书纪年》　ⓓ王安石批评《春秋》为"断烂朝报"，可能是对《春秋》残缺的不满。

（　）95. 关于《春秋》与三《传》的说明，下列何者正确　Ⓐ早期《春秋》与三《传》各自独立成书　Ⓑ《公羊》《穀梁》成书于战国时代，用战国文字写成，所以是古文经

244

ⒸⒸ《左传》写于汉代，用汉隶书写，又立于学官，所以是今文经　Ⓓ《公羊》《穀梁》记事同样止于哀公十四年。

（　）96. 下列成语何者与《春秋》相关　Ⓐ拨乱反正　Ⓑ不能赞一辞　Ⓒ一字褒贬　Ⓓ韦编三绝。

（　）97. 下列关于三《传》的说明,何者正确　Ⓐ晋范宁:"《左氏》艳而富，其失也巫;《穀梁》清而婉，其失也短;《公羊》辩而裁，其失也俗。"　Ⓑ"《春秋》大一统""尊王攘夷"之说，出于《公羊传》　Ⓒ汉时均曾立于学官　Ⓓ《公羊传》有"据乱世""升平世""太平世"三世之说。

（　）98. 下列关于三《传》的说明，何者正确　Ⓐ《左传》相传是左丘明为阐明夫子不以空言立说，所以论辑本事为之作传而成　Ⓑ郑玄《六艺论》:"《左传》善于礼，《公羊》善于谶，《穀梁》善于经。"　Ⓒ《左传》以叙事为主，书中有所谓无经之传　Ⓓ三《传》中，在西汉以《公羊传》最受重视。

（　）99. 下列关于《论语》的叙述，何者正确　Ⓐ汉代《论语》有《鲁论》《齐论》《古论》三种传本　Ⓑ汉代人已把《论语》视为"经"　Ⓒ《论语》每篇篇名并没有特殊的意义，篇章之间也无关联　Ⓓ《论语》自《学而》至《尧曰》，共二十篇。

（　）100. 关于《尔雅》的说明，下列何者正确　Ⓐ乃古人缀辑旧文，递相增益汇编而成，非成于一人一时之手　Ⓑ为分类释义之辞书，即古代之辞典　Ⓒ推究六书之义，为治

小学者所宗　Ⓓ为中国最早依字形编排的字典。

(　) 101. 下列观念何者出自《孟子》　Ⓐ知言养气　Ⓑ用行舍藏
Ⓒ揠苗助长　Ⓓ五十步笑百步。

(　) 102. 下列叙述何者正确　Ⓐ"《春秋》，天子之事也。"意谓
记载史事，乃天子之事　Ⓑ"罪我者，其惟《春秋》乎。"
其"罪"乃因《春秋》一书，口诛笔伐，褒善贬恶，僭
越天子之权　Ⓒ"墨氏兼爱，是无父也。"乃言墨子不
具仁义之心　Ⓓ"闲先圣之道，距杨、墨。"意谓熟习
先圣道统以排斥杨、墨学说。

(　) 103. 关于《孟子》的叙述，下列何者正确　Ⓐ司马迁认为此
书主要是孟子自著，弟子万章、公孙丑等参与其事
Ⓑ从唐代开始，被列入儒家的"十三经"之中　Ⓒ南宋
朱熹又加以集注，列为"四书"之一　Ⓓ是研究孟子思
想的最主要资料。

(　) 104. 下列关于郑玄的叙述，何者正确　Ⓐ东汉时代的大儒
Ⓑ师事马融，尽传其学；他告别还乡时，马融喟然对门
人说："郑生今去，吾道东矣。"　Ⓒ曾受东汉党锢之祸
牵连　Ⓓ所注经书有《周易》《尚书》《毛诗》《仪礼》《礼
记》等。

(　) 105. 下列关于今、古文经的说明，何者正确　Ⓐ秦朝焚书，
汉代搜求遗书，凡以汉代当时通行之隶书所写的经书，
即为今文经　Ⓑ汉代发现用秦以前之文字古篆写成之经
书，即为古文经　Ⓒ古文经偏重名物训诂，今文经偏重

微言大义　D西汉时，古文经多立于学官，今文经则盛行于民间。

（　）106. 下列叙述，何者正确　A"舍经学，无理学"，是顾炎武的主张　B魏晋时代，王肃治经亦兼通今古，他的著作因女婿司马昭的关系而立于学官，从此以后，经学今古文的争论，就销声匿迹了　C宋儒疑经，自立新说，不守旧义，如朱熹作《诗集传》，废《诗序》而不用，其注解与毛亨、郑玄不同　D朱熹集宋代经学大成。

（　）107. 下列哪些典籍中可以看到孔子的相关事迹与思想　A《尚书》　B《诗经》　C《论语》　D《孟子》。

三、问答题

1. 何谓"六经"？其排列次序如何？

答：六经的名称，最早见于庄子的《天运》篇，其排列次序是：《诗》《书》《礼》《乐》《易》《春秋》；而《汉书·艺文志》排列次序是：《易》《书》《诗》《礼》《乐》《春秋》。

2. 十三经之注疏者为何人？试列举其书名及姓名。

答：《周易正义》：魏王弼、晋韩康伯注·唐孔颖达正义。

《尚书正义》：汉孔安国传·唐孔颖达正义。

《毛诗正义》：汉毛亨传、郑玄笺·唐孔颖达正义。

《周礼注疏》：汉郑玄注·唐贾公彦疏。

《仪礼注疏》：汉郑玄注·唐贾公彦疏。

《礼记正义》：汉郑玄注·唐孔颖达正义。

《春秋左传正义》：晋杜预注·唐孔颖达正义。

《春秋公羊传注疏》：汉何休注·唐徐彦疏。

《春秋穀梁传注疏》：晋范宁注·唐杨士勋疏。

《论语注疏》：魏何晏等注·宋邢昺疏。

《孝经注疏》：唐玄宗注·宋邢昺疏。

《尔雅注疏》：晋郭璞注·宋邢昺疏。

《孟子注疏》：汉赵岐注·宋孙奭疏。

3. 八卦的形式为何？

答：乾卦☰　　　　坤卦☷

　　震卦☳　　　　艮卦☶

　　离卦☲　　　　坎卦☵

　　兑卦☱　　　　巽卦☴

4. 八卦所代表的物象为何？

答：乾卦代表天　坤卦代表地

　　震卦代表雷　艮卦代表山

　　离卦代表火　坎卦代表水

　　兑卦代表泽　巽卦代表风

5. 何谓"卦辞"？试举例说明之。

答：在每卦下面所缀联的辞，叫做卦辞。如《乾卦》："《乾》：元亨利贞。"《乾》，是卦名；"元亨利贞"，即是卦辞。

6. 何谓"爻辞"？试举例说明之。

答：每爻下面所缀联的辞，叫做爻辞。如《乾卦》："初九：潜龙勿用。"初九，是爻名，"潜龙勿用"，即是爻辞。

7. 试述卦爻之名称，并以乾坤二卦图形为例说明之。

答：卦爻是由阳爻"——"与阴爻"— —"组合而成。每卦都有六爻，阳爻叫做"九"，阴爻叫做"六"。每卦最下的一爻，阳爻叫做"初九"，阴爻叫做"初六"。从第二爻到第五爻，阳爻叫做"九二、九三、九四、九五"，阴爻叫做"六二、六三、六四、六五"。每卦最上的一爻，阳爻叫做"上九"，阴爻叫做"上六"。现在就以乾坤二卦图形为例，说明如下：

乾	坤
——上九	— —上六
——九五	— —六五
——九四	— —六四
——九三	— —六三
——九二	— —六二
——初九	— —初六

8. 何谓"十翼"？作者为何人？

答：即《彖传》上下、《象传》上下、《系辞》上下、《文言》、《说卦》《序卦》《杂卦》等十篇。因为这十篇文字是《易经》的传文，具辅翼作用，故称十翼。至于十翼的作者，说法各有不同，目前尚无定论。

9. 何谓"《易》有三义"？

答：郑玄的《六艺论》说《易经》的易字有三种含义：一是简易——《易经》的通理和法则，是从简单而容易入手的；二是变易——《易经》的爻位和宇宙人世的现象，是变动不居的；三是不易——《易经》所表示的道理，即是天地人生的真理，永恒不变。

10.《易经》有何异名？试说明之。

答:《易经》，原来只叫做"《易》"。根据郑玄《易论》说,《易经》的名称,最古为《连山》,后又称作《归藏》,最后才称作《周易》。至于《易经》这个名称,将经字和书名连在一起,大抵已经到了南宋之世。

11. 何谓"《尚书》"？

答：尚,就是上古之意。因为这部书所记录保存的都是上古的史料,所以称为《尚书》。

12. 何谓"今文《尚书》"？

答：秦焚书时,伏生壁藏《尚书》;至汉代,出其壁藏之书二十九篇,以教授于齐鲁之间。文帝时,伏生老不能行,乃命晁错前往受业。其后学者递相授受,以汉隶写成,所以称为"今文《尚书》"。

13. 何谓"古文《尚书》"？

答：古文《尚书》,就是秦以前用古文字所写成的《尚书》。汉景帝时,鲁恭王坏孔子宅,得古文《尚书》及《论语》等凡数十篇,后来孔安国得其书,以校伏生之二十九篇,多得十六篇,这十六篇,加伏生所传的二十九篇,共为四十五篇,是为真古文《尚书》。

14. 何谓"伪古文《尚书》"？

答：古文《尚书》于晋永嘉之乱时全部亡失,后来王肃、皇甫谧伪造古文《尚书》二十五篇及孔安国《书传》行世。元帝时,有豫章内史梅赜,奏上伪孔传古文《尚书》,自称得之郑冲、苏愉之传。晋代君臣信伪为真,立于学官。惟缺《舜典》一篇,购不能得,乃取王肃注《尧典》,从"慎徽五典"以下,分为《舜典》一篇。《尧典》既分出《舜典》一篇,《盘庚》又分为三篇,又从《皋陶谟》分出《益稷》一篇,所以为三十三篇,此外又增二十五篇,共计五十八篇,此即今本十三经的《尚书》。

15.《尚书》的体式如何?

答:《尚书》的体式,依照孔安国的分法,计有典、谟、训、诰、誓、命六种体式。

16. 何谓"三家《诗》"?

答:今文的《诗经》,有齐、鲁、韩三家。《齐诗》传自齐人辕固生,《鲁诗》传自鲁人申培公,《韩诗》传自燕人韩婴,后人合称为"三家诗"。

17. "三家《诗》"的流传情形为何?

答:《齐诗》亡于魏,《鲁诗》亡于西晋,只有《韩诗外传》流传于世。

18.《诗经》又名《毛诗》,理由何在?

答:汉人传《诗经》,今文家有齐、鲁、韩三家《诗》,古文家只有《毛诗》。其后三家《诗》失传,仅《毛诗》流传后世,因此《诗经》又名为《毛诗》。

19. 古者采集民歌的原因何在?

答:周代时政府设有采诗的官,专门负责到各地去采集民间歌谣,目的是为了了解各地风俗、民生状况,提供王者施政的参考。

20.《诗经》有"四始"之说,《史记》书中的解释为何?

答:《史记》书中对于四始的解释是:《关雎》为《风》之始,

《鹿鸣》为《小雅》之始,《文王》为《大雅》之始,《清庙》为《颂》之始。也就是以《风》《小雅》《大雅》《颂》的第一篇诗为四始。

21. 试简述《诗经·国风》的内容。

答:《诗经》有十五《国风》,共收录一百六十首诗,有的描述各地的风土民情,有的抒写青年男女的恋情,都是民间的歌谣。

22.《诗经》中的《雅》,意义为何? 试论述之。

答:《诗经》中的《雅》诗,分为《小雅》与《大雅》,共收录一百零五首。雅字本来是乐器之名。周代歌唱《雅》诗时,就是以"雅"这种乐器为主,后因以乐器名作为乐歌之名。又古代"雅"字与"夏"字相通,夏字的本义,是"中国之人"的意思,所以称流行中原一带而为王朝所崇尚的正声为"雅"。

23. "《小雅》"《大雅》"有何不同?

答:《诗经》中的大、小《雅》,大概是从音节和内容来分别的,《小雅》七十四篇,大多是士大夫宴飨的乐诗;《大雅》三十一篇,大多是士大夫会朝的乐诗。

24. 试简述《诗经·颂》的内容。

答:《诗经》中的《颂》诗,分为《周颂》《鲁颂》与《商颂》,共收录四十首。"颂"就是"容",是歌而兼舞的意思。在这四十首的颂诗中,大多是用来祭告神明的乐诗。

25. 何谓"三礼"?

答:儒家以《周礼》《仪礼》《礼记》三书,合称"三礼"。

26.《周礼》一书,原名为何? 至何时何人始称《周礼》?

答:《周礼》本称《周官》,到西汉末年的刘歆,始称《周礼》。

27.《周礼》一书的成书年代当在何时？

答：《周礼》一书，从其文体及思想观之，当是于西周时代粗具规模，到战国末期又有人加以增补整理，所以《周礼》一书的著成时代，当是战国末期。

28.《周礼》何以称为"六官"？

答：《周礼》本来收录《天官》《地官》《春官》《夏官》《秋官》《冬官》六篇，所以有人称此书为"六官"。

29.《周礼》六官之总职为何？

答：《周礼》六官的总职分别是：

天官冢宰，掌邦治；地官司徒，掌邦教；春官宗伯，掌邦礼；夏官司马，掌邦政；秋官司寇，掌邦禁。其中《冬官》一篇已亡佚，故无冬官总职的记载，后人根据《天官·小宰》及《尚书·周官》篇加以增补，认为冬官的总职是：冬官司空，掌邦事。

30.《仪礼》原名为何？何时始称《仪礼》？

答：《仪礼》原来只称"《礼》"，到梁陈以后始称《仪礼》。

31.《仪礼》一书的作者系何人？

答：《仪礼》是由生活渐渐约定俗成，不可能由一人强制规定，所以《仪礼》非一人一时所作，而是辑纂成书的。

32.《仪礼》的内容为何？

答：《仪礼》的内容是记述古代冠、昏、丧、祭、乡、射、朝、聘八种礼节的仪式，所以《仪礼》是一部记述古代习俗礼仪的书。

33.《大戴记》与《小戴记》有何不同？试陈述之。

答：《大戴记》与《小戴记》，不但传者不同，而且篇数也不同。《大戴记》原本八十五篇,今存四十篇,其中有与《小戴记》相重复者,也有杂入《小戴记》篇中者;而《小戴记》四十九篇,至今没有散失,就是现在的《礼记》。

34. 十三经中的《礼记》篇数多少?内容如何?试叙述之。

答:《礼记》的篇数,共有四十九篇。至于它的内容,有的是说明礼文制度的原意,有的是阐论淑世拯民的道理,有的是记载祭祀养老的制度,有的是叙述生活行为的规范,所以《礼记》是一部内容丰盛繁杂的书。

35. 何谓"春秋三传"?

答:《春秋左氏传》《春秋公羊传》《春秋穀梁传》合称"春秋三传"。

36. 何谓"春秋内传""春秋外传"?

答:左丘明作《左传》,又作《国语》,后人因称《左传》为"春秋内传"、《国语》为"春秋外传"。

37.《左传》有何别名?

答:《左传》是《春秋左氏传》的省称,原名《左氏春秋》,汉人又省称《左氏传》。

38. 试略述《左传》一书体例之特色。

答:《左传》一书的体例旨在阐释《春秋》经旨,传示来世,所以左氏搜集许多史料,来讲论《春秋》的大义,但《左传》也往往溢出经文之外,叙述一些《春秋》所无的事情,因此,《左传》是一部经学的书,同时也是一部史学的书。

39."春秋三传"之释经有何不同?

答:《左传》重在叙述《春秋》经文所记载的事实,所以称为"记载之传";《公羊》《穀梁》重在解释《春秋》经文的义例,以发挥《春秋》的微言大义,所以称为"训诂之传"。

40. 何谓"《公羊外传》"?

答:汉人董仲舒治《公羊》学,著有《春秋繁露》十七卷,后人称为"《公羊外传》"。

41. 试略述《公羊传》一书体例之特色。

答:《公羊传》解经的体例,是采用每句一解,而其记事多用问答,探义着重于正名分,所以《公羊传》是一部阐发《春秋》大义的典籍。

42. 试略述《穀梁传》一书体例之特色。

答:《穀梁传》一书的体例,大致与《公羊传》相近,也是一句一句用问答方式来解释《春秋》经文的义例,而且其解经又多本于《论语》,书中寓有"明辨是非"的精神,所以《穀梁传》也是一部阐发《春秋》大义的典籍。

43. "春秋三传"何者为古文?何者为今文?

答:《公羊》《穀梁》二传,在西汉时都是用当时文字撰写的,故为今文;而《左传》则以先秦古文写成,故为古文。

44. 《论语》之传本有何不同?

答:《论语》在汉代有三种传本:《鲁论》《齐论》《古论》。现就其间的差别略述于下:

(1)《鲁论》:今文本。鲁人所传,共二十篇。

(2)《齐论》:也是今文本。齐人所传,共二十二篇。多《问王》《知道》二篇。二十篇中的章句，亦较《鲁论》为多。

（3）《古论》：古文本。得自孔壁，共二十一篇。将《尧曰》下半分为《子张》篇。篇次与《齐论》《鲁论》不同，文字与《鲁论》不同的有四百多字。

45. 试略述《论语》一书之重要思想。

答：《论语》自《学而》至《尧曰》，全书凡二十篇。从其内容观之，仁道学说是孔子的中心思想，也是《论语》一书重要的理论。

46.《孝经》今古文之分别何在？

答：《孝经》一书，也有今文、古文的分别。古文本为孔安国所注，据说也出于孔宅壁中，传到梁时亡佚；今文本为郑玄所注，郑注虽已亡佚，而经文却流传至今。现存十三经中的《孝经》，经文就是采用今文本，注是唐玄宗的御注。

47. 何谓"《孝经》之经与传"？

答：《孝经》全书凡十八章，第一章《开宗明义章》是全书的纲领，其他十七章都是用来补充诠释孝道，所以朱子称第一章为"经"，而下面十七章为"传"。

48. 试略述《尔雅》一书之性质。

答：《尔雅》原来只是一本解释字义的书，也可说是我国最早的一部词典。因为《汉书·艺文志》把这部书列入《孝经》类中，所以后来就将它安置在经书之列；其实，《尔雅》这部书只是古人为解经而作的，附在群经之末，以备读经者的翻检而已，在十三经中算是价值最低的一部经书；不过，书中所录的名物词类，不仅对读经书有极大的帮助，而且对古今语言和名物命名演变的研究,也是一种有用的资料,所以《尔雅》这部书自有其不朽的价值。

49.试略述《孟子》一书之性质。

答:《孟子》本来是一部子书,在《汉书·艺文志》中列于子部的儒家,没有今古文之分。唐代以后渐被尊崇,宋代时始列入经部,与《论语》并称,共七篇,是一部阐扬孔子学说最重要的经典。

50.试略述《孟子》一书之重要思想。

答:《孟子》一书最重要的思想有三:

(1)性善学说。

(2)心学理论。

(3)道统思想。

51.东汉有哪些著名的经学家?

答:东汉著名的古文经学家有郑众、杜林、桓谭、贾逵、马融等;今文经学家有李育、何休等。

52.两汉经学有何不同?

答:西汉的经师,文尚简朴,注重大义;东汉的经师,文多泛滥,注重训诂,此乃两汉经学最大的区别。

53.魏晋人注解经书,有何著名著作?试列举其书名及作者。

答:魏晋人注经的著作,最著名的有下列五部:

(1)《周易注》 王弼

(2)《论语集解》 何晏

(3)《左传集解》 杜预

(4)《穀梁传集解》 范宁

(5)《尔雅注》 郭璞

54. 唐人注解经书，有何著名著作？试列举其书名及作者。

答：唐代注经的著作，最著名的有三部：

（1）《经典释文》 陆德明

（2）《五经定本》 颜师古

（3）《五经正义》 孔颖达

55. 清代何人之著作影响经学研究至巨？

答：阎若璩的《古文尚书疏证》一书，考辨真伪，详列证据，唤起学者疑古求真的精神，对经学研究之影响至巨。

史学常识测验题

一、单选题

（　）1. 我国现存最早的史书为　Ⓐ《春秋》 Ⓑ《左传》 Ⓒ《尚书》 Ⓓ《史记》。

（　）2. 我国史学至何代、何人始脱离经学而独立　Ⓐ东汉班固 Ⓑ西晋荀勖 Ⓒ东晋李充 Ⓓ唐刘知几。

（　）3. 我国史书的分类,最早见于何书　Ⓐ《汉书·艺文志》 Ⓑ《中经新簿》 Ⓒ《四部书目》 Ⓓ《隋书·经籍志》。

（　）4. 我国史家何人深通史法，将古来史籍的体例分叙为六家、二体　Ⓐ汉司马迁 Ⓑ唐刘知几 Ⓒ宋司马光 Ⓓ清章学诚。

（　）5. 史家的"四长"，依梁启超先生的观点，其重要性由上而

下以何者为是　Ⓐ史才、史学、史识、史德　Ⓑ史识、史学、
史才、史德　Ⓒ史学、史才、史德、史识　Ⓓ史德、史学、
史识、史才。

（　）6. 我国史书中，不具史德，且内容芜秽，体例荒谬，世称"秽史"
者为　Ⓐ《晋书》（唐房玄龄等撰）　Ⓑ《宋书》（梁沈约撰）
Ⓒ《魏书》（北齐魏收撰）　Ⓓ《北齐书》（唐李百药撰）。

（　）7. 我国史书的主要体裁，通称"正史"者为　Ⓐ纪传体
Ⓑ编年体　Ⓒ纪事本末体　Ⓓ政书体。

（　）8. 我国现有正史（若含《新元史》及《清史稿》）共有几部
Ⓐ二十四部　Ⓑ二十五部　Ⓒ二十六部　Ⓓ二十七部。

（　）9. 以人为纲的纪传体史书体例，始创自何人、何书　Ⓐ左
丘明《春秋左氏传》Ⓑ司马迁《史记》Ⓒ班固《汉书》
Ⓓ司马光《资治通鉴》。

（　）10. 何人作《历代史表》一书，可补诸史无表之不足（仅《史
记》等十史有表）　Ⓐ万斯同　Ⓑ顾炎武　Ⓒ章学诚
Ⓓ梁启超。

（　）11. 《史记》体例的编次，以下列何者为是　Ⓐ本纪、表、书、
世家、列传　Ⓑ本纪、世家、列传、书、表　Ⓒ本纪、世家、
表、书、列传　Ⓓ本纪、世家、列传、表、书。

（　）12. 何书为我国通史纪传体之祖　Ⓐ《尚书》　Ⓑ《春秋》
Ⓒ《史记》　Ⓓ《资治通鉴》。

（　）13. 太史公司马迁的思想主流为　Ⓐ阴阳之学　Ⓑ黄老之学
Ⓒ《公羊》之学　Ⓓ儒家之学。

（　）14. 何书为我国第一部断代纪传体的史书　Ⓐ《史记》　Ⓑ《汉书》　Ⓒ《后汉书》　Ⓓ《三国志》。

（　）15.《史记》"世家"一体，自何书改为"列传"后其他诸史因之　Ⓐ《汉书》　Ⓑ《后汉书》　Ⓒ《三国志》　Ⓓ《南史》《北史》。

（　）16. 范晔《后汉书》以何人所注最为通行　Ⓐ唐章怀太子李贤《注》本　Ⓑ清惠栋《注》本　Ⓒ清王先谦《注》本　Ⓓ唐颜师古《注》本。

（　）17. 二十五史中，以何书最为简洁　Ⓐ《史记》　Ⓑ《三国志》　Ⓒ《新五代史》　Ⓓ《明史》。

（　）18. 何朝、何人奉敕所撰之史书，开史书众修的先河　Ⓐ唐魏徵等所撰之《隋书》　Ⓑ唐姚思廉所撰之《梁书》　Ⓒ唐令狐德棻所撰之《周书》　Ⓓ唐房玄龄等所撰之《晋书》。

（　）19. 何人为《三国志》作注，较原书多出三倍，可谓集注史的大成　Ⓐ南朝宋裴松之　Ⓑ唐颜师古　Ⓒ元胡三省　Ⓓ清张廷玉。

（　）20. 司马光称誉何书"删繁补阙，意存简要，无烦冗芜秽之词"，可谓"佳史"　Ⓐ《三国志》　Ⓑ《南史》　Ⓒ《北史》　Ⓓ《新五代史》。

（　）21. 赵翼《廿二史札记》称美何书不唯文笔简净，直追《史记》；而以《春秋》书法寓褒贬于纪传之中，则虽《史记》亦不及也　Ⓐ《三国志》　Ⓑ《晋书》　Ⓒ《旧五代史》

　　　Ⓓ《新五代史》。

（　）22.《宋》《辽》《金》三史，何者叙事最为详赅，文笔简洁，
　　　为赵翼、顾炎武所称美　Ⓐ《宋史》　Ⓑ《辽史》　Ⓒ《金
　　　史》　Ⓓ以上皆是。

（　）23.何书为近代诸史中的佳作，赵翼称之　Ⓐ《元史》　Ⓑ《明
　　　史》　Ⓒ《新元史》　Ⓓ《清史稿》。

（　）24.隋、唐以前，以一代编年为体的史书，除何人所撰书外，
　　　都不传于世　Ⓐ袁宏《后汉纪》　Ⓑ习凿齿《汉晋春秋》
　　　Ⓒ孙盛《魏代春秋》　Ⓓ干宝《晋纪》。

（　）25.何部史书"撮要举凡，存其大体"，实可作为研读《汉书》
　　　的入门要籍　Ⓐ范晔《后汉书》　Ⓑ袁宏《后汉纪》
　　　Ⓒ荀悦《汉纪》　Ⓓ陈寿《三国志》。

（　）26.《四库提要》称誉何书为"网罗宏富，体大思精，为前
　　　古之所未有"　Ⓐ《史记》　Ⓑ《明史》　Ⓒ《资治通鉴》
　　　Ⓓ《续资治通鉴》。

（　）27.何人创制"纪事本末体"的史书体例　Ⓐ宋郑樵　Ⓑ宋
　　　朱熹　Ⓒ宋袁枢　Ⓓ宋司马光。

（　）28.政书为史，专记文物制度，始于何书　Ⓐ《尚书》　Ⓑ唐
　　　杜佑《通典》　Ⓒ宋郑樵《通志》　Ⓓ元马端临《文献通考》。

（　）29."史家之绝唱，无韵之离骚"，所称颂的为下列何书　Ⓐ《史
　　　记》　Ⓑ《汉书》　Ⓒ《三国志》　Ⓓ《后汉书》。

（　）30.下列篇目，何者是中国现存最早的图书目录　Ⓐ《汉书·艺
　　　文志》　Ⓑ《汉书·五行志》　Ⓒ《七略》　Ⓓ《隋书·经

籍志》。

（　）31. 刘知几在《史通》一书中，将史籍分为六体，以下四部书"《尚书》《左传》《国语》《史记》"分别为何种史体：甲、纪传体，乙、记言体，丙、编年体，丁、国别史。请选出依序正确的搭配　Ⓐ丙乙丁甲　Ⓑ乙丙甲丁　Ⓒ乙丙丁甲　Ⓓ丙丁乙甲。

（　）32. 四史中何者无志、无表，而有正统问题　Ⓐ《史记》Ⓑ《汉书》　Ⓒ《后汉书》　Ⓓ《三国志》。

（　）33. 唐初修梁、陈、北齐、周、隋等五代史时，另编写十篇共同的志，称为《五代史志》，后因附于《隋书》之后，又称为《隋书志》。其中何者为东汉到唐初古籍流传的总结性著作，地位可与《汉书·艺文志》相比　Ⓐ《律历志》Ⓑ《天文志》　Ⓒ《百官志》Ⓓ《经籍志》。

（　）34.《南史》《北史》，在史籍的分类上，应属　Ⓐ断代史Ⓑ通史　Ⓒ霸史　Ⓓ古史。

（　）35. 想要找到关于夏商周史事，与儒家不同的记载，应参考下列何者　Ⓐ《史记》　Ⓑ《资治通鉴》　Ⓒ《竹书纪年》Ⓓ《尚书》。

（　）36. 要研究苏秦合纵的历史，下列何书有索引的功能，又可以找到不同来源（相关职籍）的记载，不必浪费太多找寻的工夫　Ⓐ《绎史》　Ⓑ《战国策》　Ⓒ《资治通鉴》　Ⓓ《史记》。

（　）37. 要迅速掌握赤壁之战的整个事件缘由始末，最好优先参

考以下列何者　Ⓐ《资治通鉴》　Ⓑ《三国志》　Ⓒ《通鉴纪事本末》　Ⓓ《后汉纪》。

（　）38.《四库全书总目提要》说："然其博取五经、群史及汉、魏、六朝人文集、奏疏之有裨得失者，每事以类相从，凡历代沿革，悉为记载，详而不烦，简而有要，元元本本，皆为有用之实学，非徒资记问者可比。考唐以前之掌故者，兹编其渊海矣。"试问，它所称美的典籍为下列何者　Ⓐ《资治通鉴》　Ⓑ《通典》　Ⓒ《通志》　Ⓓ《通鉴纪事本末》。

二、复选题

（　）39. 梁启超先生在《中国历史研究法》中，诠释史的定义最为精当，下列何者为是　Ⓐ记述人类社会赓续活动的体相　Ⓑ校其总成绩　Ⓒ求得其善恶关系　Ⓓ以为现代政治人物活动之资鉴者也。

（　）40. 治史的人，应具备何种胸怀　Ⓐ究天人之际，通古今之变　Ⓑ天地与我并生，万物与我为一　Ⓒ为天地立心，为生民立命，为往圣继绝学，为万世开太平　Ⓓ视人之国若视其国，视人之家若视其家，视人之身若视其身。

（　）41. 四部之目及其分类次序，经何人规格后，自隋、唐迄今已成定制　Ⓐ魏郑默　Ⓑ晋荀勖　Ⓒ晋李充　Ⓓ清纪昀。

（　）42. 梁启超先生在《中国历史研究法》一书中，分史籍体例为　Ⓐ纪传体　Ⓑ政书体　Ⓒ纪事本末体　Ⓓ编年体。

（　）43. 以下所述有关史家"四长"，何者为是　Ⓐ所谓"才"即指是非的褒贬是否精当　Ⓑ所谓"学"即指参考的资料是否广博　Ⓒ所谓"识"即指表现于文字组织的技巧　Ⓓ所谓"德"即指作史者心术是否端正。

（　）44. 所谓"四史"，以下叙述何者为当　Ⓐ《史记》《汉书》《后汉纪》《三国志》　Ⓑ《史记》为一部纪传体的通史　Ⓒ《汉书》历经四人之手始全帙完成　Ⓓ唐颜师古所注《三国志》最通行于世。

（　）45. 以下有关《史记》体例的叙述，何者为非　Ⓐ《史记》体例共分五类　Ⓑ本纪以帝王为中心，记载国之大事　Ⓒ表系以事类为纲，编排同类性质的大事　Ⓓ书系以纪侯国，记载国家的大政大法。

（　）46. 以下有关史实的叙述，何者为确当　Ⓐ《史记》论断称"太史公曰"　Ⓑ班固《汉书》改称"君子曰"　Ⓒ陈寿《三国志》称"评曰"　Ⓓ梁沈约《宋书》改称"史臣曰"。

（　）47. 以下有关《史记》的叙述，何者为是　Ⓐ我国第一部通史纪传体的史书　Ⓑ我国第一部传记文学的总集　Ⓒ东汉司马迁所撰述　Ⓓ上起黄帝之世，下迄汉武之朝。

（　）48. 司马迁撰写《史记》的目标为何　Ⓐ究天人之际　Ⓑ通古今之变　Ⓒ成一家之言　Ⓓ创独代之史。

（　）49. 班固《汉书》历经何人之手，始成完本　Ⓐ班彪　Ⓑ班昭　Ⓒ马融　Ⓓ马续。

（　）50. 刘知几称美《后汉书》为　Ⓐ简而且周　Ⓑ富而不丽　Ⓒ密而不涩　Ⓓ疏而不漏。

264

（　）51.宋欧阳修参赞修撰史书工作，完成何部史书，而盛称于世　Ⓐ《南史》《北史》　Ⓑ《新唐书》　Ⓒ《新五代史》Ⓓ《通鉴纲目》。

（　）52.元朝宰相脱脱一人主修撰何部史书　Ⓐ《宋史》　Ⓑ《辽史》　Ⓒ《金史》　Ⓓ《元史》。

（　）53.明焦竑著《国史经籍志》，论纪传、编年之不同，以下何者叙述不当　Ⓐ编年者，以事系年，详一人之事迹　Ⓑ纪传者，以人系事，详一国之治体　Ⓒ纪传者，盖本左氏Ⓓ编年者，盖本《资治通鉴》。

（　）54.班固《汉书》的注释，以何人所注本最通行于世　Ⓐ唐司马贞《索隐》　Ⓑ唐颜师古《注》　Ⓒ唐张守节《正义》Ⓓ清王先谦《补注》。

（　）55.近人所辑《竹书纪年》一书，以何人所著为佳　Ⓐ清朱右曾《汲冢纪年存真》二卷　Ⓑ王国维《古本竹书纪年辑校》一卷　Ⓒ陈寅恪《今本竹书纪年疏证》二卷Ⓓ顾颉刚《古史辨》。

（　）56.以下有关"纪事本末体"的叙述，何者为是　Ⓐ以事为中心，标立题目　Ⓑ依年月为序叙述　Ⓒ既不受人物的拘束，可以免去纪传体的重复　Ⓓ又不受时间的限制，可以补编年体的破碎。

（　）57."九通"之完成，历经哪些朝代　Ⓐ唐、宋　Ⓑ元Ⓒ明　Ⓓ清。

（　）58.下列关于司马迁的叙述，何者正确　Ⓐ字子长　Ⓑ东汉

人 　Ⓒ曾为太史令，参与制定"太初历" 　Ⓓ父为司马谈。

（ 　）59. 下列有关《史记》的叙述，正确的有 　Ⓐ《史记》载自黄帝至于汉武帝太初年间 　Ⓑ"史记"本史书之通称，《魏晋》以后（或言东汉末年）《史记》二字方为迁书专名 　Ⓒ《史记》为纪传体、国别史之祖 　Ⓓ《史记》凡一百三十卷，五十二万余言。

（ 　）60. 下列何者为司马迁写作《史记》的直接史料 　Ⓐ《尚书》《诗经》 　Ⓑ《周礼》《仪礼》《礼记》 　Ⓒ《左传》《国语》 　Ⓓ《山海经》。

（ 　）61. 下列评论是针对司马迁及《史记》而来的，选项中的解释更为正确的有哪些 　Ⓐ论学术则崇法家而薄五经——《太史公自序》中引述了司马谈的《论六家要指》 　Ⓑ谤书——对汉高祖、武帝的事迹，没有隐讳 　Ⓒ是非颇谬于圣人——游侠、刺客、货殖都成为列传的人物 　Ⓓ刘向、扬雄称之"有良史之才""实录"——就文章、内容而言成就很高。

（ 　）62.《史记》中本纪、世家、列传，分别记载不同身份地位的人物，下列归属何者正确 　Ⓐ刘邦——本纪 　Ⓑ项羽——世家 　Ⓒ孔子——世家 　Ⓓ管仲——列传。

（ 　）63. 有关《史记》与《汉书》的比较，下列何者正确 　Ⓐ汉武帝以前，《汉书》的记载大部分用《史记》原文 　Ⓑ《史记》是通史，《汉书》是断代史 　Ⓒ其体例皆为本纪、表、书、世家、列传 　Ⓓ文后评论，《史记》言"太史公曰"，

《汉书》作"赞曰"。

( ) 64. 下列关于班固与《汉书》的叙述，何者正确　Ａ班固续
父彪而著《汉书》，悉依其体例　Ｂ《汉书》中的八表
由班昭续作，马融之兄马续亦参与补作　Ｃ《汉书》共
一百篇，分一百二十卷　Ｄ班彪与马续均扶风人。

( ) 65. 下列关于《后汉书》的叙述，何者正确　Ａ体例师法班、马，
而精审过之　Ｂ首创《独行》《逸民》《党锢》《列女》……
传　Ｃ删定众家《后汉书》而成　Ｄ原书只有本纪、列传，
南朝梁刘昭取晋司马彪《续汉书》之文以成八志。

( ) 66. 下列有关《三国志》的叙述，正确的有　Ａ即《三国演
义》　Ｂ为四史之一　Ｃ亦为二十四史之一　Ｄ记魏、蜀、
吴三国事。

( ) 67. 南朝史书中，子承父业而完成的，有　Ａ《宋书》　Ｂ《齐
书》　Ｃ《梁书》　Ｄ《陈书》。

( ) 68. 下列关于《北齐书》的叙述，正确的有　Ａ唐李百药奉
敕撰　Ｂ本纪八、列传四十二　Ｃ唐中叶以后残缺，后
人取《北史》加以补缀　Ｄ《北齐书》大部分材料在李
百药父亲李德林时已经具备。

( ) 69. 下列何者有散佚、残缺的情形，后人取《北史》以补成、
补亡　Ａ《魏书》　Ｂ《北齐书》　Ｃ《周书》　Ｄ《梁书》。

( ) 70. 唐初大举修撰各朝史书，其中成于众史官之手的为下列
何者　Ａ《晋书》　Ｂ《隋书》　Ｃ《旧唐书》　Ｄ《周书》。

( ) 71. 下列关于《新唐书》《旧唐书》的叙述，何者正确　Ａ《新》

由欧阳修、宋祁等撰,《旧》由刘昫等撰　Ⓑ《新》成
书于北宋,《旧》成书于后晋　Ⓒ两者均属二十五史之一
Ⓓ顾炎武以为《旧唐书》简而不明,多逊于《新唐书》。

(　) 72. 要研读李白、杜甫的传记资料,可以查阅下列何者　Ⓐ《新
唐书》　Ⓑ《旧唐书》　Ⓒ《北史》　Ⓓ《南史》。

(　) 73. 下列关于《旧五代史》的叙述,何者正确　Ⓐ为薛居正
个人修撰　Ⓑ取材多本诸实录,体例仿《三国志》,以国
别为限,各自为书(如《梁书》《唐书》……)　Ⓒ成于
北宋太宗之时　Ⓓ元明以来,罕被援引,传本也逐渐湮
没,乾隆时,才自永乐大典辑出,并考核宋人征引资料,
才颇复旧观。

(　) 74. 下列关于《新五代史》的叙述,何者正确　Ⓐ为欧阳修撰,
凡七十四卷,记梁、唐、晋、汉、周五代及十国事迹
Ⓑ体例有本纪、考、世家、十国年谱、列传、四夷录
Ⓒ文体平弱,不免叙次烦琐之病　Ⓓ褒贬祖《春秋》,叙
事祖述《史记》。

(　) 75. 冯道历仕数朝,又自号长乐老,在历史上是出名的特殊
人物,要了解他更多的事迹,下列何书可以参阅　Ⓐ《南
史》　Ⓑ《北史》　Ⓒ《新五代史》　Ⓓ《旧五代史》。

(　) 76. 要了解宋朝与异族的关系,应参考下列何书　Ⓐ《宋书》
Ⓑ《宋史》　Ⓒ《北史》《南史》　Ⓓ《辽史》。

(　) 77. 下列关于《资治通鉴》的叙述,何者正确　Ⓐ上自三家
分晋,战国开始,下迄五代　Ⓑ宋神宗以其"鉴于往古,

有资治道"，所以赐名"资治通鉴" ©是一部编年体通史 ①司马光在《进通鉴表》中说"臣之精力,尽于此书",可见此书是他独力完成。

( )78. 下列关于《竹书纪年》的叙述,何者正确 ④旧本称为《汲冢古书》,因它是汲郡人不准盗发魏襄王墓（或言安釐王冢）,竹书数十车中的一部分 ⑧史料价值虽高,与传统儒说不合 ©目前所见为辑本,原书早已失传 ①此书为编年体裁。

( )79. 了解宋朝的历史,除了宋史之外,还可以参考的是下列何者 ④《资治通鉴》 ⑧北宋部分,参考《续资治通鉴》©南宋部分,参考《建炎以来系年要录》 ①《通鉴纲目》。

( )80. 要研究"勾践灭吴"的事件,下列何者可以参考 ④《左传纪事本末》 ⑧《绎史》 ©《通鉴纪事本末》 ①《国语》。

( )81. 下列各选项中,后者取材不出于前者范围的有 ④《资治通鉴》——《通鉴纪事本末》 ⑧《汉书》——《汉纪》©《后汉书》——《后汉纪》 ①《春秋》——《左传》。

三、问答题

1. 史的意义为何?

答:汉许慎《说文解字》说:"史,记事者也。从又持中。中,正也。"《玉篇》说:"史,掌书之官也。"《周礼·天官·宰夫》:"史,掌官书以赞治。"由上三说可知,史的本义为掌书记事的官,职位非常重要。史的定义,梁启超先生的诠释最为精当,他在《中国历史研究法》中说："史者何？记述人类社会赓续活动之体相，校其总成绩，求得其因果关系，以为现代一般人活动之资鉴者也。"历史是人类过去一切活动的总记录，举凡朝代的盛衰、风俗的文野、政教的得失、文物的盈虚，都可从历史上获致经验与教训。所以，治史的人不但能"究天人之际，通古今之变"，更能"为天地立心，为生民立命，为往圣继绝学，为万世开太平"。

2. 何谓"史书"？现存最早的史书为何？

答：记载历史的书，称为"史书"。现代尚存最早的史书当推《尚书》。

3. 何谓"史学"？史学脱离经学而独立始于何人？何书？

答：研究历史的学问，叫做"史学"。

晋荀勖依据魏郑默的《中经》，更著《新簿》，分群书为四部，而以史为丙部，与甲经、乙子、丁集并列，史学始脱离经学而独立。

4. 我国史书分类最早见于何书？其分类情形如何？

答：我国史书的分类，最早见于《隋书·经籍志》。

共分为十三类：一正史（纪传表志），二古史（编年系事），三杂史（纪异体），四霸史（纪伪朝），五起居注（人君动止），六旧事（朝廷政令），七职官（序班品秩），八仪注（吉凶行事），九刑法（律令格式），十杂传（先贤人物），十一地理（郡国山川），十二谱系（世族继序），十三簿录（史条策目）。

5. 唐刘知几《史通》与清《四库全书总目提要》对我国史籍分类之依据有何不同？并简评其优劣。

答：清《四库全书总目提要》从性质分史籍为十五类，而唐刘知几《史通》则依体例分为六家。

此二种分法，前者失之繁琐，后者失之笼统，均不恰当。梁启超著《中国历史研究法》分为纪传、编年、纪事本末、政书四体，最为合理切要。

6. 史家四长为何？并释其义及彼此之关联性。

答：即刘知几《史通》所谓的"史才""史学""史识"，章学诚《文史通义》加上的"史德"。

所谓"才"即指表现于文字组织的技巧；"学"即指参考的资料是否广博；"识"即指是非的褒贬是否精当；"德"即指作史者心术是否端正。历史本有它的"特殊性、变异性与传统性"，而一部史书的修撰，最重要的就在能忠实地记载历史的真相。史料的参考愈丰富，史实必愈正确。但史料愈多，编排愈难，如何把丰富的史料有条不紊地组织起来，非有史才不为功。但有丰富的史料，完美的组织，尚须精当的判断，才"能见其全，能见其大，能见其远，能见其深，能见人所不见处"。有了史学、史才及史识，又需有史德，如此才能"不抱偏见，不作武断，不凭主观，不求速达"。

7. 略述纪传的由来。

答：纪传体的史书，系以人物为中心，详一人的事迹。其来甚早，始于汉司马迁的《史记》。

8. 何谓"四史""二十四史""二十五史""二十六史"？

答：四史——司马迁的《史记》、班固的《汉书》、范晔的《后汉书》、陈寿的《三国志》皆以纪传为体，称为"四史"。

二十四史——《史记》《汉书》《后汉书》《三国志》《晋书》《宋

书》《南齐书》《梁书》《陈书》《魏书》《北齐书》《周书》《隋书》《南史》《北史》《旧唐书》《新唐书》《旧五代史》《五代史记》《宋史》《辽史》《金史》《元史》《明史》。

二十五史——即二十四史加上《新元史》。

二十六史——二十五史加上《清史稿》。

9. 纪传体的体例创自何人？何书？其内容如何？试略述之。

答：纪传体的体例创自司马迁的《史记》。

《史记》的体例，共分五类：(一) 本纪；(二) 世家；(三) 表；(四) 书；(五) 列传。

(一) 本纪：本纪以帝王为中心，记载国的大事。以编年为体，大事乃书。有年代可考的，按年记事；无年代可考的，分代叙事。

(二) 世家：世家以纪侯国。年封世系，盛衰兴亡的事迹，分国按年记述。

(三) 表：表系以时间为中心，编排同类性质的大事。历史人物，不可数计，人各一传，不胜其传。表有提要汇总的作用，可以补本纪、世家、列传的不足。

(四) 书：书系以事类为纲，记载国家的大政大法。

(五) 列传：列传系以志人物。各阶层的人物皆可入传。若按撰写性质的不同分，又有单叙一人的单传，合叙两人或两人以上的合传；可说是史书极为重要的部分。

10. 四史之论断用语有何异同？

答：《史记》论断，称"太史公曰"。班固《汉书》改称"赞"，陈寿《三国志》称"评"，范晔《后汉书》改称"论"，而又系以赞。

论为散文，赞为四言。

11. 司马迁和儒学的关系如何？

答：司马迁少时，曾接受完整的儒学教育，从大儒孔安国学古文《尚书》，从董仲舒《公羊春秋》。因此，司马迁在思想上虽留有他父亲的黄老之学的遗泽，但是，儒学却是他的思想主流。因此，在整部《史记》中，司马迁征引孔子说话的地方非常多，且径以孔子的论断作自己的论断，并隐然以《史记》上比《春秋》。

12. 司马迁著《史记》的动机为何？

答：司马迁著《史记》，一方面是要完成其父表彰"明主贤君，忠臣死义"的遗志；另一方面则要达成自己"究天人之际，通古今之变，成一家之言"的宏愿。

13.《史记》的体例如何？

答：《史记》一书，上起黄帝，下迄汉武。纵贯上下数千年，横及各国各阶层。据《太史公自序》说："著十二本纪，作十表、八书、三十世家、七十列传，凡百三十篇，五十二万六千五百字。"可见《史记》百三十篇内容繁富，各体赅备。

14. 试要述《史记》的成就。

答：《史记》的成就是多方面的，在史学方面，司马迁为后世的史学家提示了作史的标的。而《史记》的体例，也为后世正史的体裁，奠立下永恒的规模。文学方面，《史记》雄深雅健的散文风格，以及简朴而动人的叙写方法，都是唐宋八大家和明清的散文作家学习的模范。至于明清的戏曲、小说，也多采用《史记》的人物故事为题材。在学术方面，举凡礼仪礼俗、音乐历法、军事气象、财政经济，甚至宗庙鬼神、天文地理等，无不包括在八书之内。所以钱玄同先生说："司马迁实集上古思想学术之大成，而有自具特识的人。"

15.《汉书》成为完本之经过如何？

答：班固之父彪断《史记》太初以后，采前史遗事，傍贯异闻，作《后传》数十篇。而固以彪所续前史，未尽详密，于是潜精研思，接续著作，前后经历二十余年。和帝永元四年，窦宪失势自杀，固受株连，死在狱中。八表及《天文志》，未及完成。和帝诏其妹班昭在东观藏书阁补写，后又诏令马融兄续续成，全书历经四人之手，始成完本。

16.试述《后汉书》的作者及其成书经过。

答：南朝宋范晔撰。

范晔初为尚书吏部郎，左迁宣城太守。不得志，于是穷览旧籍，删众家《后汉书》，以成一家之作。惜志未成，因与孔熙先谋倾宋室，事发伏诛。梁时，刘昭取晋司马彪《续汉书》志的部分，加以注解，"分为三十卷，以合范史"，遂成今之《后汉书》。

17.《后汉书》有何特色？

答：《后汉书》师法《史记》，编次卷帙各以类相从；取法班氏，多附载政论材料及词采壮丽的文章。叙述详简得宜，立论亦称允当。刘知几推称此书"简而且周，疏而不漏"。纵有传文矛盾、叙事无根的缺点，仍不失为良史。

18.试述《三国志》的作者及体例。

答：《三国志》为晋陈寿撰。

274

凡六十五卷:《魏志》三十卷,《蜀志》十五卷,《吴志》二十卷。其中《魏》四纪,二十六列传;《蜀》十五列传;《吴》二十列传。

19. 裴松之为《三国志》作注的原因及成就为何?

答:宋文帝嫌《三国志》为文简略,命裴松之作注。于是松之鸠集传记,增广异闻,以补寿《志》的缺失。松注此志,所引的书,多至五十余种。较原书多出三倍,可谓集注史的大成。

20. 开史书众修先河的是何书?其成书经过如何?

答:开史书众修先河的是《晋书》。

在唐以前,《晋书》的编撰,家数甚多。至唐初,仍有何法盛等十八家流行。唐太宗以为都不完善,敕房玄龄、褚遂良、许敬宗重撰,又命李淳风修《天文》《律历》《五行》三志,敬播等改正类例。太宗并自撰写宣、武二本纪和陆机、王羲之二列传的“论”。是以曰“制旨”,又总题全书为“御撰”。

21.《宋书》的取材情形如何?

答:《宋书》材料,多取徐爰旧本增删而成,用时不过一年左右。大抵沈约续补永光(前废帝)以后,至亡国十余年的事,并删除徐爰旧著中有关晋末诸臣及桓玄等诸叛贼的部分,其余都本爰书。

22.《宋书》的体例及缺失为何?

答:《宋书》凡一百卷,有帝纪十,志三十,列传六十,而无表。

本书芜词甚多,繁简失当,宋齐革易间的事,作史者既为齐讳,又欲为宋讳,不能据事直书,有乖史笔。

23. 沈约、裴子野与《宋书》的关系如何?

答:唐刘知几《史通》说:“其书既成,河东裴子野更删为《宋略》二十卷，沈约见而叹曰：'吾所不逮也。'由是世之言宋史者，以裴《略》为上，沈《书》次之。"由此可知其关系。

24. 今本《梁书》题姚思廉撰而不列魏徵之名的原因何在？

答：据《新唐书·姚思廉传》称："贞观三年诏思廉同魏徵撰。"今本《梁书》题姚思廉撰而不列魏徵之名，大约魏徵本奉诏监修，而实由思廉一人执笔，所以独标姚思廉撰。

25. 试述《梁书》的特点。

答：本书记述史迹详密核实，而成书时，又相隔三代，既无个人恩怨，亦少当朝忌讳，所以持论颇称平允。况姚氏父子为唐代古文先驱，行文自称炉锤，洗尽六朝浮艳文风，虽叙事论人间亦矛盾冗杂，实亦颇多可取之处。

26.《魏书》的缺失何在？被列入正史的原因为何？

答：《魏书》内容芜秽，体例荒谬，世称秽史。一人立传，不论有无官职、有无功绩，都附缀于后，有至数十人者。且史笔成为其酬恩报怨的工具。收因仕于北齐，而修史又在齐文宣帝时，举凡涉及齐神武帝在魏朝时，多曲为回护，党齐毁魏，有失是非之公。惜收前诸儒所撰《魏史》悉数被毁，因此，收书终得列入正史，以存文献。

27.《隋书》的作者及体例如何？

答：唐魏徵等奉敕撰。撰纪传者有颜师古、孔颖达、许敬宗三人；撰志者有于志宁、李淳风、韦安仁、李延寿、令狐德棻等人。

《隋书》凡八十五卷，有本纪五、列传五十、志三十。

28.《隋书》的优劣如何？

答：《隋书》成于众手，抵牾难免，抵笔者都属唐初名臣，书法严谨，文笔简净，惜《高祖纪》与《炀帝纪》中曲为回护，颇有隐讳篡逆的事迹，诚有愧史笔。

29.《南史》的体例及特点如何？

答：《南史》凡八十卷，有本纪十，列传七十。始于刘宋永初元年，讫于陈祯明三年，历宋、齐、梁、陈四代，一百七十年。

本书叙事简净，文少避讳，颇能纠正各史回护的缺点。本书虽以《宋》《齐》《梁》《陈》四史为根据，但是删繁补阙，意存简要，举凡诏诰词赋，一概删削，无烦冗芜秽之词，司马光称为佳史。

30.试述《北史》的特点。

答：《北史》与《南史》，同出李延寿之手，叙事简净，堪称史籍中的佳构。而《北史》又较《南史》用力独深，史例允当，于魏收曲笔，亦多加纠正。

31.《旧唐书》的体例及优劣如何？

答：凡二百卷，有本纪二十，书志三十，列传一百五十。

本书多以令狐德棻及吴兢的旧稿为蓝本，叙事得体，文笔简净。尤其穆宗以前简而有体，叙述详明，颇能保存班、范的旧法。惜穆宗以后，语多枝蔓，多述官职、资望，竟似断烂朝报；而且各传互见，重出颇多，本纪、列传亦多回护之处，为世所病。

32.《新唐书》有何特色？

答：事增文省，为其最大特色。《唐书》回护之笔，本书多予刊正；舛漏之处，亦加补救。

33.试略述《旧五代史》的优劣。

答：取材多本诸实录，因此修史时间不过一年余。事虽详备，然实录中回护之处都未能核实纠正，有失史实。

34.《新五代史》《旧五代史》体例有何不同？

答：《旧五代史》仿陈寿《三国志》的体例，以国别为限，各自为书；《新五代史》则远祖《史记》，以类相从。《旧五代史》率依各朝实录；《新五代史》则旁参史料，褒贬分明。

35. 试述《宋史》的作者及优劣。

答：元脱脱等奉敕修撰。

《宋史》全书，为卷五百，文百万言，而修撰时间，不及三年，成书可谓神速。有宋一代，史料的记录与保存非常周密。有起居注，有时政记。每一帝必修有日历，日历之外，又有实录。然本书因依实录与传记而成，未加考核损益，因此枉曲回护，颇多不合史实；且立传失当，前后矛盾，芜杂特甚。

36. 试评《辽史》的优劣。

答：《辽史》在《辽》《金》《元》三史中，最为潦草疏略。本书所据底本为辽耶律俨所修太宗以下诸帝实录七十卷，以及陈大任《辽史》。见闻既隘，且首尾不及一年即告完成，潦草成篇，实多疏略。《辽国语解》一卷，体例则颇完善。

37.《金史》的作者及特点为何？

答：元脱脱等奉敕修撰。

叙事详赅，文笔老洁，迥出《宋》《元》二史之上。

38.《明史》的作者及体例为何？

答：清张廷玉等奉敕撰。

凡三百三十二卷。有本纪二十四,志七十五,表一十三,列传二百二十。另附目录四卷。

39.《明史》的优点何在?

答:《明史》一书,为近代诸史中的佳作。本书编纂得当,考订审慎,颇称精善。

40.《新元史》的作者及优劣为何?

答:民国柯劭忞撰。

本书义例严谨,考证博洽,且文章雅洁,论断明快,颇足纠补《元史》的缺失。不过梁启超对本书颇多微词,谓其篇首无一字之序,无半行之凡例,令人不能得其著书宗旨及所以异于前人者之处;篇中篇末又无一字之考异或案语,不知其改正旧史者为某部分,何故改正,所根据者何书。

41.《清史稿》的作者及缺点如何?

答:由赵尔巽、柯劭忞等人撰。

本书修史诸人,纯以清遗臣身份记述清朝史事,因此书中颇多不合史实之处,义例既非,书法也多有偏颇。

42.编年体的起源为何?

答:编年体的史书,起源于《春秋》《左传》。

43.编年与纪传的差异何在?

答:编年者,以事系年,详一国的治体;纪传者,以人系事,详一人之事迹。

44.编年的长处为何?

答:以时月为枢纽,一切事迹按年月一检即得,没有分述重出的烦恼。

45.《竹书纪年》出书的经过情形如何?

答：其出书经过，观《晋书·束皙传》可知：太康二年，汲郡人不准盗发魏襄王墓，得竹书数十车。

46.《竹书纪年》的特色及价值如何?

答：本书文辞简要有如《春秋》，记事则同于《左传》。其中最骇人听闻、与古代传说相异的有：夏启杀伯益，大甲杀伊尹，文丁杀季历等。至于战国时期，与《史记》不同的地方更多。其史料价值颇值得重视。

47.试为《竹书纪年》释名。

答：此书因系竹简为书，故名竹书；因系编年体裁，故名纪年。

48.《汉纪》的作者及体例为何?

答：东汉荀悦撰。

凡三十卷。计有高祖至平帝等十二纪，而以王莽之事附于《平帝纪》后，共叙事二百三十一年。

49.《汉纪》的特色如何?

答：本书组织严密，文笔简洁，内容虽不出《汉书》范围，亦时有所删润，并非泛泛抄录而成书。可作为研读《汉书》的入门要籍。

50.《后汉纪》与范晔《后汉书》的关系如何?

答：袁宏撰《后汉纪》的动机即因各家东汉史烦秽杂乱，记事阙略，特欲扫此病。《后汉纪》成书在范晔《后汉书》之前，都为记录东汉历史的最重要史籍。

51.《资治通鉴》成书经过及体例如何?

答:宋司马光于英宗治平二年奉诏作书,至神宗元丰七年始成,历时十九年。助修者有刘攽、刘恕、范祖禹等人。

凡二百九十四卷,上起战国,下终五代之末,贯一千三百六十二年的史事,以朝代为纪,以编年为体,详述历代治乱兴衰的事迹。

52.《资治通鉴》的特色及今日最通行版本为何?

答:本书虽以政治为主,并非单纯的政治史,举凡社会、经济、文化、制度等莫不摘要记述,实已涵括全面的历史发展。且除叙述史实外,兼具史实的分析与评论,为有史学价值的巨著。

南宋以后,注者颇多,元胡三省汇合众注,订讹正漏,作《资治通鉴音注》,历三十年,稿经三易,始告成功,为今日最通行的版本。

53.《续资治通鉴长编》的作者及特色如何?

答:南宋李焘撰。

前后历时四十年始成,李焘毕生精力尽萃于斯。全书编纂得当,叙事详密,文不芜累,堪称继踵《通鉴》的名作。

54.《续资治通鉴》有何特色?

答:本书史料都有所本,征引史实,以正史为经,而以契丹国志及各家文集为纬。事必详明,语归体要。于旧史之文,惟有取舍剪裁,不加改写;但有叙事,不杂议论。张之洞《书目答问》誉称:"有毕《鉴》,则诸家《续鉴》皆可废。"

55.《通鉴纲目》的作者及其著述目的为何?

答：宋朱熹撰，门人赵师渊助编。

朱熹编纂此书，以道德、思想、教育为主，故仿《春秋》褒贬之例，取《通鉴》所记之事创立纲目。

56.《通鉴纲目》与《资治通鉴》的关系如何？

答：《通鉴纲目》取材不出《资治通鉴》，因此可用以勘正《资治通鉴》的字句讹异。

57.纪事本末体创于何人？何书？又其特点为何？

答：创自宋袁枢的《通鉴纪事本末》。

其特点在以事为中心，标立题目，而依年月为序叙述。既不受人物的拘束，可免去纪传体的重复；又不受时间的限制，可补编年的破碎。

58.纪事本末体的局限为何？

答：纪事本末体以事为类，仅能就部分历史事迹作有系统的叙述，而无法对整个历史作全面的观照，就史料保存的作用而言，不及编年、纪传二体。

59.《通鉴纪事本末》的作者及其著述动机为何？

答：宋袁枢撰。

袁枢原治《通鉴》，苦其以事系年，前后寻检，殊多费事，遂就《通鉴》事迹，以事为类，每事成编，自为标题，依年月为次而成书。

60.何谓"九朝纪事本末"？

答：自宋袁枢《通鉴纪事本末》书出后，后人仿照袁书体裁，相续撰述，而有清高士奇的《左传纪事本末》，明陈邦瞻的《宋史纪事本末》《元史纪事本末》，清李有棠的《辽史纪事本末》《金史纪事本末》,清张鉴的《西夏纪事本末》、清谷应泰的《明史纪事本末》、清杨陆荣的《三藩纪事本末》与袁枢的《通鉴纪事本末》,合称"九朝纪事本末"。

61.《绎史》的作者及《四库提要》对其评语为何?

答:清马骕撰。

《四库提要》评说:"疏漏抵牾,间亦不免,而搜罗繁富,词必有征,实非罗泌《路史》、胡宏《皇王大纪》所可及。"

62. 政书为史始于何人何书?

答:唐杜佑"通典"。

63. 何谓"三通"?

答:自杜佑《通典》书出,宋郑樵的《通志》和元马端临的《文献通考》,都以《通典》为蓝图,号称"三通"。

64. 杜佑著《通典》的目的何在?

答:杜佑在《通典·总序》中即言明其目的在:"采群言,征诸人事,将施有政。"因而此书特重典章制度和社会经济发展等重要史实。

65.《四库提要》对《通典》的评价如何?

答:《四库提要》评其:"详而不烦,简而有要,元元本本,皆为有用之实学,非徒资记问者可比。"

66.《通志》体例如何? 又其精华何在?

答:《通志》凡二百卷,自三皇至唐,为通史体裁,计分帝纪十八卷,皇后列传二卷,年谱四卷,略五十一卷,列传一百二十五卷。

全书精华在二十略中。

67.《通志》一书的优劣如何?

答：本书网罗繁富，才辩纵横，但穿凿挂漏，在所未免。虽纯驳互见，而瑕不掩瑜，仍值得资为考镜。

68.《文献通考》取材的依据为何?

答：本书取材，大抵中唐以前，以《通典》为基础，中唐以后则为马氏广收博采而成。

69.《文献通考》的特点为何?

答：本书取材广博，网罗宏富，虽以卷帙繁重，难免顾此失彼，然条分缕析，贯穿古今，实政书体中的重要史籍。

70."续三通"所指为何?

答：指《续通典》《续通志》《续文献通考》而言。

71."清三通"所指为何?

答：指《清通典》《清通志》《清文献通考》而言。

72."续三通"与"清三通"撰写年代为何?

答：撰写年代均在清乾隆年间。

73.何谓"九通"?

答："续三通""清三通"与"正三通"合称为"九通"。

子学常识测验题

一、单选题

(　　)1.如果你想到图书馆借阅具寓言性质的作品，下列哪一书

籍最应列为优先选择　Ⓐ《左传》　Ⓑ《孟子》　Ⓒ《庄子》
Ⓓ《吕氏春秋》。

（　）2. 以下四点，何者不是诸子产生的背景　Ⓐ封建制度崩溃
Ⓑ贵族阶级动摇　Ⓒ经济制度变化　Ⓓ教育事业不发达。

（　）3. 古代学术的状况　Ⓐ和今天相同，"政""教"是合一的
Ⓑ和今天不同，"政""教"是分离的　Ⓒ和今天相同，
"政""教"是分离的　Ⓓ和今天不同，"政""教"是合一的。

（　）4. "一字千金"的典故，是由下列何者而起　Ⓐ《庄子》　Ⓑ《吕
氏春秋》　Ⓒ《春秋》　Ⓓ《老子》。

（　）5. 对政治改革充满热情，而且意志坚强的是　Ⓐ儒家　Ⓑ墨
家　Ⓒ法家　Ⓓ道家。

（　）6. 司马谈《论六家要指》所指的"六家"为　Ⓐ阴阳、儒、墨、
名、法、道德　Ⓑ阴阳、儒、墨、名、法、纵横　Ⓒ阴阳、
儒、墨、名、法、杂　Ⓓ阴阳、儒、墨、名、法、小说。

（　）7. 儒家在人际关系、人与社会的关系上，主张"有差等的
爱"。试问下列哪一句话和儒家"有差等的爱"其含义无
关　Ⓐ先天下之忧而忧，后天下之乐而乐　Ⓑ老吾老以及
人之老，幼吾幼以及人之幼　Ⓒ亲亲之杀　Ⓓ亲亲而仁民，
仁民而爱物。

（　）8. 荀子云："好治怪说，玩琦辞，甚察而不惠，辩而无用，
多事而寡功，不可以为治纲纪；然而持之有故，其言之
成理，足以欺惑愚众。"他所批评的是下列何人的思想
Ⓐ孟轲　Ⓑ惠施　Ⓒ韩非　Ⓓ老聃。

（　）9. "君无术则弊于上，臣无法则乱于下，此不可一无，皆帝王之具也。" "尧为匹夫不能治三人，而桀为天子能乱天下，吾以此知势位之足恃，而贤智之不足慕也。" 上述言论，应为何人的思想　Ⓐ商鞅　Ⓑ申不害　Ⓒ慎到　Ⓓ韩非。

（　）10. "礼法以时而定，制令各顺其宜，兵甲器备，各便其用。臣故曰：'治世不一道，便国不必法古。'汤武之王也，不修古而兴；殷夏之灭也，不易礼而亡。然则反古者未可必非，循礼者未足多是也。君无疑矣。" 这样的言论，应该出自于下列何者　Ⓐ道家　Ⓑ名家　Ⓒ法家　Ⓓ儒家。

（　）11. 如果你喜欢研究天文、星象、气候，也想找出这些现象与大自然、人类的关联，下列何者可能与你志同道合　Ⓐ儒家　Ⓑ阴阳家　Ⓒ农家　Ⓓ墨家。

（　）12. 以下四点叙述，何者是不正确的　Ⓐ庄子继承老子的哲学，肯定道是创生万物的本源　Ⓑ庄子主张万物是齐一的，有所谓高低贵贱之别　Ⓒ庄子主张泯是非，薄辨议　Ⓓ庄子主张天地与我并生，万物与我合一。

（　）13. 相对而言，下列何人最重视教育　Ⓐ韩非　Ⓑ惠施　Ⓒ荀子　Ⓓ老子。

（　）14. 《汉书·艺文志·诸子略序》，班固以为九流十家中，可以"权事置宜，受命不受辞"，但也容易造成"上诈谖，弃其信"流弊的是　Ⓐ杂家　Ⓑ纵横家　Ⓒ小说家　Ⓓ名家。

（　）15. 下列何者是不正确的　Ⓐ兼爱是道德性的主张，毫无功

利的用意　Ｂ墨子主张尚同，所谓尚同，就是百姓上同天子，天子上同天志　Ｃ基于兼爱的原则，墨子有非攻之主张　Ｄ墨子非议礼文之虚伪，主张薄葬。

（　）16. 下列诸子中，何者重视鬼神，强调鬼神对人的赏罚力量　Ａ孔子　Ｂ墨子　Ｃ庄子　Ｄ荀子。

（　）17.《吕氏春秋·不二篇》说："（　）贵柔，（　）贵仁，墨翟贵廉（兼），关尹贵清，（　）贵虚，陈骈贵齐，（　）贵己，孙膑贵势，王廖贵先，儿良贵后。"括号中要填入的人物如下，甲、杨朱　乙、孔子　丙、子列子　丁、老聃，其次序应为　Ａ甲乙丙丁　Ｂ丁丙甲乙　Ｃ丙乙丁甲　Ｄ丁乙丙甲。

（　）18. 曾言："为天地立心，为生民立命，为往圣继绝学，为万世开太平。"的学者是　Ａ周敦颐　Ｂ张载　Ｃ程颐　Ｄ朱熹。

（　）19. 下列何者是不正确的　Ａ韩非喜刑名法术之学，而其本归于黄老　Ｂ韩非为人口吃，而善著书，曾师事荀子　Ｃ韩非反对儒家尊贤之说，认为"法"才是治国之张本　Ｄ他不主张用"刑德二柄"来宰制群臣。

（　）20. "以天下为沈浊，不可与庄语，以卮言（无头无尾、支离破碎的言辞）为曼衍，以重言为真，以寓言为广。"所指的是下列何人　Ａ庄子　Ｂ公孙龙　Ｃ惠施　Ｄ墨子。

（　）21. 儒家的学术思想中，较少提及的主题是　Ａ历史经验的传承　Ｂ人伦关系的建构　Ｃ生命价值的尊重　Ｄ民生政治的观念。

（　）22. 下列何者是不正确的　Ⓐ惠施喜欢从绝对超越的角度去
强调事物的"同"　Ⓑ公孙龙喜欢从绝对超越的角度去强
调事物的"异"　Ⓒ惠施公孙龙都不喜欢用诡辩的方法
Ⓓ名家思想对知识层面的开拓、逻辑学的形成有很重要
的贡献。

（　）23. 下列何者是了解先秦两汉之际学术大势的重要著作　Ⓐ《春
秋繁露》　Ⓑ《吕氏春秋》　Ⓒ《汉书·艺文志》　Ⓓ《荀
子·非十二子》。

（　）24. 以下何者是不正确的　Ⓐ纵横家虽被列入九流十家，实
为战国时代两种外交策略　Ⓑ苏秦主张合纵，张仪倡导
连横　Ⓒ鬼谷子是纵横家之代表人物　Ⓓ纵横家是帝王
之学，其权谋运用，纵横捭阖，对今天的国际外交战略
没什么用处。

（　）25. 下列作品以"疾虚妄"作为思想宗旨，有极高的批判精
神的是　Ⓐ《法言》　Ⓑ《太玄》　Ⓒ《新论》Ⓓ《论衡》。

（　）26. 企图以道家思想解释《论语》的著作，是何晏的　Ⓐ《论
语集注》　Ⓑ《论语集解》　Ⓒ《法言》　Ⓓ《新论》。

（　）27. 佛教宗派中，不依一定经论，且不重宗教传统的是　Ⓐ三
论宗　Ⓑ天台宗　Ⓒ华严宗　Ⓓ禅宗。

（　）28. 汉代的儒家学说往往混杂　Ⓐ白马非马之说　Ⓑ非乐非
攻之说　Ⓒ阴阳五行之说　Ⓓ君民并耕之说。

（　）29. 禅宗有顿悟、渐悟两派，主张不同，请比较下列二偈，

分别应为何人之作

甲、身是菩提树，心如明镜台。时时勤拂拭，勿使惹尘埃。

乙、菩提本无树，明镜亦非台。本来无一物，何处惹尘埃。

Ⓐ甲、达摩，乙、慧能　Ⓑ甲、慧能，乙、神秀　Ⓒ甲、神秀，乙、慧能　Ⓓ甲、慧能，乙、弘忍。

（　）30. 下列何者，以《易传》与《中庸》的思想为基础，提出"诚"作为《易经》的道体与修养的功夫　Ⓐ《通书》　Ⓑ《太极图说》　Ⓒ《经学理窟》　Ⓓ《易说》。

二、复选题

（　）31. 下列关于中国学术，叙述正确的选项是　Ⓐ儒、墨、道、法、名、阴阳、纵横、杂、农、小说等合称十家，去除杂家，则为九流　Ⓑ儒家流派中，孟子主张性善，法后王；荀子主张性恶，法先王　Ⓒ魏晋玄学发达，清谈之风盛行，多治《周易》《老子》《庄子》，以王弼、何晏、阮籍、嵇康等人为代表　Ⓓ明代王学兴起，以研究心性之学著称，又名"道学"。

（　）32. 想从古籍中了解前人对先秦诸子的评述，下列哪些篇章可以参考　Ⓐ《庄子·天下篇》　Ⓑ《荀子·非十二子》　Ⓒ《韩非子·显学》　Ⓓ司马谈《论六家要指》。

（　）33. 下列何者属于孟子的思想观念　Ⓐ良知良能　Ⓑ老吾老以及人之老，幼吾幼以及人之幼　Ⓒ四端之心　Ⓓ知言养气。

（　）34. 以下四点叙述，何者是正确的　Ⓐ管子是郑国人，曾为

郑庄公建立霸业　B管子是春秋时代的人,《管子》一书
却是战国时代的著作　C《管子》的道德思想承自道家,
但转入法家的法治主义　D《管子》以四维作为立国之本。

( ) 35. 下列何者是孟子的人生态度　A节用非乐　B舍我其谁
C动心忍性　D生于忧患而死于安乐。

( ) 36.《吕氏春秋》是　A吕不韦的门客所著　B采取儒家修
齐治平的理论,但是掺杂道家清静无为之说　C采取墨
家节俭好义,反对其非乐非攻之说　D采取法家信赏必
罚精神,反对其严刑峻法之说。

( ) 37. 下列何者属于孟子对读书学习的看法　A知人论世
B以意逆志　C尽信书不如无书　D道在屎溺。

( ) 38. 下列何者与庄子或庄子的思想有关　A鼓盆而歌　B得
鱼忘筌　C知鱼之乐　D濠濮间想。

( ) 39. 以下关于汉代诸子的叙述,何者是正确的　A汉初行黄
老之治,所谓黄老,是法家与道家融合在一起的治术
B《淮南子》是淮南王刘安的门客所写的,代表杂家化
的道家　C贾谊《新书》、桓宽《盐铁论》、王符《潜夫
论》,代表杂家化的儒家　D董仲舒的天人感应学说,成
为汉代思想主流。

( ) 40. 下列何者与墨子或其思想有关　A背周道而用夏政
B摩顶放踵　C节用非攻　D歧路亡羊。

( ) 41. 下列关于祸福言论的选项,何者属于或接近于儒家
A祸兮福之所倚,福兮祸之所伏　B永言配命,自求多

福 ⓒ天道福善祸淫 Ⓓ塞翁失马。

( ) 42. 下列何人会告诉你不要读书，或是读书越多，心术越坏 Ⓐ庄子 Ⓑ老子 Ⓒ墨子 Ⓓ孟子

( ) 43. 下列何人在讨论或辩论时，一定要先将每个词语的意思 弄得很清楚，不让它有丝毫的含混 Ⓐ惠施 Ⓑ公孙龙 Ⓒ邹衍 Ⓓ老子。

( ) 44. 关于《列子》的叙述，下列何者正确 Ⓐ列御寇撰，唐 天宝元年，号《列子》书曰《冲虚至德真经》 Ⓑ属于杂 家 Ⓒ《庄子》书中谓其可以御风而行 Ⓓ其学本于黄帝、 老子。

( ) 45. 有关《孙子兵法》思想，下列何者正确 Ⓐ无恃敌不来， 恃吾有以待之 Ⓑ投之亡地然后存，陷之死地然后生 Ⓒ兵贵胜，不贵久 Ⓓ不战而屈人之兵，善之善者也。

( ) 46. 以下四点叙述，何者是不正确的 Ⓐ周敦颐著《太极图说》 与《通书》 Ⓑ张载《西铭》主张"民胞物与" Ⓒ王阳明 主张"性即理"之说 Ⓓ朱熹与陈亮曾在鹅湖会面，辩 论自己的学说。

( ) 47. 要研究汉文化中关于丹鼎符箓为内容的神仙之学，应参 考下列何者 Ⓐ阮籍的《达庄论》 Ⓑ嵇康的《养生论》 Ⓒ魏伯阳的《周易参同契》 Ⓓ葛洪的《抱朴子》。

( ) 48. 以下叙述，何者是正确的 Ⓐ程颢，称为明道先生，主 张"体贴天理，敬义夹持" Ⓑ程颐，称为伊川先生，主 张"性即理" Ⓒ陆九渊，号象山，主张"吾心即宇宙"

Ⓓ王阳明，提出"心即理"之说。

（　）49.以下对考据之学之叙述，何者是正确的　Ⓐ是清代学术的中坚　Ⓑ这种学问的兴起，远承汉代班固《白虎通义》而来　Ⓒ大都可以派入经学、史学、声韵、文字、辨伪、校勘等学术领域　Ⓓ已脱离思想的创造，接近历史实证之精神。

（　）50.下列关于朱熹的叙述，何者正确　Ⓐ尝师事李侗　Ⓑ远祖程颐，学者称为紫阳先生，亦称考亭先生　Ⓒ为学主敬以立其本，穷理以致其知，反躬以践其实　Ⓓ生平著述宏富，其中《四书章句集注》为其耗尽心血之作，影响深远。

三、问答题

1."子"的涵义是什么？

答："子"字原指男子，其后作为男子的美称。古代士大夫嫡子以下，皆称夫子。从孔子起，开始有私人讲学，孔子的门人尊称孔子为"夫子"，简称"子"。自此相沿成风，弟子纂述老师思想言行的书籍，便以"子"为称呼，这便是子书命名的由来。

2.诸子产生的背景是什么？

答：诸子的学术，产生于周秦之际，天下最混乱的时候。当时各国诸侯势力庞大，相互争雄，周天子无法号令天下，不论政治、社会、经济、教育各方面都产生了剧烈的变革。从政治来看，周代的封建制度已因诸侯争雄，彼此蚕食鲸吞而逐渐崩溃；从社会来看，周代世袭的贵族阶级社会，已因平民崛起而根本动摇；从经济来看，商人地位提高，经商有成的平民取代贵族成为新地主，农民随着商人势力的扩张，产生人口流动。从教育来看，平民教育兴起，出身平民的才俊之士数量大增，更富于使命感。他们面对时代的课题著书立说，相互论辩，就此开启百家争鸣的盛况。

3. 为什么有"诸子出于王官"之说？

答：这是因为古代学术状况和今天不同，政教不分，官师合一，学术资源大部分掌握在官方。周平王东迁以后，官学衰微，民间学术兴盛，局面才逐渐改观。因此古人讨论诸子的渊源时，便有"诸子出于王官"之说。

4. 试从《汉书·艺文志》所载，具体说明"诸子出于王官"的内容。

答：根据班固《汉书·艺文志》之记载：

儒家者流，盖出于司徒之官。（注：掌教育）

道家者流，盖出于史官。（注：掌典籍）

阴阳家者流，盖出于羲和之官。（注：掌星历）

法家者流，盖出于理官。（注：掌刑法）

名家者流，盖出于礼官。（注：掌礼秩）

墨家者流，盖出于清庙之守。（注：掌祀典）

纵横家者流，盖出于行人之官。（注：掌朝聘）

杂家者流，盖出于议官。（注：掌谏议）

农家者流，盖出于农稷之官。（注：掌农事）

小说家者流，盖出于稗官。（注：掌野史）

5. 司马谈《论六家要指》将诸子分成几家？

答：分成阴阳家、儒家、墨家、名家、法家、道德家。中国学术史上，以儒、墨、名、法、道德、阴阳作为诸子流派，自此开始。

6. 九流十家彼此之关系如何？其学说之价值可否相提并论？

答：在诸子十家之中，只有儒、道、墨三家是独立的门派。名家、法家由此三家分出；阴阳家是春秋以前便已存在的旧学。至于纵横家，是说客游说各国的谋略。杂家之作，杂录各家言论，并无中心思想。农家的许行、小说家的宋钘均无著作流传，必赖《孟子》《荀子》之记述方知学说梗概。由此可知，十家虽齐名平列，其学说之内涵与价值，并不能相提并论。

7. "儒"字的原义是什么？

答：儒字的原义是"柔"，又作"术士"之称。从《周礼注》可知儒者是古代职掌教育的人，具备相当的学问及崇高的人格，是学者兼教育家。

8. 何谓"孔门四科"？

答：孔子在世之日，已有"四科"之名目，此即《论语·先进》篇说的："德行：颜渊、闵子骞、冉伯牛、仲弓；言语：宰我、子贡；政事：冉有、季路；文学：子游、子夏。"可知四科是孔门弟子因性格和能力不同，而有四种发展的倾向。

9. 孟子与荀子在心性论上有何对立的主张？

答：心性论是儒家思想的精粹。孟子、荀子都是发挥孔子思想的儒者。孟子从人人皆有"四端"之心，提出"性善说"，认为人具有本然的善性。荀子由于对心性的认知角度异于孟子，而提出"性恶说"。大体来说，孟子的"性"相当于"人的自觉心"，荀子的"性"相当于"人的自然本能"。荀子从人的自然本能看人性,因此得出"性恶"的结论。值得注意的是:荀子并不否认人可以为善。

10. 除了"性恶说"之外,荀子还有什么具有特色的思想?

答:荀子说:"人之性恶,其善者伪也。"所谓"伪",就是"人为",就是"变化气质"。要变化气质,必须仰赖学问。具体说,就是以礼乐作为教化工具。因此荀子大力主张"重视师法,弘扬礼乐"。

荀子从理智的精神出发,把"天"看作"自然实体",主张"制天用天",反对"天人祸福"之说。此外,他从认识心的辨析中,发展出初步的逻辑思维;从君臣的对待关系中提出"尊君贵民""富国强兵"的观念,都是很有特色的思想。

11. 试述"道家"命名的由来。

答:"道"的本义是"路",又可解作"术",皆指人们共同行走的道路。《庄子·天下》篇将"道""术"连言,指称古代的学术。然而所谓"道家"却是比较后起的称呼。在汉司马谈《论六家要指》中,原称为"道德家",司马迁在《史记·老庄申韩列传》也说老子"著书上下篇,言道德之意",至东汉班固《汉书·艺文志》才简称为"道家"。

12. 道家的创始者是何人?论及道家,应以何人为代表?

答:相传道家源于古之史官,而史官之设置,又相传可以溯至黄帝,因此道家的典籍常将学说托始于黄帝。其实,道家的思想渊源或许可以远溯到上古,道家成为学派,却肇端于老子,而庄子的学说又承自老子,所以论及道家,应以老子、庄子为代表。

13.《老子》一书的作者是谁?为什么又称为《道德经》?

答：《史记》说得很清楚,《老子》是李耳撰成的。《庄子》和《韩非子》都引用过《老子》的言论。《老子》之所以称为《道德经》,可能是取用《上篇》第一句:"道可道,非常道"与《下篇》第一句"上德不德"中的"道"与"德"二字而成。

14. 老子的思想,使用什么形式来表达? 与《论语》有何不同?

答：《老子》一书,原先究竟分成几章,今天已难察考。现在流传的版本,不论是王弼本,还是河上公本,都分成八十一章,上篇三十七章,下篇四十四章。全书使用"韵文体"来表达思想,与孔子的《论语》使用"语录体"来表达思想极为不同。《老子》一书全为独白的格言,充满冷静的智慧;《论语》颇多师徒的对话,充满温暖的生活气息。

15. 试述"道"的性质。

答:"道"是老子思想的核心。在《老子》一书中有很多对"道"的描述,大体认为:天地万物的本源是"道",天地万物都由"道"所创生。而"道"是一种虚无恍惚却实际存在的东西,在创生万物之后,便内在于万物之中,衣养万物。这一种创生活动,永不竭尽,因为"道"的运作,是循环而反复的。

16. 试述《庄子》思想的要旨。

答：从思想发展来看,庄子继承老子的哲学,也肯定"道"是创生万物的本源,但是他更进一步说明"道"是"非物",是先于万物而存在的精神性本体。从"道"的角度来看,万物是齐一的,无所谓高低贵贱。从万物是齐一的观点出发,不仅事物是相对存在,连人的认知能力也是相对有限。由此,他主张"泯是非""薄辨议",

进而主张"齐物我",并由此得出"天地与我同生,万物与我合一"的结论。

17.试述墨家命名的由来。

答:"墨"字原指黑色的书写颜料,其后引申为"绳墨"之意。墨子主张刻苦,而其从学门徒,大多"囚首垢面,面目黧黑",自奉甚俭,送死甚薄,重在引绳墨自矫,因此以"墨"作为学派名称,叫做"墨家"。

18.试述墨家的渊源。

答:墨家的渊源,可以追溯到夏禹。此因夏禹治水时,"菲饮食、恶衣服、卑宫室"的刻苦精神和墨家的精神相近,以后的墨者以此相高。《庄子·天下》篇、《淮南子·要略》便据此认为墨子之学继承夏禹而来。

19.何谓"显学"?

答:《孟子·滕文公》下说:"能言距杨墨者,圣人之徒也。"又说:"天下之言,不归杨,则归墨。"墨家是战国时代儒家最重要的论敌,《韩非子·显学》篇称儒、墨二家为"显学"。

20.试述墨子的"兼爱说"。

答:"兼爱"是墨子思想的核心观念,但是"兼爱"不是道德性的主张,而是着眼于治乱的功利性主张。墨子认为一切混乱都起于不相爱,"兼相爱则治,交相恶则乱";天下人若能彼此相爱,就不会有强凌弱、众暴寡的现象出现。"兼爱"也是上天的意志,顺天意,兼相爱,必得天赏;反天意,别相恶,交相贼,必得天罚。

21.墨家如何非议儒家?荀子如何批评墨家?

答：墨子以儒者为论敌，反对儒家"天命"之说，改以"天志""明鬼"之说。又从儒者繁饰礼文，不事生产，讥议儒者的礼文为虚伪；由非议礼文，从而主张薄葬。又就音乐"不中圣人之事""不中万人之利"足以废事，不利天下，从而有"非乐"之说。墨子太过于重视功利与实用价值，所以荀子评之为："墨子蔽于用而不知文。"

22. 试述法家的精神与命名由来。

答："法"字原为"灋"字之省文，有求平直之义，其后引申为"宪令""刑罚""准绳"之义。《韩非子·定法》篇说："法者，宪令著于官府，刑罚必于民心。赏存于慎法，而罚加乎奸令者也。"不别亲疏，不论富贵，一切是非功过，以"法"作为论断标准。这是法家的精神，也是法家命名的由来。

23. 试述法家诸子的代表人物。

答：法家诸子的学说中心思想各有不同的侧重与强调，可以分成三大派：一是重势派，以慎到为代表；二是重术派，以申不害为代表；三是重法派，以商鞅为代表。此外，韩非认为势、术、法三者不可偏废，成为法家集大成者。战国时代，伪托管仲所作的《管子》亦为法家的重要著作。

24. 略述韩非思想的渊源。

答：韩非是荀子的弟子，他承继了荀子的性恶说，认为人无善、恶意识。又承继了荀子的尊君说，强调人主的利益至上。他袭取了道家虚静的修养理论，强调人君应以静制动，冷静地驾驭臣下。此外，他吸收了法家前驱人物的思想，建立了一个以法治为基础，集"法""术""势"三者于一炉的政治思想体系。

25. 略述韩非对于"法治"的主张。

答：韩非反对儒家、墨家尊贤的主张，认为"礼治""人治"不足伏恃，惟有"法治"才是治国的张本。

他认为一个有道的君主，应该"远仁义，去智能，服之以法"。作为人君，必须以"利"来收人心，以"威"遂行意志，以"名"作为上下追求的目标。

26. 试述《管子》一书的思想要旨。

答：（1）在道德思想方面：完全承自道家，但是转入"法治"主义，认为"法"之来源，出于"道"，无为之治是法治的最高理想。但是，《管子》也强调"礼治"，礼不能治，才继之以法，以济礼治之穷。

（2）在政治制度方面：以"四维"作为立国之本，国本既立，乃有五官、五卿之设，施行文政、武政。

（3）在教育方面：主张教军士、教子弟、教士民。其教育事业，全委诸地方官吏。

（4）在经济方面：主张盐铁专卖，矿产国有，开发森林，敛散谷物；且鼓励生产，均节消费，调剂各种资源，贩有易无，从事国际贸易。

（5）在国际关系方面：主张敦睦邦交，联盟诸侯。

总之，《管子》一书在为政处事、经世济民方面有极高的价值。

27. "名"的意义是什么？

答："名"本指对事物之称谓。"名"的观念是由"实"而来，古代以"名""实"之关系作为探讨对象，从而发展出来的学问称为名学。

28. 试述名家的来源及代表人物。

答：早自孔子、老子，已经用了"名"这一个术语。孔子曾有"正名"的主张，老子也曾说："无名天地之始，有名万物之母。"荀子擅长"名""实"之辩，有《正名》篇之作。墨子的后学，有"同异""坚白"之论辩。凡此皆为名家的来源。但是，真正使"名学"成为一种学术，则始于邓析，大盛于惠施、公孙龙。因此，提及名家应以惠施、公孙龙为代表人物。

29. 略述惠施思想的大要。

答：惠施的名理思想大致是从"合同异"的角度出发。他说："大到极点，没有范围，叫做'大一'；小到极点，没有内核，叫做'小一'。"所谓"大一"是就宇宙整体来看，所谓"小一"是从普遍万物而言。"大一""小一"都是自然形上学的概念。

惠施又说："无厚的东西，不可以累积。然而它的广大，在空间上可以推展到千里。"这是指"面"的物理性质。又说："天与地一样卑下，山和泽一般齐平。"又说："太阳刚到正午时，就偏斜了；生物刚出生下来，就走上死亡。"又说："南方没有穷尽，然而实有穷尽。今日刚走到越这个地方，而其实是老早就来的。"又说："连环是可以解开的。我知道天的中央：无论在燕国的北方，或者越国的南方都是。"可以看出惠施刻意要人突破一般的感官经验，而从一个绝对的、超越的角度去思考、判断。

30. 《公孙龙子》的《白马论》主要在讨论什么？

答：《白马论》中最主要的命题是"白马非马"。公孙龙认为

"白"是指颜色的概念,"马"是指形象的概念。"颜色的概念"异于"形象的概念",所以说"白马"不是"马"。这当然是一种诡辩,但是使人们注意到概念的类别和概念的"内涵""外延"等问题。

31.《公孙龙子》的《坚白论》主要在讨论什么?

答:《坚白论》中最主要的命题是"离坚白"。有人问公孙龙:"坚硬、白色、石头合称为三,可以吗?"公孙龙说:"不可以。"又问:"称为二可以吗?"公孙龙答:"可以。"原因是:对一块白色的石头,我们看不出它的"坚硬",而只能看出它是"白色"的"石头",因此只能举出"白"与"石"二者;用手来摸,不能摸出它的"白色",而只能感觉它是"坚硬"的"石头",因此也只能举出"坚"和"石"二者。就事物的性质来说,公孙龙认为"坚"和"白"是可以相离的。

32.《公孙龙子》的《指物论》主要在讨论什么?

答:《指物论》最主要的命题是:"物莫非指,而指非指"。意思是说:"一般人都认为天地万物无非是指谓它们的概念,而事实上被概念指谓的'天地万物'和指谓天地万物的'概念'是有区别的。"换言之,公孙龙旨在强调"概念"与"物自身"是不同的。

33.试述惠施、公孙龙思想的不同及名家思想的贡献。

答:惠施、公孙龙的名学,最大的不同在于惠施主张"合同异",公孙龙主张"离坚白"。更具体地说:惠施喜欢从绝对超越的角度去强调事物的"同",公孙龙则喜欢从绝对超越的角度去强调事物的"异"。他们虽然都使用了诡辩的方法,提示自己学说的要旨,却能使人跳出常识的观点,对事物的性质作抽象的思考。名家的思想或许有其令人难以苟同的地方，但是对于知识的进展，逻辑学的形成有其重要的贡献。

34. 试述阴阳家命名的由来。

答：据《汉书·艺文志》，阴阳家起源于古代"羲和之官"，主要职守是观察天象、制定历法，并对于天道人事作种种预测。为了审度物势的顺逆生克，判断人事的吉凶祸福，于是运用了上古即有的阴阳、五行观念，构成一套神秘的阴阳术数之学，这便是阴阳家命名的由来。

35. 阴阳家以何人为代表？

答：《汉书·艺文志》著录宋司星子韦、邹衍等二十一家阴阳家著作都已亡佚，而邹衍的学说较具独创性，后世便推尊为阴阳家的代表人物。

36. 何谓"五德终始"？

答：邹衍认为自有天地以来"五德转移，治各有宜"。所谓"五德"，就是土木金火水。"土德之后，木德继之，金德次之，火德次之，水德次之。"每一时代，各主一德，循环往复，周而复始。可知这是邹衍对朝代更易、治乱盛衰提出的解释。

37. 何谓"大小九州"之说？

答：邹衍认为所谓中国乃天下八十一分居其一而已。中国名叫赤县神州，赤县神州之内有九州，此为"小九州"；中国之外如赤县神州者九，此为"大九州"。此种地理观念，虽不尽符合事实，但是能够恢廓我们的地理观念，此为前所未有的想法。

38. 试述阴阳家思想对后世的影响。

答：邹衍创立的"五德终始"本为迂怪之学，并没有什么哲学价值。但是到了汉代，董仲舒《春秋繁露》提出五行相生相胜之说，班固《白虎通》说明五行相生相胜的原理，刘向父子更将先秦时代本来各为系统的"八卦"与"五行"合而为一，其后又混入了谶纬之学，阴阳五行学说遂成为汉代最有影响力的学说。时至今日，卜筮星相仍然流行于民间，可见阴阳五行的影响力至今未泯。

39. 纵横家因何而得名？以何人为代表人物？

答：纵横家因"合纵"与"连横"而得名。根据《韩非子·五蠹》篇说："从者，合众弱以攻一强也。衡（横）者，事一强以攻众弱也。"战国后期，苏秦倡导韩、赵、魏、楚、燕、齐六国联合抗秦，是为"合纵（从）"；张仪倡导六国共事秦国，是为"连横"。但是苏秦、张仪皆非思想家，他们游说各国的事迹，全载于《战国策》，被视为历史资料。相传苏秦、张仪同师于鬼谷先生，学习纵横之术。鬼谷先生，是周代晚期的高士，不知其乡里姓氏，以所居之地名鬼谷为号，有《鬼谷子》一书。因此，论及纵横家思想应以《鬼谷子》为代表。

40. 杂家何以谓之"杂"？先秦杂家有何重要的著作？

答：杂家之所以名为"杂"，是因为他们杂糅诸子的思想，自身并无一贯的宗旨。杂家著作以先秦的《尸子》《吕氏春秋》最著名。

41. 试述《吕氏春秋》与诸子各家的关系。

答：《吕氏春秋》一书大体以儒家思想为主，而参以各家之说。它采取儒家修齐治平的理论，参以道家清静无为的学说；对于墨家只取其节俭好义，不赞成其非乐非攻之说；对于法家，只取其信赏必罚的守法精神，而反对其严刑峻法；对于名家，赞同其正名观念，而反对其诡辩混淆是非。此外，对于阴阳家的五德终始，农家的重农主张，都有所取。此书瑰玮宏博，各家学说粲然兼备，是了解先秦两汉之际学术大势的重要著作。

42. 试述农家兴起的背景与学说渊源。

答：农家以"播百谷，勤耕桑，以足衣食"作为诉求的内容。农家的兴起，与战国时代诸侯力政，相互攻伐，怠忽农业，以致民不聊生的背景有关。《汉书·艺文志》说农家源于古代"农稷之官"。而农家学说，则托始于神农。神农是上古三皇之一，始创耒耜，教民稼穑，实为农业的始祖。神农氏的时代尚无文字，所以《汉书·艺文志》著录九种农家著作，其中《神农》二十篇，显然是后人伪托的。

43. 试述农家思想之大要。

答：农家著作今已亡佚，目前仅能从《孟子》及少数辑佚的书籍中了解其中的大概。在《孟子·滕文公》中记录了农家许行、陈相的言行，可知许行主张"君民并耕而食"，反对"治于人者食人，治人者食于人"。在经济方面主张划一市价，以量为准。由于许行昧于社会分工原则及经济原理，曾遭孟子驳斥。

44. 兵家之成立，以什么为目的？何时是兵家最盛的时期？

答：兵家以行阵伍列、集体争战为主要的目的。我国自古便把祭祀与兵戎视为国家大事，因为兵戎之事直接关系到国家的兴亡盛衰。战国时代，诸侯争霸，战争频繁，因此成为兵家之学最盛的时期。

45. 试述兵家之学的思想方针。

答："不战而屈人之兵"是兵家最高的思想方针，既已开启战端，则"以正合，以奇胜"，必然竭尽韬略智谋以求胜利。兵器战便不是解决冲突的唯一手段，举凡政治战、心理战、谋略战、情报战都成为可用的方法。

46.《汉书·艺文志》区分兵家之学为几家？今人提及兵家以何人为代表？

答：班固《汉书·艺文志·兵书略》将兵家之学分成"兵权谋""兵形势""兵阴阳""兵技巧"共五十三家，七百九十篇，图四十三卷。或因伪托，或因亡佚，今人提及先秦兵家之学，以春秋时代孙武的《孙子兵法》、战国时代吴起的《吴子》为代表。

47.试举出先秦两汉以来最具有代表性的兵学著作。

答：除了《孙子兵法》《吴子》之外，旧题姜太公的《六韬》、黄石公的《三略》，战国时代的《司马法》《尉缭子》《孙膑兵法》，以及唐初的《李卫公问对》都是兵家具有代表性的著作。

48.试举出汉代儒家的著作。

答：汉武帝采行董仲舒的建议，罢黜百家，独尊儒术，于是混杂谶纬与阴阳五行的天人感应学说成为主流，董仲舒的《春秋繁露》正是这样的一部书。此外，另有一批人起来反对，如扬雄仿《论语》作《法言》、仿《易经》作《太玄》，桓谭作《新论》、王充作《论衡》、桓宽作《盐铁论》、王符作《潜夫论》，都是本着儒家立场，杂糅他家思想，针对时代的课题提出议论，可以视为"杂家化的儒家著作"。

49.试举出汉代道家的著作。

答：淮南王刘安宾客共著的《淮南子》，杂取各家言论，向来被视为杂家之作。此书原有《内书》《外书》《中篇》之分，《内书》二十一篇曾以《鸿烈》为名，献于朝廷。《外书》《中篇》今已亡佚。就二十一篇而言，其中所言之"道"，即黄老刑名之术，论及权谋之处，又为老子思想之运用，因此，《淮南子》一书，实可视为"杂家化的道家著作"。

50. 魏晋之际，以何种学术为主流？有何主要派别？

答：魏晋之际，政治紊乱，知识分子饱受摧残，此时的学术，以玄学为主流，大致可以分为"名理派""玄论派""旷达派"三大派别。

51. 试述魏晋玄学"名理派"的代表人物与著作。

答：名理派以辨别性情、分析才能、论说人物为重心，刘劭《人物志》为最重要的著作。

52. 试述魏晋玄学"玄论派"的代表人物与著作。

答：玄论派以推论"有""无"，剖明体用，谈论《易经》《老子》《庄子》为主（《易》《老》《庄》又号为"三玄"）。代表人物有何晏、王弼。何晏有《论语集解》，企图以道家思想解释《论语》；王弼有《老子注》，阐发老子以"无"为本体之精义。

53. 试述魏晋玄学"旷达派"的代表人物与著作。

答：旷达派以顺任情性、摆脱约束、追求自我为本色。代表人物为阮籍、嵇康。阮籍著有《达庄论》《通老论》，嵇康著有《养生论》《声无哀乐论》。

54. 试述魏晋神仙之学的代表人物与著作。

答：除了玄学之外，另有一些道教徒撷取古代神仙思想及庄子养生学说，形成一套以丹鼎符箓及成仙方法的神仙之学。以魏伯阳的《周易参同契》及葛洪的《抱朴子》为最重要的著作。

55. 佛教传入我国之后，有哪些重要的宗派？何谓"格义之学"？何谓"教外别传"？

答：(1)佛教传入我国，最早的记录是东汉明帝永平十年(67)。自汉末至中唐，佛教徒一方面翻译佛典，一方面西行求法，佛教日益壮盛，佛学成为隋唐学术的主流。最重要的宗派有：三论宗、律宗、净土宗、禅宗、天台宗、华严宗、唯识宗、密宗。其中天台宗、华严宗、禅宗是我国佛教徒自创的宗派。

(2)魏晋时代，僧侣为了传教的需要，往往使用《易经》、老庄的思想和术语来解释佛理，称为"格义之学"。

(3)在我国佛教徒自创的宗派中，天台、华严犹能依据印度佛教经籍自造经论、自成系统。但是禅宗则不依一定的经论，而且不重宗教传统，因此禅宗被称为"教外别传"。

56. 宋代理学向有濂、洛、关、闽四派之称，试说明其代表人物与基本主张。

答：(1)宋代理学，最早以周敦颐为开山祖。著有《太极图说》及《通书》。《太极图说》在说明宇宙产生、创化之道。《通书》则以《易传》《中庸》的思想为基础，提出"诚"作为《易经》的道体及个人修养的功夫。世称周敦颐为濂溪先生，所以为"濂学"之代表人物。

(2)周敦颐以后，有居关中讲学的张载。张载字子厚，号横渠，世称横渠先生。著有《正蒙》《易说》《经学理窟》。他有民胞物与的胸怀、气一分殊的宇宙理论，以及变化气质的修养功夫。张载所开的宗派称为"关学"。

（3）周敦颐以后又有程颢、程颐兄弟光大周子之学问。程颢字伯淳，学者尊称为明道先生，著有《识仁篇》《定性书》，主张"体贴天理、敬义夹持"。程颐字正叔，学者尊称为伊川先生，著有《易传》《经解》，主张"性即理"。二人因居洛阳，所开之宗派称为"洛学"。

（4）南宋朱熹生于周、张、二程之后，是宋代理学集大成人物。著有《易本义》《诗集传》《大学中庸章句》《论语孟子集注》等书，主张"理""气"混合的一元论。因为在福建讲学，所开之宗派称为"闽学"。

57. 除了濂、洛、关、闽四派理学之外，还有哪些重要的理学家？

答：南宋时代，除了朱熹，尚有陆九渊、叶适、陈亮等著名的理学家。陆九渊，字子静，号象山，强调"吾心即宇宙"，与朱熹的思想路向不同，朱、陆二人曾有"鹅湖之会"，辩论自己的学说要义，是我国哲学史上的一段美谈。到了明代王阳明，承继陆九渊之学说，提出"心即理""知行合一"之说，使心性之学推展到登峰造极的境地。

文学常识测验题

一、单选题

（　）1. 诗歌用韵的作用，在于　Ⓐ加强文字的排列组合　Ⓑ增加写作的难度　Ⓒ读起来和谐　Ⓓ摹仿民歌的特色。

（　）2. 我国最早的一部诗歌总集　Ⓐ《诗经》　Ⓑ《楚辞》　Ⓒ《乐府诗集》　Ⓓ《全唐诗》。

（　）3. 依照唐代诗人的风格特色来判断，下列哪两句应是王维之作　Ⓐ孤灯燃客梦，寒杵捣乡愁　Ⓑ无边落木萧萧下，不尽长江滚滚来　Ⓒ古木无人径，深山何处钟　Ⓓ抽刀断水水更流，举杯消愁愁更愁。

（　）4. 战国楚屈原的辞赋，用象征手法表现　Ⓐ边塞的风光　Ⓑ含忠履洁的精神　Ⓒ神话志怪的故事　Ⓓ异国的情调。

（　）5. 辞赋中的短赋起于　Ⓐ屈原　Ⓑ荀子　Ⓒ司马相如　Ⓓ欧阳修　的作品。

（　）6. "黛玉笑道：'既要学做诗，你就拜我为师。我虽不通，大略也还教得起你。'香菱笑道：'果然这样，我就拜你为师。你可不许腻烦的。'黛玉道：'什么难事，也值得去学？不过是起承转合。当中承转，是两副对子，平声的对仄声；虚的对虚的，实的对实的。若是果有了奇句，连平仄虚实不对都使得的。'"《红楼梦》据上文黛玉要教香菱的诗是　Ⓐ乐府　Ⓑ绝句　Ⓒ律诗　Ⓓ排律。

（　）7. 下列有关文学流派的叙述，错误的选项是　Ａ擅长描写田园风光、农村生活的诗人为田园诗人。陶渊明被称为田园诗人之宗，其后继者有唐王维、孟浩然、储光羲，南宋范成大等人　Ｂ擅长边塞风光的描写与战争的歌咏的诗人为边塞诗人。代表作家有盛唐岑参、高适、王昌龄、王之涣等人　Ｃ明末湖北公安袁宗道、袁宏道、袁中道三兄弟主张拟古、复古，所作亦典雅高古，世称"公安派"　Ｄ清初桐城方苞为文严标义法，其后刘大櫆、姚鼐承其遗绪。三人皆桐城人，故世称"桐城派"。

（　）8. 乐府是掌管音乐的官府，采诗以配合祭祀，于是有乐府诗。乐府的制度建立于　Ａ周代　Ｂ秦代　Ｃ西汉　Ｄ东汉。

（　）9. 下列有关诗、文、小说的叙述，正确的选项是　Ａ章回小说起于唐，成于宋，盛行于元明，衰竭于清　Ｂ晚明小品重性灵，贵独创，归有光、袁宏道为其代表作家　Ｃ诗、词、曲皆为韵文，诗为整齐名，词曲为长短句，故词曲的形式与格律均较诗为自由　Ｄ古体诗产生于两汉，发展于魏晋，句数可以不拘，亦不刻意求对仗，无论平仄、用韵皆较近体诗自由。

（　）10. 中国古籍中保留较多神话故事者，为下列何者　Ａ《诗经》　Ｂ《山海经》　Ｃ《楚辞》　Ｄ《淮南子》。

（　）11. 中国七言诗起于　Ａ《诗经·国风·桃夭》篇　Ｂ汉武帝柏梁台君臣联句　Ｃ南朝宋鲍照《行路难》　Ｄ唐李白《将进酒》。

（　）12. 近体诗中的律诗共八句，它除了讲求平仄外，在二、三
两联还要讲求　Ⓐ用韵　Ⓑ对仗　Ⓒ夸饰　Ⓓ声调。

（　）13. 唐代咏边塞的诗歌能振奋人心，其中重要的边塞诗人有
Ⓐ王勃、骆宾王　Ⓑ李白、杜甫　Ⓒ高适、王之涣
Ⓓ杜牧、李商隐。

（　）14. 清光绪年间所出土的敦煌曲子词即　Ⓐ南北朝时的民歌
Ⓑ《诗经》最早的抄本　Ⓒ唐人的民歌，也是唐词的开
端　Ⓓ清代的讲唱文学。

（　）15. 最早将屈原和其弟子宋玉、景差、唐勒等人作品以及汉
人仿作合编成书，名为《楚辞》的是：　Ⓐ王逸　Ⓑ刘
向　Ⓒ朱熹　Ⓓ洪兴祖。

（　）16. 所谓"洛阳纸贵"，是因何人的作品而起　Ⓐ左思的《三
都赋》　Ⓑ张衡的《西京赋》　Ⓒ班固的《两都赋》　Ⓓ司
马相如的《子虚赋》。

（　）17. 请依诗体的特色，选出属于古体诗的选项　Ⓐ白日依山
尽，黄河入海流，欲穷千里目，更上一层楼。（王之涣
《登鹳雀楼》）　Ⓑ岭外音书绝，经冬复立春，近乡情更怯，
不敢问来人。（李频《渡汉江》）　Ⓒ慈母手中线，游子身
上衣；临行密密缝，意恐迟迟归。谁言寸草心，报得三
春晖？（孟郊《游子吟》）　Ⓓ细草微风岸，危樯独夜舟。
星垂平野阔，月涌大江流。名岂文章著，官应老病休。
飘飘何所似，天地一沙鸥。（杜甫《旅夜书怀》）

（　）18. 近体诗除了在平仄有定则、句数有定格外，多用平韵，

且一韵到底。额联、颈联必须对仗。在这些条件下，请依诗意推敲，选出最适合填入□内的选项：“南北山头多墓田，清明祭扫各纷然。纸灰飞作白蝴蝶，泪血染成□□□。日落狐狸眠冢上，夜归儿女□□□。人生有酒须当醉，一滴何曾到□□” Ⓐ红海棠／喜团圆／黄泉 Ⓑ红牡丹／展欢颜／九原 Ⓒ红玫瑰／绕膝前／坟冢 Ⓓ红杜鹃／笑灯前／九泉。

( ) 19. 钟嵘《诗品》说：“文体省净，殆无长语。笃意真古，辞兴婉惬。每观其文，想其人德。世叹其质直。至如‘欢言酌春酒’‘日暮天无云’，风华清靡，岂直为田家语邪？古今隐逸诗人之宗也。”他所评论的是 Ⓐ曹操、曹丕、曹植 Ⓑ陶潜 Ⓒ嵇康 Ⓓ阮籍。

( ) 20.《庄子》的寓言多写自然界的各种事物，而《韩非子》中的寓言却多写 Ⓐ神鬼 Ⓑ山水 Ⓒ田园 Ⓓ人事。

( ) 21. 我国第一部的山水小品散文是 Ⓐ北魏郦道元的《水经注》 Ⓑ北齐颜之推的《颜氏家训》 Ⓒ南朝梁刘勰的《文心雕龙》 Ⓓ南朝梁萧统的《昭明文选》。

( ) 22. 主张“诗缘情而绮靡”，并倡“巧构形似之言”，而使诗的创作走上排偶对称，重视绮靡艳丽的诗风。这是哪一代诗人的特色 Ⓐ晋代太康诗人 Ⓑ东汉末建安诗人 Ⓒ魏代正始诗人 Ⓓ齐梁之间的宫体诗人。

( ) 23. 唐代新乐府运动主要的提倡人是 Ⓐ元结、杜甫 Ⓑ元稹、白居易 Ⓒ杜牧、李商隐 Ⓓ李贺、温庭筠。

（　）24. 唐代古文运动主要的提倡人是　Ⓐ陈子昂、元结　Ⓑ元稹、白居易　Ⓒ韩愈、柳宗元　Ⓓ皮日休、陆龟蒙。

（　）25. 中国文学史上在文体上皆有一名多义的现象，下列各著作共包含几种不同的文体？（甲）郭茂倩《乐府诗集》（乙）苏轼《东坡乐府》（丙）马致远《东篱乐府》（丁）张可久《小山乐府》　Ⓐ一种　Ⓑ四种　Ⓒ三种　Ⓓ两种。

（　）26. 词作不多，然其《苏幕遮》"碧云天，黄叶地"，《渔家傲》"塞下秋来风景异，衡阳燕去无留意"，有几分塞外风貌，欧阳修尝呼为穷塞主之词。此人为　Ⓐ范仲淹　Ⓑ柳永　Ⓒ晏殊　Ⓓ温庭筠。

（　）27. 明代三袁公安派的古文理论在于　Ⓐ独抒性灵，不拘格套　Ⓑ童心说　Ⓒ文章本色　Ⓓ求真求美。

（　）28. 骈文四体中的吴均体是在写　Ⓐ宫廷女子生活　Ⓑ边塞征战　Ⓒ江湖渔樵生活　Ⓓ山水清音　的骈文。

（　）29. 词中有："云破月来花弄影""帘压卷花影""堕飞絮无影"，世称颂之，谓之"张三影"的是为何人　Ⓐ张孝祥　Ⓑ张元幹　Ⓒ张先　Ⓓ张可久。

（　）30. 晚清的谴责小说有　Ⓐ《红楼梦》《聊斋志异》　Ⓑ《儿女英雄传》《三侠五义》　Ⓒ《官场现形记》《二十年目睹之怪现状》　Ⓓ《歧路灯》《浮生六记》。

二、复选题

（　）31. 若想了解屈原的生平或作品，下列可阅读的书籍选项是　Ⓐ《史记》　Ⓑ《春秋》　Ⓒ《四库全书》　Ⓓ《楚辞集注》。

（　）32. 下列叙述，正确的选项是　Ⓐ《世说新语》、《儒林外史》、《老残游记》都采用章回体写成　Ⓑ历代的乐府诗皆可入乐　Ⓒ词因须合乐，故字句多少，句中平仄，叶韵位置皆有严格规定　Ⓓ元杂剧一人独唱，每本四折；而传奇不限独唱，可以对唱、合唱，有多至四五十出者。

（　）33. 小强正在进行古典小说研究，初步写下下列笔记，请问其中正确的有哪几项　Ⓐ《红楼梦》是描写贵族家庭兴衰的写实小说　Ⓑ《儒林外史》是叙述科举黑暗面的讽刺小说　Ⓒ《三国演义》是叙述汉末至西晋间历史演变的小说　Ⓓ《老残游记》是谴责小说。

（　）34. 下列有关文学常识的叙述，正确的选项是　Ⓐ清李渔：中国小说界四大奇书——《三国演义》《水浒传》《金瓶梅》《西厢记》　Ⓑ《诗经》是我国最早的诗歌总集，内容有十五《国风》、二《雅》、三《颂》　Ⓒ我国四大韵文是汉赋、唐诗、宋词、元曲　Ⓓ俳赋、骈文、古文都属无韵文。

（　）35.《楚辞》是南方文学的代表，多用楚语作语词，最常见的有　Ⓐ兮　Ⓑ也　Ⓒ只　Ⓓ些　等字。

（　）36. 下列叙述何者正确　Ⓐ《诗经》是中国最早的诗歌总集，与《楚辞》并为先秦文学双璧　Ⓑ汉代，赋是最流行的文体；乐府诗与《古诗十九首》也产生于两汉　Ⓒ魏晋南北朝是骈文最盛行的时代　Ⓓ王安石的《泊船瓜洲》与黄庭坚的《寄黄几复》皆可在《全唐诗》中查到。

（　）37. 下列关于中国传统小说叙述，何者正确　Ⓐ《山海经》

是先秦时代的作品，包含一些神话、寓言，乃属小说的萌芽阶段　B《虬髯客传》乃属唐代传奇的爱情类小说　C《水浒传》乃《大宋宣和遗事》的前身，为宋代白话章回小说　D《红楼梦》是原创性极高的白话章回小说。

（　）38.古体诗的作法　A句子的多寡不受限制　B要求严格的对仗　C句中每个字不受平仄的约束　D用韵宽，可以通押，并可以换韵。

（　）39.下列何者合乎乐府诗的条件　A可以歌而合乐的诗　B歌行体的诗　C标题上用"歌""行""吟""弄"等名称的诗　D八句以上，要求两两对仗的诗。

（　）40.文学史上有许多文学改革运动，其中的参与者也多有其文学革新的主张。下列人物中提倡文学改革，有其文学革新主张的选项是　A韩愈　B胡适　C白居易　D欧阳修。

（　）41.两汉乐府诗的内容和特色　A大抵为《清商曲》《相和曲》　B感于哀乐、缘事而发的叙事诗　C大量使用谐音双关语　D有四季调、十二月令歌的组诗。

（　）42.词是诗与音乐的结合，由诗衍化而来，又与民间音乐有直接的关系，所以有许多别名。下列何者即是词的别名　A曲子、曲子词　B长短句　C诗余　D琴趣、乐章。

（　）43.绝句　A又名断句、截句　B八句诗，其中有两联要对仗　C为四句诗，五言为二十字，七言为二十八字　D长短句的诗。

( ) 44.《四库全书》的集部中，有总集、别集之分，下列何者属于众人作品合辑的总集　Ⓐ《昭明文选》　Ⓑ《花间集》　Ⓒ《临川集》　Ⓓ《栾城集》。

( ) 45. 小说大要可分为笔记小说、传奇小说、短篇小说、章回小说等，下列选项的归属，何者正确　Ⓐ《搜神记》《世说新语》——笔记小说　Ⓑ《枕中记》《聊斋志异》——传奇小说　Ⓒ《警世通言》《喻世明言》《醒世恒言》——短篇小说　Ⓓ《三国演义》《红楼梦》——章回小说。

( ) 46. 下列关于赋的说明，何者正确　Ⓐ体裁介于诗文之间，源于《诗经》，盛于两汉　Ⓑ魏晋南北朝发展为俳赋，唐则演变为律赋　Ⓒ宋人所作，受古文影响，称为文赋，盖即陆机《文赋》之苗裔　Ⓓ文赋化典重为流利，极近散文，故又称散赋；苏轼《赤壁赋》即其代表。

( ) 47. 下列叙述何者正确　Ⓐ乐府和古诗同为汉代诗歌主流，都不拘平仄，可以换韵，且句数不限　Ⓑ乐府本是汉代官署之名，后习惯将乐府所采集的诗歌称为“乐府诗”，文人仿作者则为“古诗”　Ⓒ乐府诗多长短名，可被之管弦；古诗多五、七言，不入乐　Ⓓ乐府诗的命题多用歌、行、引、曲、调、辞等字，它与古诗的不同，由标题就可以辨认出来。宋郭茂倩编有《乐府诗集》，总括历代乐府歌辞，以音乐为主，分为十二类。

( ) 48. 清代桐城派的古文理论　Ⓐ独抒性灵，不拘格套　Ⓑ提倡古文义法　Ⓒ古文要雅洁　Ⓓ推崇唐宋古文家及归有

316

光的古文。

（ ）49.下列诗歌皆为六朝的乐府诗，请依其特色，选出其为南
朝乐府者　Ⓐ敕勒川，阴山下。天似穹庐，笼罩四野。
天苍苍，野茫茫，风吹草低见牛羊（《敕勒歌》）　Ⓑ驱羊
入谷，自羊在前。老女不嫁，蹋地唤天。（《地驱歌乐辞》
四之二）　Ⓒ春林花多媚，春鸟意多哀。春风复多情，吹
我罗裳开（《子夜春歌》）　Ⓓ宿昔不梳头，丝发被两肩。
婉伸郎膝上，何处不可怜（《子夜歌》）。

（ ）50.有关韵文的流变，下列叙述正确的选项是　Ⓐ北方韵文
的代表是《诗经》，南方韵文的代表是《楚辞》　Ⓑ赋，
是介于诗、文之间的一种合乐文体，可被之管弦，名作
如苏轼的《赤壁赋》，即是苏子与客江上泛舟时，吟歌对
答的文章　Ⓒ乐府诗是汉朝文学主流之一，南北朝时依
然兴盛；中唐白居易以乐府诗"缘事而发"的精神，提
倡"新乐府运动"，企图以诗歌改革社会　Ⓓ近体诗在章
法上，绝句四句，律诗八句，超过八句以上则为古体诗。

三、问答题

1.什么叫做文学？文学和学术的分野何在？

答：我国早期的文学，以实用为主，往往跟学术混在一起。
广义的文学，如章太炎所说的：只要是文字记录在竹帛纸上，而
且有法式的文章，便可称为文学。狭义的文学，是指作家运用语
言文字，表现人类的思想、情感，创造出完美的想象和新技巧的
作品，便叫做文学。

文学和学术的分野：文学是艺术而学术则属于学问，艺术要求美，学术要求实用。前者凭直接的感受，是感性的文章；后者靠客观的分析，是知性的文章，道路不同，效果两样。

2. 我国文体分类，最早见于何人何书？其分类的大要如何？

答：我国文体分类，最早见于魏曹丕的《典论论文》。他将文体分为四大类，即奏议、书论、铭诔、诗赋四种，而且每种文体的特色是：奏议宜雅，书论宜理，铭诔尚实，诗赋欲丽。

3.《诗大序》有云："《诗》有六义焉。"《诗经》的"六义"是指哪六义？其含义又如何？

答：《诗大序》中所说的六义包括风、雅、颂、赋、比、兴六大类。风、雅、颂三项，是《诗经》的分类，也是《诗经》的体裁；赋、比、兴三项，是诗经的作法，其实也是后世诗歌的作法。因此诗的六义，包含了《诗经》的类别和诗歌的作法。

4. 何谓"楚辞"？《楚辞》一书是谁编成的？

答：楚辞，是楚地的歌谣。战国时屈原、宋玉等运用楚地的语言，配合楚地的南音和巫歌，记述楚地的地名和名物以入歌谣，于是成为南方文学中特有的文体。诚如宋人黄伯思所云："屈、宋诸骚，皆书楚语，作楚声，纪楚地，名楚物，故谓之'楚辞'。"《楚辞》一书，是西汉末叶刘向所编的，其中收录屈原和屈原弟子宋玉、景差的作品，以及汉人贾谊、淮南小山、东方朔等摹仿屈原《离骚》的作品，合而成书，共十六篇，名为《楚辞》。

5.《楚辞》为南方文学的代表，有何特色？

答：《楚辞》是渊源于楚文化的巫觋文学，屈原继承了《诗经》的四言诗，同时又吸收了楚文化，对楚地民歌加以革新，开展了句法参差的新体诗。这种以象征手法为主的象征文学，与北方实写为主的《诗经》不同。它具有浓厚的楚地色彩，又以描写个人的情怀和幻想，构成了词藻华丽、对称工巧，具有象征、神秘、浪漫等特色的南方文学。

6. 何谓"短赋"？荀子有哪些短赋的作品？

答：每篇不超过五百字，篇幅极短的辞赋，称为短赋。是继《诗经》之后的一种韵文。荀子的短赋，借咏物以说理，在今传《荀子》一书中，有《赋》篇、《成相》篇二篇。《赋》篇又收有五篇短赋，各自独立，不相关联，即《礼赋》《知赋》《云赋》《蚕赋》《箴赋》；《成相》篇包含三首类似鼓词的诗，以及两首佹诗。佹诗，是荀子创造的新体诗。

7. 何谓"赋"？两汉有哪些重要的赋家？

答：赋，文体的一种，是继《诗经》四言诗之后，汉人所开展的一种韵文。因此班固说："赋者，古诗之流也。"刘勰《文心雕龙·诠赋》篇对赋所下的定义是："赋者，铺采摛文，体物写志。"也就是说：赋这种文体，是以铺陈文采，用华丽的辞藻，来咏物托讽。汉代文学的主流，便是汉赋，汉赋的主要作家，西汉有贾谊、司马相如、王褒、扬雄；东汉有班固、傅毅、张衡、王延寿等。而司马、扬、班、张四家，并称为汉赋四大家。

8. 我国古典诗歌可分哪几类？

答：我国古典诗歌，大抵以齐言诗而言，非齐言的韵文，便不称为诗，而名之为辞、为赋、为词、为曲。我国古典诗歌可分为三大类：古体诗、乐府诗、近体诗。古体诗，又名古诗；近体诗，又称绝律。乐府诗最自由，它可用古诗来写乐府，也可以用近体诗来写乐府。

9. 何谓"古诗"、"近体诗"？

答：古体诗，又名古诗，与近体诗相对。所谓古诗，是诗体的一种，依照古人作诗的方式所写的诗，称为古诗，与唐人所开创的近体诗作法不同。古诗之名，始见于《文心雕龙》和《昭明文选》。所谓近体诗，是唐人所开创的新体诗，包括绝句和律诗，在作法上比古诗严格，有句法、平仄、对仗等限制。

10. 古诗和近体诗有何不同？

答：古诗和近体诗的分别，在于形式结构上的不同：一、句子的多寡不同：古诗句子的多寡，依内容而决定，最少两句，最多数百句不等；近体诗句法一定，绝句四句，今律八句，八句以上为排律，今人所称的律诗，便是八句的今律。二、平仄使用的限制：古诗每个字不受平仄的约束，但近体诗每个字平仄的用法有一定的格律。三、对仗的要求：古诗句法自由，可写单句，也可写双句，便成一联，唐以前的古诗，有对称的现象，但不刻意的要求；然而近体诗中的律诗，除了前后两联不对仗外，其他两两要对仗。四、用韵的限制：古诗用韵宽，可以通押，可以换韵；近体诗用韵严，不能通押，只限一韵之内的字押韵，且不能换韵。

11. 何谓"建安诗"？建安有哪些重要诗人？作品的特色何在？

答：建安诗是指东汉献帝建安时代（196—220）所出现的五言诗。当时重要的诗人有曹氏父子：曹操、曹丕、曹植，以及建安七子：孔融、陈琳、王粲、徐幹、阮瑀、应场和刘桢。建安作品的特色，在于"慷慨以任气，磊落以使才"，也就是任才气，表现磊落不拘的性情、对时代的抗议和愤慨。

12. 何谓"正始诗"？正始诗人有哪些重要的作家？作品的特色何在？

答：三国时魏齐王正始年间（240—249），有一些隐逸诗人所写的诗，称为正始诗。他们常集于竹林之下，饮酒赋诗，崇尚老庄虚无之学，轻礼法，尚自然，时人称为"竹林七贤"，也称为正始诗人，包括阮籍、嵇康、山涛、向秀、刘伶、阮咸、王戎七人。他们作品的特色，如同《文心雕龙·明诗》篇所说："正始明道，诗杂仙心。"也就是正始诗人崇尚老庄之道，诗中掺杂着游仙观念与隐逸思想。

13. 何谓"太康诗"？有哪些代表作家？作品的特色何在？

答：西晋武帝太康年间（280—289）一些诗人所写的诗，称为太康诗。太康诗人有三张、二陆、两潘、一左。三张是指张载、张协、张华；二陆是指陆机、陆云两兄弟；两潘是指潘岳、潘尼叔侄；一左是指左思，他们处于西晋太平年代，作品内容缺少时代的激荡，比较偏重形式结构和华丽辞藻的组合，因此崇尚巧构形似之言，是其特色。

14. 我国田园文学起于何时何人？

答：我国以农立国，照理田园文学、田园诗极为发达。但实际上，我国田园诗或田园文学并不发达，原因是历代文人都非农夫出身。《诗经·国风》中的《豳风》，有几首描写农耕生活的诗，但并没有将田园文学的精神特色写出。直到东晋义熙年间，陶渊明写《归园田居》《饮酒诗》和《归去来辞》，才真正表现了田园诗和田园文学的特色，所以我国田园诗、田园文学始于东晋陶渊明。

15. 我国山水诗始于何时、何人？山水散文始于何书？

答：我国山水诗始于南朝宋谢灵运的山水诗，他以永嘉一带的奇山异水入篇，其后尚有齐谢朓写江南山水清丽的小篇山水诗，世人称之为大谢小谢。同时在北朝北魏时，郦道元用汉人桑钦的《水经》加以注释，成为《水经注》。《水经注》本是河渠水利的书，由于对河川江水景色的描写清丽脱俗，遂成为山水散文、山水文学的第一书。

16. 何谓"乐府"？

答：乐府就是音乐的官府，汉武帝立乐府，采集民歌，因此乐府一词成为民歌的代称，而乐府诗便是合乐的诗。

17. 古诗与乐府诗有何不同？

答：古诗和乐府诗的不同，最主要的在于合乐和不合乐，古诗是文人所写的诗，它只能诵而不能歌；乐府诗是民歌，是合乐的诗，也是可以歌唱的音乐文学。其后文人也仿作民间乐府。今乐府诗的音乐部分已亡佚，仅留下文字部分的歌词，但从标题上，仍可以判断是古诗或乐府，凡是与音乐结合的诗，诗题的命名与音乐有关，即有"歌""行""吟""弄""曲""调""操""引""章"等音乐痕迹，如《长歌行》《江南弄》等便是乐府诗，否则便是古诗。但唐人所开创的新题乐府，简称新乐府，那是不合乐的诗，也称为乐府诗。

18.试述汉乐府的由来。

答：汉朝初建，帝王为了朝廷的用乐，汉惠帝任命夏侯宽担任乐府令，"乐府令"便是音乐官府的首长，于是始有"乐府"这个名称。到汉武帝时，为了祭天地，因此成立了"乐府"这个机构，而乐府便成为官署，采诗夜诵，并编制祭祀的诗歌，以李延年为协律都尉，负责带领编制朝廷典礼所需的乐曲。由于乐府的职掌是采集民歌，配合祭祀，后乐府便引申为民歌的代称。

19.我国第一首长诗，是哪一首？内容写些什么？

答：我国第一首长诗，是发生于东汉末叶建安中的民歌《孔雀东南飞》，该诗被收录在梁徐陵所编的《玉台新咏》中，全诗共三百五十三句，一千七百六十五字，为我国五言叙事诗中特有的长诗。该诗内容在叙述庐江府小吏焦仲卿妻刘兰芝，被婆婆遣回娘家，誓不他嫁，后因家人逼迫改嫁，投水而死，焦仲卿获知此消息后，也自缢而死。全诗是叙述一则爱情伦理悲剧，情节至为感人。

20.文人摹仿民间乐府始于何时？有哪些作品可以佐证？

答：文人摹仿民间乐府，而有文人乐府，文人乐府起于东汉建安时代，曹氏父子和建安七子大量摹仿民歌而作乐府诗，如曹操的《短歌行》、曹丕的《燕歌行》、曹植的《白马篇》、王粲的《七哀诗》、陈琳的《饮马长城窟行》等，都是著名的文人乐府，足以佐证。

21.魏晋南北朝时有哪些主要的乐府诗？

答：魏晋南北朝时，在长江以南地区，流传的乐府民歌以《清商曲》为主,其中包括《吴歌》《西曲》《神弦曲》三种。而北朝民歌,以梁乐工所搜集的梁《鼓角横吹曲》为主。

22. 魏晋南北朝乐府的特色何在?

答:魏晋南北朝乐府诗的特色,在于民歌中带有浪漫、神秘,以及唯情唯美的色彩。它们大半是五言四句的情歌,有时用男女对口的方式来表达,如同一般的对口山歌。诗中大量使用谐音双关语,以增诗歌中的情趣和谐趣,构成诗歌的弦外之音;在诗中也大量使用和送声,以增歌唱时的热烈场面和强烈的节奏。

23. 何谓"敦煌曲子词"?

答:清光绪二十五年(1899),在敦煌莫高窟所出土的唐人写本敦煌卷,其中有大量的曲子词,世称"敦煌曲子词",便是唐人的民歌,也是唐词的开端。

24. 何谓"新乐府"?

答:在唐以前,一般诗人写乐府诗,依然沿用旧题,如《长干行》《饮马长城窟行》等。新题乐府在盛唐杜甫诗中已出现,也就是"即事名篇"的乐府诗,简称新乐府,但已是文字诗而不能合乐。中唐时李绅写"新题乐府"二十首,都是描写民生疾苦的诗;当时元稹、白居易均有和作,元稹有十二首,白居易有五十首,因此"新题乐府"流行。

25. 何谓"近体诗"?

答:近体诗是唐人所开创的新体诗,包括了绝句和律诗。绝句共四句,有五绝、七绝之分。律诗分今律和排律两种,也是有五律、七律之分;今人所谓律诗,多指八句的今律而言,八句以上的排律,今人已不流行。近体诗在作法上，较古诗为严，讲平仄，律诗还讲求对仗，用韵以一韵为限，不通押，不换韵。

26. 何谓"绝句"？试述绝句的由来。

答：绝句又名断句、短句、截句，也就是极短的小诗。全诗共四句，具备起、承、转、合的结构，诗句虽短，但有截然而止、言有尽而意无穷的效果。绝句的由来已久，汉代已有四句的小诗，名为断句或短句；其后魏晋南北朝盛行小诗，永明声律说流行；至唐代，绝句的格律随初唐律诗的成立而建立。

27. 上官体和沈宋体对唐诗有何贡献？

答：初唐武后时，上官仪和上官婉儿工诗，诗风绮错婉媚，风行一时，时人称为上官体。同时，他们提倡诗中的对仗，有"上官六对"六种对仗的类别。因此上官体对律诗形式的完成有其贡献。又沈佺期、宋之问也长于五律，他们写诗讲究音韵对仗，力求形式的工整、格律的完备，时人称为沈宋体。律诗的成熟，可说成于他们之手。

28. 律诗的形式结构如何？

答：律诗共八句，八句以上则称排律。可分五律和七律两种，其中又有平起格和仄起格的区别。律诗每两句为一联，共四联：首联、颔联、颈联、末联。第二、第三两联要对仗。每联的末字用韵，律诗只有平声韵，不用仄声押韵，至于句中的平仄，也有一定的规格，称为定式。

29. 唐诗兴盛，唐的分期如何？

答：由于唐诗兴盛，且唐代近三百年，诗人辈出，诗风亦异，最早将唐诗分期，始于南宋严羽的《沧浪诗话》。他将唐诗分为五个时期：初唐、盛唐、大历、元和、晚唐。明高棅编《唐诗品汇》，沿用严羽的分期，将它修订为四个时期，即初唐、盛唐、中唐、晚唐。此后唐诗四期之说，成为定论。

30. 试述初唐的诗风及主要作家。

答：初唐是指唐高祖李渊开国，从武德元年（618）起，到睿宗李旦先天末年（712）止，诗坛呈现新气象，代表作家有王勃、杨炯、卢照邻、骆宾王等，号称初唐四杰，诗风华丽而高妙；上官仪、上官婉儿的诗，号为上官体，诗风绮错婉媚；而沈佺期、宋之问的沈宋体，张若虚的《春江花月夜》，仍有六朝金粉的余习。此外，王绩、王梵志、寒山子的隐逸诗，陈子昂的复古诗，都开启了初唐诗蓬勃的生机。

31. 盛唐的诗风如何？有哪些重要的诗人？

答：盛唐从唐玄宗开元元年（713），到肃宗宝应末年（762），尤其是开元、天宝年间，诗人辈出，浪漫诗派如李白、贺知章等。自然诗派如王维、孟浩然、储光羲等所写的山水、田园诗；边塞诗派如王昌龄、王之涣、高适、岑参、李颀、崔颢等，出入边塞，许身报国，唱出了悲壮的边塞诗；写实诗派如杜甫、张籍、元结、沈千运等，他们关心民瘼，写下了可歌可泣的社会诗。盛唐的诗，热情而多样，最足以代表盛唐时期的大诗人，有诗佛王维、诗仙李白、诗圣杜甫，他们的作品，正好代表了佛、道、儒三种不同思想形态的诗歌。

32. 中唐诗风的趋向如何？有哪些主要的诗家？

答：中唐指代宗广德元年（763）到敬宗宝历二年（826）之间，其间经安史之乱后，唐室由极盛而中衰，经过大劫后，上下重建社会秩序，于是在大历元和年间，有中兴气象。诗人从沉思中醒觉，开始写个人情怀的诗，如大历十才子李益、钱起的诗；元和年间，李绅、元稹、白居易的新乐府运动，要求诗歌应配合时事而作，使诗歌通俗化。其次韩愈、贾岛、孟郊等苦吟诗人，使诗散文化，开启了唐诗的新途径。

33. 中唐时有哪两大文学运动？

答：中唐时期，从德宗的贞元年间到宪宗元和年间，唐室致力于中兴，于是文士提倡儒家言志载道的文艺思潮，以配合时代的需要。在散文方面，有韩愈、柳宗元的古文运动；在诗歌方面，有李绅、元稹、白居易的新乐府运动。他们主张"文以载道""文章合为时而著，歌诗合为事而作"的理论，要求诗文为时事而作，为生民服务。

34. 晚唐诗的发展如何？有何主要的诗家？

答：晚唐是指文宗太和元年（827）以后的唐代末叶，其间由于党争及进士浮华成习，诗风趋于冷艳而多伤感。如杜牧、张祜、李商隐绮靡的小诗，无论咏物、咏史、宫体，都达到小诗登峰造极的境地。李商隐的《无题诗》，带来爱情诗的新风貌。其他如皮日休、陆龟蒙、聂夷中、杜荀鹤等沿承新乐府的道路，开展"正乐府"描写民生疾苦的诗风，替离乱的晚唐，留下一些真实的记录。同时，唐人有养伎之风，声乐不绝，于是长短句兴起，造成另一新体诗——词的产生。

35. 词有哪些别称？

答：词的别称很多，词，又名曲子、曲子词、长短句。又有诗余、乐府、琴趣、乐章、歌曲等别称。在唐宋人的词集中，有敦煌曲子词、秦观《淮海居士长短句》、范仲淹《范文正公诗余》、苏轼《东坡乐府》、黄庭坚《山谷琴趣》、柳永《乐章集》、姜夔《白石道人歌曲》，这些都是词家的词集名，词的异名如此之多，由此可见一斑。

36. 词起源于何时？与音乐的关系何在？

答：词的起源，说法纷纭，但与音乐有密切的关系。大抵于唐代时，源自乐府歌辞，或因加和送声使歌唱活泼而成长短句，或因摊破而成长短句。再者，当时声诗流行，由于曲调的传唱，形成词牌，文人于是倚声填词，开启了另一种新诗体。

37. 词中有小令、中调、长调之分，其分别何在？

答：词有小令、中调、长调之分，其分别在于一阕词字数的多寡，凡五十八字以内的词称为小令；五十九字至九十字的词，称为中调；而九十一字以上的词，称为长调。小令就是小调，来自于酒令，中调和长调则合称慢词。

38. 词有单调、双调之称，意义何在？

答：词一篇，通称为一阕，今人多称之为一首。一阕词而不分段，便叫单调，如秦观的《如梦令》。凡词调分前后两段的称为双调。上段又称之为上阕、上片，下段为下阕、下片。上阕和下阕之间，通常空一格以表示分隔。

39. 词中有三李，是指哪三李？

答：著名的词家，姓李的有三位，俗称"词中有三李"，即李白、李煜（李后主）、李清照。

40. 何谓"花间词人"？重要的花间词人有哪些？

答：五代西蜀赵崇祚将西蜀词人的作品，编成《花间集》一书，是我国第一部词总集。《花间集》所收的词，都是轻艳的小令，共收晚唐五代词人十八家，这十八家便称为花间词人。重要的词人有温庭筠、韦庄、顾夐、孙光宪、牛希济等。其中温庭筠的词被选入《花间集》中，共六十六首，数量最多，清王士祯《花草蒙拾》尊他为"花间鼻祖"。

41. 北宋初期的词风如何？代表这时期的词人有哪些？

答：北宋初期的词，沿花间、《尊前集》的遗风，仍是小令之类的歌者之词。北宋晏殊、晏几道父子，首开风气，著有《珠玉集》《小山集》，词风轻艳纤巧，婉丽精美。其后尚有宋祁、范仲淹、欧阳修等词家，他们是当时的显达贵人，他们的词风虽有改变，仍不失纤巧妩媚，惟范仲淹的词，有几分边塞风貌。

42. 张先何以有"张三影"之称？

答：北宋张先的词，是慢词的开始，在他的词中，"影"字用得特别精巧，尤其这三句佳句："云破月来花弄影"，"柳径无人，堕絮飞无影"，"娇柔懒起，帘压卷花影"，更是传诵一时，时人称之为张三影。

43. 南宋词的发展如何？

答：南宋词的发展，大别可分为乐府词派和白话词派两大类。乐府词派，是继承北宋周邦彦重音律的词风，在音律上、创词调上有他们的成就，主要的词人有姜夔、史达祖、吴文英、张炎、周密、蒋捷、王沂孙等。白话词派从李清照开始，其他如朱敦儒、张元幹、张孝祥、陆游、辛弃疾、刘克庄等词家，都能将白话入词，用白描手法，写真挚的情感、自我的生活，同时也能反映大众心声，开拓了词的另一境界。

44. 我国韵文，一脉相承，在唐诗、宋词、元曲中，有何不同的特色？

答：我国韵文，一向十分发达，且一脉相承，相互影响，唐诗影响宋词，故称词为诗余，宋词影响元曲，故称曲为词余。唐诗、宋词、元曲各有特色：唐诗典雅，宋词艳丽，元曲俚俗，风格不一，各有千秋。

45. 元曲产生的原因何在？

答：（1）元人入主中原，摧残汉人文化，将江南人分为十等，有九儒十丐之分，文人受鄙视，元曲便成为文人寄托情意的一种文体。

（2）元代废科举长达三十六年，使文人无所事事，于是他们隐逸在渔樵之间，放歌于江湖之上，而使元曲为渔樵文学。

（3）由于词的衰微，于是民间小调翻新，南曲崛起。

（4）辽金元时，胡人入主中原，胡乐大行，中原词调不足以配合，而更创新声新词，于是有北曲新声。

46. 从形式结构而言，曲可分成哪几类？

答：从形式结构来看，曲可分成散曲和戏曲两大类。散曲又可分成小令和套数两种。戏曲便是四折为主的杂剧。

47. 元代散曲可分前后两期，作品的风格和精神有何差异？

330

答:元代散曲作家,可分前后两期:前期散曲,如白朴、关汉卿、马致远等,表现北方民族中率真爽朗的精神,与质朴自然的通俗文学之美。后期散曲,如张养浩、贯云石、张可久等,渐失去民间文学的通俗精神,走上文人雕饰典丽的道路,与元曲俚俗的特色,相去渐远。

48.元人的杂剧,其中有"科""白",而"科""白"的意义何在?

答:元人的戏曲,加上"科"和"宾白",便成为舞台上可以演出的戏剧,元人的戏剧称为杂剧,所谓的"科",是指演员所表现的动作。所谓的"白",是指宾白,即演员所讲的台词。有了歌唱、动作和台词,便能将戏剧中的情节借舞台表演出来,而成为歌舞剧的形态。

49.元人杂剧的基本结构如何?

答:元人杂剧的基本架构共四折,每一折就是一个套曲,四折,就是四个套曲合成一本。表演时,每一折一韵到底,由一人独唱,也有全剧四折,由一人独唱到底,如马致远的《汉宫秋》,白朴的《梧桐雨》等便是。每一本杂剧,前有"楔子"作序幕,后有"题目""正名"作结束。

50.元代著名的杂剧作家有哪些?并列举其作品。

答:元代著名的杂剧作家,有关、王、白、马、郑。即为关汉卿、王实甫、白朴、马致远以及郑光祖。他们主要的作品有关汉卿的《窦娥冤》,王实甫的《西厢记》,白朴的《梧桐雨》,马致远的《汉宫秋》,郑光祖的《倩女离魂》。

51.元人的杂剧和明清的传奇有何不同?

答：在我国戏曲中，元人每本四折的戏曲，称为杂剧；明清的戏曲，衍为三十出，甚至四五十出，因故事题材，仍如元人剧曲一样，来自于唐人的传奇小说，因而明清的戏曲，沿用传奇之名。但唐人的传奇，指的是小说，明清的传奇，则指戏曲。元人杂剧每折限一人独唱，明清传奇，不限独唱，可以对唱、合唱、轮唱，变化多样。杂剧的开端用"楔子"，而传奇的开端用"家门"，或"开场""开场始末"为启端。元杂剧的结束有"题目"和"正名"，但明清传奇的结束，往往用一首诗作收结。

52. 明代有五大传奇，是指哪五大传奇？

答：明代最早的传奇作品，有五大传奇之说，即《杀狗记》《白兔记》《拜月亭》《琵琶记》《荆钗记》。

53. 何谓"临川四梦"？

答：明代最伟大的剧作家汤显祖，为江西临川人，他的代表作，有《还魂记》(又名《牡丹亭》)《紫钗记》《南柯记》《邯郸记》，都是写梦的戏曲，《牡丹亭》是写杜丽娘和柳梦梅的爱情故事，《紫钗记》是写李益和霍小玉的爱情故事，原本于唐代蒋防的《霍小玉传》。《南柯记》和《邯郸记》，均写追求功名利禄的梦，原本于唐李公佐的《南柯太守传》和沈既济的《枕中记》。汤显祖，居玉茗堂，故其四部传奇，称"临川四梦"，或"玉茗堂四梦"。

54. 清代重要的传奇作家有谁？其作品为何？

答：清代的传奇作家及作品，较称著的有洪昇的《长生殿》，孔尚任的《桃花扇》，李渔的《蜃中楼》《比目鱼》等《笠翁十种曲》，蒋士铨的《四弦秋》和《临川梦》等。

55. 何谓"散文"？以写作的题材来分，散文又可分哪几类？

答：在一切文章中，只要是不押韵的文章，都可称为散文。从写作的题材来分，散文可分下列六大类：即以写景为主的游记，写人为主的传记，写情的抒情小品，写事的叙事散文，写物的咏物小品，写理的说理散文或议论文。

56. 在经学散文中，时代最早的有哪些散文？

答：在经学散文中，今人能阅读到最早的散文，要推《尚书》和《周易》。《尚书》是上古的书，包括虞、夏、商、周四代的文献和政书。《周易》来自于卜筮，由卜筮的运用，衍为人生处世哲学，是周代易理的书。

57. 记录孔子言行的书是《论语》，《论语》在散文的发展上，有何成就和贡献？

答：《论语》是记载孔子或孔子弟子与当时人言行的一部书，也是我国春秋时代的散文，距今两千五百多年。《论语》的篇章，一小节自成一章，每章独立成一单元，记事质朴而不重华采。在文言虚字的使用上，极为精确自然，为后世古文家奉为典范。从《论语》到《孟子》，也可以发现，我国春秋时代到战国时代散文的发展，是由简朴的散文，发展到繁复的散文。《论语》中的论仁，成为后世古文家道统所在。

58. 在先秦诸子的散文中，《庄子》的寓言和《韩非子》的寓言有何不同？

答：在先秦诸子的散文中，《庄子》和《韩非子》都以寓言称著，《庄子》的寓言，扩及自然界的各种事物，如北溟的鲲化为鹏，河伯探访北海若等；《韩非子》的寓言，则多落实在人事上，如卖矛和盾的矛盾故事，齐桓公和晏婴的故事等，多半是写人间发生的小故事，均具有强烈的启发性。

59. 司马迁被奉为古文之祖，原因何在？

答：西汉司马迁撰《史记》，《史记》一书，是二十五史的第一部，同时他开创了纪传体的史书，也开创了传记文学。唐宋以来的古文家，都奉《史记》为古文的规范，因此司马迁不仅是伟大的史学家，也是伟大的古文家，且被后人推崇为古文之祖。

60. 班固被尊为骈文之祖，原因何在？

答：东汉班固是史学家，也是文学家，他的史学作品是《汉书》，属断代史，然而其中论赞、叙事详赡，为史书中之翘楚，且具文学价值，尤其《汉书》中收录汉赋不少。班固被尊为骈文之祖，因他创作了不少赋作和骈文，如《两京赋》《典引》，以及《燕然山铭》等。从东汉以来，骈文兴起，班固之作，实为启端，故被世人尊为骈文之祖。

61.《昭明文选》成书于何时？是谁编的？内容如何？

答：《昭明文选》，简称《文选》，书成于梁代，由梁昭明太子萧统召集梁代文人编选而成的，原三十卷，唐李善注《文选》时，列为六十卷。共收周秦两汉至梁代单篇的文章，约分为三十七体，包括赋、楚辞、诗，以及骈文，是继《诗经》《楚辞》之后的一部文学总集及历代文选。

62. 梁代有哪几部文学批评的著作？

答：梁代重要文学批评的著作，最称著的有锺嵘的《诗品》

和刘勰的《文心雕龙》两部巨著。

63. 北魏郦道元《水经注》是怎样的一部书？

答：北魏郦道元的《水经注》，凡四十卷，是依据汉代桑钦所撰的《水经》，加以作注而成的书。注文较原书多出二十倍，注以水道为纲，描述水道所经的地理环境、历史事迹、民间传说，内容丰富，文采生色。本是一部地理河渠的书，经郦道元的描写，便成为我国第一部山水小品散文的名著。

64. 南朝宋刘义庆的《世说新语》是怎样的一部书？

答：南朝宋刘义庆所写的《世说新语》，凡三卷，共分成三十六门，记载东汉以来，至东晋间的文人、学者、士子的言行轶事，反映当时的时代环境、政治背景、社会生活，以及士大夫的生活习俗，至为传神。是一部写人物轶言轶事的笔记文学，也是一部民间文人所写的传记文学。

65. 何谓"古文"？

答：古文一词，顾名思义便是古代的文章。但在唐代古文家所说的古文，在内容上，强调文以载道的精神，具有写实讽喻的功能；在形式上，强调写参差句的散文，不以四六文为尚。诚如韩愈所说的："愈之为古文，岂独取其句读不类于今者邪？思古人而不得见，学古道则欲兼通其辞，通其辞者本志乎古道者也。"

66. 在韩愈、柳宗元提倡古文运动之前，有哪些古文家在倡导古文，而被视为唐代古文运动的先驱？

答：在韩、柳提倡古文运动之前，有北魏苏绰提倡朴质的散文；隋李谔、王通倡贯道济义的文章，唐陈子昂倡言复古，李华、萧颖士、柳冕、独孤及、元结等排斥骈俪浮华的文风，崇尚朴质复古的古文，这些文士，都可视为唐代古文运动的先驱。

67. 唐代韩、柳古文运动主要的古文理论如何？

答：唐代韩愈和柳宗元在贞元年代，提倡古文，他们所主张的古文理论，是一、文以载道，认为古文是写实实用的文学，文章必须记载道德，具有写实、讽喻的社会功能。二、主张文道合一、文教合一，使文学与儒学合而为一。三、反对时文，也就是反对浮华的骈文。四、主张古文的典范文章，在经书和秦汉文中。于是推崇《五经》《史记》、汉赋为古文的根源。并写清新谨严的古文。

68. 北宋古文运动以谁为盟主？重要的古文家有哪些？

答：欧阳修继韩、柳之后，提倡文以明道，反对西昆体的浮华，而再次发起古文运动，成为北宋古文运动的文坛盟主。欧阳修乐于奖掖后进，使文坛一时的俊杰，均出入其门下，如曾巩、王安石、苏洵、苏轼、苏辙等。

69. 何谓"唐宋八大家"？"唐宋八大家"的名称，始于何时？

答：所谓唐宋八大家，是指唐宋时著名的古文家共八人，即唐代的韩愈、柳宗元；宋代的欧阳修、曾巩、王安石，以及三苏父子：苏洵、苏轼、苏辙。"唐宋八大家"之名，始于明茅坤所编选之《八大先生文钞》。

70. 明代前后七子古文家的古文主张如何？

答：明代古文家中，有前七子：李攀龙、何景明等和后七子：李梦阳、王世贞等，他们均主张拟古的古文，主张"文必秦汉，诗必盛唐"。

71. 何谓"公安派"？公安派的文学主张如何？

答：晚明时，有袁宗道、袁宏道、袁中道三兄弟崛起于文坛，他们都是湖北公安人，世人因称之为公安派。公安派的古文理论：一、反对前后七子摹拟之俗。二、主张文章的写作，要独抒性灵，不拘格套。三、认为文学是进化的，确认古今之变，一代有一代的文学。四、重视小说戏曲的作品。

72. 何谓"古文义法"？清代桐城派是怎样建立的？

答：清代康熙年间，方苞编《古文义法约选》，主张写古文要重视义法。所谓古文义法，是指写文章要有内容、要有层次结构，即《易经》所说的"言之有物，言之有序"。其后有刘大櫆、姚鼐继续发扬光大，一时蔚成文风。方苞、刘大櫆、姚鼐三人，都是安徽桐城人，尊经史及唐宋八大家，主张为文需重义法，世称桐城派。

73. 何谓"骈文"？骈文和散文有何不同？

答：所谓骈文，是东汉以来，流行于六朝间行偶的文章，多为骈辞俪语的文体，后人称之为骈文，或四六文、六朝文。骈文和散文的不同，在于骈文的基本句法，是以四字或六字为基本句，而散文不受句法的限制，可以自由书写，因此骈文行偶，散文行奇。其次，骈文尚绮靡华采，散文尚自然朴质。骈文要用典故，散文只要白描铺叙。骈文盛行于六朝，散文在秦汉时已存在，其后唐宋古文家所写之古文，其实就是散文。

74. 六朝文有四体之说，是指哪四体？

答：清人孙德谦在《六朝丽指》一书中，将六朝的骈文分为四大类，称为六朝文四体：即永明体、宫体、吴均体、徐庾体。永明体是重声律对仗的骈文，宫体是以轻艳为尚的骈文，吴均体是以山水清音为主的骈文，徐庾体是徐陵、庾信所写的骈文，也是新宫体。他们开拓了骈文的新境界，不限于宫廷生活轻艳的题材，只要是随兴感发，都可以写入骈文之中，成为至情至性的文章。

75. 唐代有哪些重要的骈文家？以及他们有哪些主要的作品？

答：唐代骈文，承六朝文的遗风，唐代重要的骈文家，有初唐四杰的骈文，大抵措辞绮丽，属对工整，文章高华，如王勃的《滕王阁序》、骆宾王的《为徐敬业讨武曌檄》，为天下至文。他如张说、苏颋，是骈文的能手。中唐陆贽的奏议、柳宗元的谢表，是有名的骈文代表。晚唐李商隐的《樊南四六甲乙稿》，堪称晚唐骈文家的巨擘。

76. 清代有哪些著名的骈文家？

答：清代骈文盛行，重要的骈文家，有陈维崧、毛奇龄、汪中、蒋士铨、王闿运、李慈铭等，堪称一代之大家。

77. 何谓"小说"？

答：小说一词，由来已久，为文体中的一种。古代对小说的看法，《汉书·艺文志》将小说家列入先秦诸子九流十家中的一家。小说便是说小道的小篇文章，大抵为街谈巷语所传说的故事，与士大夫说仁义大道理的论著不同。例如魏晋南北朝的志怪笔记，唐宋的传奇小说，以及宋明的短篇小说，明清的章回小说。今人以为小说本属散文，后此体特别发达，于是脱离散文而自立门户，凡是能创作人物、刻画人性、叙述故事情节的作品，便可视为小说。

78. 我国志怪笔记小说流行于何时？有哪些重要的作品？

答：我国志怪笔记小说，盛行于魏晋南北朝时。所讲述的内容，大都记载奇特之事，尤其喜述狐鬼故事。其间重要的作品，有《神异经》《汉武帝故事》《汉武帝内传》《西京杂记》《搜神记》《拾遗记》《博物志》《搜神后记》《冥祥记》《续齐谐记》等。

79. 传奇小说始于何时？它的特色何在？

答：传奇小说始于唐代，也是我国短篇小说的开始。传奇小说的特色，在于写人事，不在于写鬼怪的故事。六朝志怪笔记，是写些非理性的"幻设语"，而唐人传奇小说已是理性写实的作品，是写人间事的"作意"小说。

80. 唐人写爱情故事的传奇小说有哪些？

答：唐人写爱情故事的传奇小说，有元稹的《莺莺传》，又名《会真记》，写张生和崔莺莺的故事；白行简的《李娃传》，写长安一枝花的故事，亦即李娃和荥阳公儿子的爱情故事；陈元祐的《离魂记》，写王宙和张倩娘的故事；蒋防的《霍小玉传》，写李益和霍小玉的爱情故事。

81. 我国的话本始于何时？最早的话本有哪些？

答：我国的话本始于唐代，今所见最早的话本，也是唐代说书人所用的底本，见于敦煌所出土的唐人话本，如《韩擒虎话》《庐山远公话》《唐太宗入冥记》《叶静能话》等。

82. 明清章回小说中，有四大名著之称，是指哪四大名著？

答：明清章回小说中，有四大名著，即明罗贯中的《三国演义》、施耐庵的《水浒传》、吴承恩的《西游记》，以及清曹雪芹的《红楼梦》。

国学题库解答

国学名称、范围及分类测验题

一、单选题

1.Ⓑ　2.Ⓐ　3.Ⓓ　4.Ⓒ　5.Ⓑ　6.Ⓑ　7.Ⓐ　8.Ⓒ　9.Ⓐ
10.Ⓓ　11.Ⓑ

二、复选题

12.ⒶⒷⒸⒹ　13.ⒷⒸⒹ　14.ⒷⒹ　15.ⒶⒷⒸ　16.ⒶⒷⒸⒹ

经学常识测验题

一、单选题

1.Ⓐ　2.Ⓑ　3.Ⓓ　4.Ⓑ　5.Ⓐ　6.Ⓓ　7.Ⓓ　8.Ⓑ　9.Ⓓ
10.Ⓒ　11.Ⓑ　12.Ⓑ　13.Ⓒ　14.Ⓐ　15.Ⓒ　16.Ⓐ　17.Ⓐ
18.Ⓑ　19.Ⓒ　20.Ⓒ　21.Ⓓ　22.Ⓑ　23.Ⓑ　24.Ⓐ　25.Ⓐ
26.Ⓑ　27.Ⓓ　28.Ⓒ　29.Ⓒ　30.Ⓒ　31.Ⓑ　32.Ⓒ　33.Ⓒ
34.Ⓐ　35.Ⓓ　36.Ⓓ　37.Ⓒ　38.Ⓐ　39.Ⓐ　40.Ⓑ　41.Ⓑ

42. Ⓓ 43. Ⓐ 44. Ⓑ 45. Ⓓ 46. Ⓐ 47. Ⓒ 48. Ⓐ 49. Ⓑ

50. Ⓒ 51. Ⓓ 52. Ⓑ 53. Ⓐ 54. Ⓒ 55. Ⓐ 56. Ⓓ 57. Ⓑ

二、复选题

58. ⒶⒷⒸ 59. ⒷⒸⒹ 60. ⒶⒷⒸ 61. ⒶⒷⒹ 62. ⒸⒹ

63. ⒶⒷⒹ 64. ⒸⒹ 65. ⒸⒹ 66. ⒷⒸⒹ 67. ⒶⒷ

68. ⒶⒹ 69. ⒶⒹ 70. ⒶⒷ 71. ⒷⒸ 72. ⒶⒸⒹ

73. ⒷⒹ 74. ⒶⒷⒸ 75. ⒶⒷ 76. ⒷⒸ 77. ⒷⒸⒹ

78. ⒶⒸⒹ 79. ⒶⒷⒸⒹ 80. ⒶⒷⒸ 81. ⒶⒸⒹ

82. ⒶⒷⒸⒹ 83. ⒶⒷⒸⒹ 84. ⒷⒸⒹ 85. ⒶⒷⒸⒹ

86. ⒶⒷⒹ 87. ⒶⒷⒹ 88. ⒶⒷⒸⒹ 89. ⒶⒷⒹ 90. ⒷⒸⒹ

91. ⒶⒷ 92. ⒷⒸⒹ 93. ⒶⒷⒹ 94. ⒶⒷⒹ 95. ⒶⒹ

96. ⒶⒷⒸ 97. ⒶⒷⒹ 98. ⒶⒷⒸⒹ 99. ⒶⒸⒹ 100. ⒶⒷ

101. ⒶⒸⒹ 102. ⒶⒷⒹ 103. ⒶⒸⒹ 104. ⒶⒷⒸⒹ

105. ⒶⒷⒸ 106. ⒶⒷⒸⒹ 107. ⒸⒹ

史学常识测验题

一、单选题

1. Ⓒ 2. Ⓑ 3. Ⓓ 4. Ⓑ 5. Ⓓ 6. Ⓒ 7. Ⓐ 8. Ⓒ 9. Ⓑ

10. Ⓐ 11. Ⓐ 12. Ⓒ 13. Ⓓ 14. Ⓑ 15. Ⓐ 16. Ⓐ 17. Ⓑ

18. Ⓓ 19. Ⓐ 20. Ⓑ 21. Ⓓ 22. Ⓒ 23. Ⓑ 24. Ⓐ 25. Ⓒ

26. Ⓒ 27. Ⓒ 28. Ⓑ 29. Ⓐ 30. Ⓐ 31. Ⓒ 32. Ⓓ 33. Ⓓ

34. Ⓑ　35. Ⓒ　36. Ⓐ　37. Ⓒ　38. Ⓑ

二、复选题

39. ⒶⒷ　40. ⒶⒸ　41. ⒷⒸ　42. ⒶⒷⒸⒹ　43. ⒷⒹ

44. ⒷⒸ　45. ⒸⒹ　46. ⒶⒸⒹ　47. ⒶⒷⒹ　48. ⒶⒷⒸ

49. ⒶⒷⒹ　50. ⒶⒹ　51. ⒷⒸ　52. ⒶⒷⒸ　53. ⒶⒷⒸⒹ

54. ⒷⒹ　55. ⒶⒷ　56. ⒶⒷⒸⒹ　57. ⒶⒷⒹ　58. ⒶⒸⒹ

59. ⒶⒷⒹ　60. ⒶⒸ　61. ⒷⒸⒹ　62. ⒶⒸⒹ　63. ⒶⒷⒹ

64. ⒷⒸⒹ　65. ⒶⒷⒸⒹ　66. ⒷⒸⒹ　67. ⒸⒹ　68. ⒶⒷⒹ

69. ⒷⒸ　70. ⒶⒷⒸⒹ　71. ⒶⒷⒸ　72. ⒶⒷ　73. ⒷⒸⒹ

74. ⒶⒷⒹ　75. ⒸⒹ　76. ⒷⒹ　77. ⒶⒷⒸ　78. ⒶⒷⒸⒹ

79. ⒷⒸ　80. ⒶⒷⒹ　81. ⒶⒷ

子学常识测验题

一、单选题

1. Ⓒ　2. Ⓓ　3. Ⓓ　4. Ⓑ　5. Ⓒ　6. Ⓐ　7. Ⓐ　8. Ⓑ　9. Ⓓ

10. Ⓒ　11. Ⓑ　12. Ⓑ　13. Ⓒ　14. Ⓑ　15. Ⓐ　16. Ⓑ　17. Ⓓ

18. Ⓑ　19. Ⓓ　20. Ⓐ　21. Ⓓ　22. Ⓒ　23. Ⓑ　24. Ⓓ　25. Ⓓ

26. Ⓑ　27. Ⓓ　28. Ⓒ　29. Ⓒ　30. Ⓐ

二、复选题

31. ⒸⒹ　32. ⒶⒷⒸⒹ　33. ⒶⒷⒸⒹ　34. ⒷⒸⒹ　35. ⒷⒸⒹ

36. ⒶⒷⒸⒹ　37. ⒶⒷⒸ　38. ⒶⒷⒸⒹ　39. ⒶⒷⒸⒹ

40. Ⓐ Ⓑ Ⓒ   41. Ⓑ Ⓒ   42. Ⓐ Ⓑ   43. Ⓐ Ⓑ   44. Ⓐ Ⓒ Ⓓ

45. Ⓐ Ⓑ Ⓒ Ⓓ   46. Ⓒ Ⓓ   47. Ⓒ Ⓓ   48. Ⓐ Ⓑ Ⓒ Ⓓ   49. Ⓐ Ⓑ Ⓒ Ⓓ

50. Ⓐ Ⓑ Ⓒ Ⓓ

文学常识测验题

一、单选题

1. Ⓒ   2. Ⓐ   3. Ⓒ   4. Ⓑ   5. Ⓑ   6. Ⓒ   7. Ⓒ   8. Ⓒ   9. Ⓓ

10. Ⓑ   11. Ⓑ   12. Ⓑ   13. Ⓒ   14. Ⓒ   15. Ⓑ   16. Ⓐ   17. Ⓒ

18. Ⓓ   19. Ⓑ   20. Ⓓ   21. Ⓐ   22. Ⓐ   23. Ⓑ   24. Ⓒ   25. Ⓒ

26. Ⓐ   27. Ⓐ   28. Ⓓ   29. Ⓒ   30. Ⓒ

二、复选题

31. Ⓐ Ⓒ Ⓓ   32. Ⓒ Ⓓ   33. Ⓐ Ⓑ Ⓒ Ⓓ   34. Ⓑ Ⓒ   35. Ⓐ Ⓒ Ⓓ

36. Ⓐ Ⓑ Ⓒ   37. Ⓐ Ⓓ   38. Ⓐ Ⓒ Ⓓ   39. Ⓐ Ⓑ Ⓒ   40. Ⓐ Ⓑ Ⓒ Ⓓ

41. Ⓐ Ⓑ   42. Ⓐ Ⓑ Ⓒ Ⓓ   43. Ⓐ Ⓒ   44. Ⓐ Ⓑ   45. Ⓐ Ⓒ Ⓓ

46. Ⓐ Ⓑ Ⓓ   47. Ⓐ Ⓒ Ⓓ   48. Ⓑ Ⓒ Ⓓ   49. Ⓒ Ⓓ   50. Ⓐ Ⓒ